Michael Bangert · Hildegund Keul
»Vor dir steht die leere Schale meiner Sehnsucht«

W0068265

Michael Bangert · Hildegund Keul

»Vor dir steht die leere Schale meiner Sehnsucht«

Die Mystik der Frauen von Helfta

Die Deutsche Bibliothek – CIP-Einheitsaufnahme

Bangert, Michael: „Vor dir steht die leere Schale meiner Sehnsucht" :
die Mystik der Frauen von Helfa /
Michael Bangert ; Hildegund Keul. – 2. Aufl. – Leipzig : Benno-Verl., 1999
ISBN 3-7462-1259-6

ISBN 3-7462-1259-6

© St. Benno Buch- und Zeitschriftenverlagsgesellschaft mbH
Leipzig 1998
2. Auflage 1999
Umschlaggestaltung: Ulrike Vetter, Leipzig
Umschlagbild: Fenster im Albertus-Magnus-Gymnasium
Stuttgart-Bad Cannstatt (Ausschnitt)
Gestalter: Johannes Beeck, Nettetal-Hinsbeck
Ausführung: W. Derix, Glasstudios, Taunusstein
Herstellung: Arnold & Domnick, Leipzig
Printed in the Czech Republic

Inhalt

III. Die Frauen von Helfta.
Die Wirkung ihrer geistlichen Autorität

VORWORT

Helfta ist ein bedeutender Ort unserer Kirche. Denn hier lebten die großen Mystikerinnen Mechthild von Magdeburg, Mechthild von Hackeborn und Gertrud von Helfta. Ihr Beten und Arbeiten, ihr Ringen um Gottes Wort und eine neue geistliche Sprache, ihr Hören des Evangeliums und die Sorge um ihre Mitmenschen ließen ihr zisterziensisches Kloster zu einem Mittelpunkt der deutschen Mystik wachsen. Die Werke der drei Mystikerinnen beeindrucken in ihrer wachen Klarheit und spirituellen Tiefe. Sie zeigen Helfta als einen Ort geistlicher Autorität von Frauen. Die Kirche erkennt dies an, indem sie die Mystikerinnen als Heilige verehrt und Gertrud von Helfta sogar den Beinamen „die Große" gegeben hat.

Die Tradition der Mystikerinnen von Helfta gewinnt im Bistum Magdeburg mehr und mehr an Bedeutung. Sie ist uns ein hoffnungsvolles Erbe und ein wertvoller Auftrag. Die DDR-Diktatur hat versucht, dieses Erbe zu vernichten. Noch vor wenigen Jahren war es für Außenstehende verboten, das Gelände des ehemaligen Klosters auch nur zu betreten. Erst seit der Wende besteht wieder die Möglichkeit, Helfta zu besuchen und sich an diesem Ort inspirieren zu lassen. Mehr und mehr Menschen nutzen diese Chance und suchen hier die Begegnung mit den Mystikerinnen.

Aus alten Wurzeln wächst in Helfta neues Leben. Viele Frauen und Männer setzen sich dafür ein, daß hier ein neuer Ort spirituellen Lebens entsteht, der, besonders von weiblicher Spiritualität geprägt, ein Lernort der Mystik sein kann. Die Kirche von Magdeburg ist diesen Menschen zu großem Dank verpflichtet. Denn für eine Kirche der Zukunft brauchen wir die geistlichen Erfahrungen der heiligen Frauen von Helfta. Als Bischof des Bistums Magdeburg wünsche ich von Herzen, daß Helfta in unserer Zeit erneut ein Licht der Hoffnung wird. Möge das vorliegende Buch einen Beitrag hierzu leisten.

Leo Nowak
Bischof von Magdeburg

Einführung

Die Mystik der Frauen von Helfta erfährt in den letzten Jahren ein wachsendes Interesse. Frauen und Männer fragen nach der Bedeutung, welche die Frauenmystik für Menschen unserer Zeit erlangen kann. Sie erhoffen sich Impulse für das eigene spirituelle Leben sowie für die Erneuerung der Kirchen. Das vorliegende Buch will diesem Interesse entgegenkommen, indem es Einblick in Leben und Werk der Mystikerinnen gibt. Die soziokulturelle Situation im Kloster Helfta wird beleuchtet und der vielfältige Alltag der heiligen Frauen dargelegt. Ihre Mystik soll verständlich gemacht werden, indem die Zusammenhänge von Frauenbild und Gottesbild, Liturgie und Seelsorge, Religion und Erotik untersucht werden. Vom heutigen Stand der Forschung aus erschließen sich neue Zugangswege zur Mystik der Frauen von Helfta.

Der vorliegende Band zeichnet sich dadurch aus, daß er in Helfta selbst verortet ist. Seine Artikel dokumentieren Vorträge, die während der Internationalen Tagung »Die Frauen von Helfta« vom 1. bis 5. September 1997 auf dem Gelände des ehemaligen Frauenklosters gehalten wurden. Die Zusammenstellung der Artikel ist von der Vielfalt der Forschungsansätze geprägt, die die Autorinnen und Autoren vertreten. Sie stellen verschiedene Perspektiven dar, setzen unterschiedliche Akzente und bieten gegenseitige Ergänzungen. In die Artikel wurden auch Anregungen eingearbeitet, die von den etwa 130 Teilnehmerinnen und Teilnehmern der Tagung ausgingen.

Das Titelzitat ist den »Exercitia Spiritualia« Gertruds von Helfta entnommen. In der siebten Übung spricht die Ordensfrau zu Gott: »Sieh, oh Weisheit, nun ist die Schatzkammer deines Mitleids geöffnet! Eja, wirf einen Blick auf mich Arme, die draußen an der Tür deiner Minne steht. Eja, fülle meinen armseligen Mantel mit deinen milden Segnungen. Sieh, vor dir steht die leere Schale meiner Sehnsucht«. Der gesamte Text dieser geistlichen Übung ist eine Anrufung der Weisheit Gottes, der Sophia, die den Menschen in seinen

Mühen und seiner Drangsal stärkt und erneuert. Die Mystikerin lebt aus der Erfahrung, daß die Weisheit Gottes nicht nur zu besonderen Höhepunkten oder zu ekstatischen Zeiten gegenwärtig ist, sondern daß sie das Alltägliche erleuchtet.

Die Anrufung der Weisheit Gottes im Exerzitienbuch ist exemplarisch für die Mystik im Kloster Helfta. Hier wird nicht eine regressive Weltflucht empfohlen, sondern eine Mystik des Alltags gelehrt. Sie fordert dazu heraus, sich den Bedingungen der eigenen Existenz zu stellen und sie als geistliche Herausforderung zu begreifen. Der soziale Kontext, das Leben mit den Menschen hier und heute ist der Raum, in dem sich Gott offenbart. Das Wort »Mystik« hat sich aus dem griechischen Wort für »Geheimnis« entwickelt. Während im heutigen Sprachgebrauch »mystisch« oft mit rätselhaften, unzugänglichen und unklaren Dingen in Verbindung gebracht wird, geht es den Frauen von Helfta um die Begegnung mit Gott, die Klarheit und Orientierung schenkt. Ihre Mystik ist dem Geheimnis des Lebens auf der Spur. Sie stellt sich dem Schmerz der Einsamkeit, stößt in Krankheit und Alter an die eigenen Grenzen und wird konfrontiert mit den Schrecken des Todes. Die Mystikerinnen bringen die menschliche Verwundung und Zerbrechlichkeit vor Gott zur Sprache. Dabei erfahren sie die überwältigende Transzendenz Gottes in der Überschreitung ihrer eigenen Grenzen. Die Meditation der Heiligen Schrift durchbricht die Mauer ihrer Angst und befreit sie dazu, den Gott des Lebens zu feiern. Die Begegnung mit der Gottheit aber ist keine Leistung des Menschen, sondern ein Geschenk, das in der Sehnsucht Gottes wurzelt. So schreibt Mechthild von Magdeburg: »Gott hat an allen Dingen genug, nur allein die Berührung der Seelen wird ihm nie genug« (Das fließende Licht der Gottheit IV, 12).

Mechthild von Magdeburg, Mechthild von Hackeborn und Gertrud von Helfta stehen in der prophetischen Tradition der Bibel und der Kirche. Aufgrund ihrer visionären Spiritualität hat das Kloster Helfta im 13. Jahrhundert eine Blüte erlebt, die zwar nur kurze Zeit dauerte, die aber in der europäischen Geisteswelt ihresgleichen sucht. Ihr Ringen um das Wort Gottes im Alltag ihres Lebens, ihr vorsichtiger und zärtlicher

Umgang miteinander, ihr aufmerksames und mutiges Wahrnehmen und Gestalten ihrer eigenen Zeit gründen in der Feier des Wortes Gottes, das Leben schenkt und Befreiung schafft. In ihrer Mystik verkörpert sich die geistliche Autorität von Frauen, die auch für die Zukunft unserer Kirchen wegweisend ist. Die Frauen von Helfta sind Lehrmeisterinnen weiblicher Spiritualität, die in der Kernbotschaft des Neuen Testamentes wurzelt.

Unser aufrichtiger Dank gilt allen, die bei der Entstehung des Buchs mitgewirkt haben: Den Referentinnen und Referenten, die ihre Beiträge für diese Publikation zur Verfügung stellten; dem »Verband der Freunde des Klosters Helfta« sowie dem Bistum Magdeburg, die die Internationale Tagung vorbereitet und durchgeführt haben; dem St. Benno-Verlag in Leipzig, besonders Herrn Michael Birkner, der die Drucklegung mit freundlicher Kompetenz begleitete; Frau Dr. Claudia Fuchs-von Brachel, Frau Bettina Wagner und Frau Bettina Wellmann für die Mühe des Korrekturlesens.

Michael Bangert   *Hildegund Keul*

I.

Das Kloster Helfta.
Ein Ort weiblicher Freiheit

Grundlagen zur Baugeschichte des Klosters Helfta

Cornelia Oefelein

I. Einführung in die Forschungsproblematik

»Nachdem der Premonstratenserorden verfügte, keine Frauen mehr in den Orden aufzunehmen, wuchs die Anzahl der Zisterzienser-Nonnenklöster ins Unermeßliche; sie vermehrten sich [und waren so zahlreich] wie die Sterne im Himmel. [...] Frauenkonvente wurden gegründet, Klöster gebaut, die Klausuren füllten sich, Jungfrauen strömten zusammen, Witwen eilten herbei, sowie Ehefrauen, die mit Zustimmung ihrer Ehegatten die fleischliche Ehe für eine spirituelle tauschten.«[1]

Diese vielzitierte Beschreibung Jacobs von Vitry aus dem Jahre 1220, der großen Gründungswelle zisterziensischer Frauenklöster Anfang des 13. Jahrhunderts, markiert eine große Zäsur in der Geschichte des weiblichen Ordenszweiges. Doch die Geschichte der frommen Frauen, die ein asketisches Leben nach dem Vorbild der Mönche von Cîteaux führen wollten, geht weiter zurück.

Die früheste überlieferte Beschreibung von Zisterzienser-Nonnen findet man in Kap. 17 von »De miraculis S. Mariae Laudunensis« des Hermann von Tournai, geschrieben um 1145, in dem er die Nonnen von Monsteriolum (Montreuilles-Dames) wie folgt beschreibt:

»Sie strebten danach, nicht nur die Welt, sondern auch ihr Geschlecht zu überwinden; freiwillig und mit Vehemenz, nein sogar mit Vergnügen, umarmten sie den Orden von

---

[1]   *Jacob von Vitry*, Historia Occidentalis (Kap. 15, 4–13). Hrsg. v. *John F.ick Hinnebusch* (Spicilegium Friburgense 17). Fribourg 1972, 117.

Cîteaux, dem viele Männer und robuste Jugendliche bei-
zutreten sich fürchteten. Sie legten alle Kleider aus Leinen
und Pelze ab und trugen nur noch eine Tunika aus Wolle.
Sie verrichteten nicht nur Frauenarbeit, wie Spinnen und
Weben, sondern arbeiteten auch in den Feldern. Sie gru-
ben, fällten Bäume und rodeten den Wald mit Axt und
Hacke, sie rissen Dornensträuche heraus. Sie arbeiteten
fleißig mit den eigenen Händen, um schweigend ihren Le-
bensunterhalt zu verdienen. In allem imitierten sie die Le-
bensart der Mönche von Clairvaux und bewiesen somit
die Wahrheit der Worte des Herrn: für den Gläubigen ist
alles möglich«[2].

Ein etwas späterer Text, »Dialogus inter Cluniacensem et Cisterciensem monachum«, geschrieben zwischen 1153–73,
weist gewisse Ähnlichkeiten mit dem von Hermann auf. In
diesem Disput zwischen einem Zisterziensermönch und einem Mönch von der großen Benediktinerabtei Cluny hebt der
Zisterzienser in seiner Argumentation hervor, es gäbe auch
Frauen, die ein zisterziensisches Leben führen würden:

> *»Zisterzienser: Wir haben nicht nur Mönche in unserem*
> *Orden, sondern auch das schwache Geschlecht be-*
> *achtet die wahre Regel und ahmt unseren Orden*
> *nach.*
> *Cluniazenser: Es ist erstaunlich, daß edle Frauen, die*
> *sonst als so zart gelten, in der Lage sind, ein solch*
> *rauhes Leben zu führen.*
> *Zisterzienser: Die heilige Liebe überwindet alles«*[3].

Eine gewisse Verwirrung entsteht, wenn Kap. 7 von Her-
manns Text zum Vergleich herangezogen wird, in dem er die

2
  Hermann von Tournai, De miraculis S. Mariae Laudunensis (Kap. 17).
3 In: PL 185, 1001–1002.
  Dialogus inter Cluniacensem et Cisterciensem monachum. Thesaurus
  novus anecdotorum. Bd. 5. Hrsg. v. *Edmund Martène* u. *Ursin Durand.*
  Westmead 1969, 1639.

Erfolge Bernhards von Clairvaux mit denen Norberts von Xanten vergleicht. In Widerspruch zu den bisher zitierten Darstellungen heißt es dort, daß, obwohl Bernhard sehr viel zur Propagierung und Expansion seines Ordens beigetragen habe, viele durch seine Predigten bekehrt und viele neue Klöster gestiftet habe, so habe er dennoch keinen eigenen Orden gegründet, wie es Norbert getan habe. Außerdem, fährt er fort, ließen die Zisterzienser nur Männer ihrem Orden beitreten; Norbert hingegen beschloß, Männer und Frauen in seinen Orden aufzunehmen. »Verdient das nicht das höchste Lob?«, fragt Hermann abschließend.[4] In ein und demselben Text liegt einerseits ein früher Beleg dafür vor, daß auch Frauen die zisterziensische Lebensform pflegten; andererseits bezeugt derselbe Text, daß der Zisterzienserorden, im Gegensatz zum Premonstratenserorden, nicht bereit gewesen sein soll, sich Frauen zu öffnen.

In diesen Quellen spiegelt sich eine Problematik, die noch heute einen Schwerpunkt in der Forschungsdiskussion bildet: Die Frage nach der Haltung des Ordens gegenüber den Frauen und nach einer Definition dessen, was eine Zisterzienserin eigentlich sei. Die Problematik mündet letztendlich in der Frage, warum es dem Zisterzienserorden mit seiner vorbildlichen Verfassung und fortschrittlichen Ordensstruktur und Organisation nicht gelungen ist, Gleiches bei den Frauen zustande zu bringen; warum sich nicht ein gleiches Netz von Filiationen mit gleicher einheitlicher Regelbefolgung unter den Frauenklöstern aufbauen ließ; warum es den Zisterziensern so schwer gefallen zu sein scheint, das »Frauenproblem« in den Griff zu bekommen?

Es wäre vermessen, diese Frage im Rahmen dieses Vortrages beantworten zu wollen, denn sie wird noch länger offen bleiben. Einzelne Aspekte der Geschichte der Zisterzienserinnen gelten noch heute als ungeklärt, umfangreiche Regional- und Einzeluntersuchungen sind erst im Entstehen. Doch es gilt, diese Grundsatzfrage im Bewußtsein zu behal-

---

[4] *Hermann von Tournai*, De miraculis S. Mariae Laudunensis. In: MGH.SS 12, 658–659.

ten, um für die Situation der zisterziensischen Frauenklöster und die damit verbundenen Forschungsprobleme sensibilisiert zu sein. Die Forschung in diesem Bereich wird durch verschiedene Beeinträchtigungen erschwert: Z.B. unzulängliches oder unvollständiges Quellenmaterial – und zwar mehr als ohnehin üblich im Bereich der Mediävistik; widersprüchliche oder fehlerhafte Informationen in den Quellen und der Literatur – wieder mehr als üblich; dazu häufiger Ortswechsel, Namenswechsel oder Observanzwechsel des Konventes. Von den genannten Problemen ist sowohl die Arbeit des Historikers an den schriftlichen Quellen wie auch die des Kunst- und Bauhistorikers an den materiellen Überresten gleichermaßen betroffen. Die Klosteranlagen sind selten – wenn überhaupt – voll erhalten; die genannten häufigen Wechsel bereiten auch im Kontext der Baugeschichte zusätzliche Probleme. Die im Vergleich meist bescheiden ausfallenden Nonnenklöster fanden nicht einmal annähernd die gleiche Aufmerksamkeit, die man den Männerabteien widmete, so daß nur in wenigen Ausnahmefällen umfangreiche bauhistorische Dokumentationen oder archäologische Untersuchungen erfolgt sind. Und schließlich kann man feststellen, daß die organisatorischen und strukturellen Uneinheitlichkeiten des weiblichen Ordenszweiges sich auch in den baulichen Anlagen der Zisterzienser-Nonnenklöster fortsetzt: Weder ihre Kirchen noch ihre Klausurbauten weisen die gleichen Regelmäßigkeiten auf, die man bei den Männerklöstern beobachten kann; ihre Anlagen folgen selten den Vorgaben der systematischen Idealpläne. Das Kloster Helfta ist ein äußerst anschauliches Beispiel für diese komplexe Situation.

II. Die Geschichte des Klosters Helfta im Überblick

Es ist eigentlich nur wenig über die institutionelle Geschichte dieses Klosters bekannt; die Eckdaten und Hauptpersön-lichkeiten dürften den meisten von Ihnen geläufig sein und werden sicher in den Beiträgen dieses Symposiums des öfteren referiert werden. Ich möchte mich deshalb auf das Wichtigste für den Kontext dieses Vortrages beschränken. Am 29. Juni des Jahres 1229 zogen sieben Nonnen des »grauen Ordens«[5] vom Kloster St. Jacobi-St. Burchardi in Halberstadt nach Burg Mansfeld aus, um das kurz zuvor durch den Grafen Burchard und seiner Gattin Elisabeth gestiftete und der hl. Jungfrau geweihte Kloster zu besiedeln. Doch auch wenn der Graf als Gründer und Förderer des Klosters in den Urkunden in den Vordergrund gerückt wird, ist es wahrscheinlich, daß die Initiative vornehmlich von Elisabeth ausging. Ihre weiteren Bemühungen um die junge Gemeinschaft unterstützen diese Vermutung: 1230, kurz nach dem Tode ihres Mannes, erhöhte sie die Ausstattung des Klosters durch weitere Dotationen; darüberhinaus veranlaßte sie die Verlegung des Klosters an einen ruhigeren Ort und begleitete die Schwestern nach Rodarsdorf, um dort die restlichen Jahre ihres Lebens zu verbringen. Sie verstarb im Kloster im Jahre 1240.[6]

Unruhen erzwangen die erste Umsiedlung; bald darauf wurde ein erneuter Ortswechsel nötig, dieses Mal wegen Wassermangel. Die damalige Äbtissin, die berühmte Gertrud von Hackeborn (1251–1291), konnte ihre Brüder dazu überreden, ihr Gut in Helfta den Nonnen zu überlassen; im Jahre 1258 konnten sie schließlich umziehen. Bischof Volrad von Halberstadt zelebrierte zum Einzug des Konvents am 3. Juni eine feierliche Messe und Grundsteinlegung und weihte viele neue Konventsmitglieder.[7] Historiker waren bisher davon

---

5   Brief der Äbtissin Sophia von Stolberg (Helfta, 10. Jan. 1451). Niedersächsisches Hauptstaatsarchiv, Deposita 76, Heine-Halberstadt, C113. Ungedrucktes Original.

6   Urkunden Nr. 1+2. In: Urkundenbuch der Klöster der Grafschaft Mansfeld. Bearb. v. *Max Krühne* (Geschichtsquellen der Provinz Sachsen und angrenzender Gebiete, Bd. 20). Halle 1888 (Im folgenden: UB); *Franz Winter*, Die Zisterzienser des nördlichen Deutschlands. Teil 2. Gotha 1871, 69–70; *Mary Jeremy Finnegan*, The Women of Helfta. Scholars and Mystics. Athens 1991, 2.

7   Brief Äbtissin Sophia. Vgl. UB-Vorwort, XVI. *Hermann Grössler* u. *Adolf Brinkmann* (Hrsg.), Beschreibende Darstellung der älteren Bau- und Kunstdenkmäler des Mansfelder Seekreises (Beschreibende Darstellung der älteren Bau- und Kunstdenkmäler der Provinz Sachsen und

ausgegangen, daß der Konvent relativ groß und wohlhabend gewesen ist, obwohl er ständigen Bedrohungen eines gewalttätigen, angriffslustigen Adels ausgesetzt war. Bis zum Ende des 13. Jh. soll die Zahl der Schwestern 100 oder mehr erreicht haben,[8] doch diese Zahl ist nirgends belegt. Als Hinweis auf eine gewisse Prosperität des Klosters kann jedoch die Tatsache betrachtet werden, daß es schon 1262 in der Lage war, eine eigene Tochtergründung in Hedersleben mit 12 Schwestern zu besiedeln.[9]

Die 95 Jahre in Helfta werden als »goldenes Zeitalter« des Klosters bezeichnet. Hier kam es, insbesondere während der 40-jährigen Amtszeit Gertruds, zur großen intellektuellen und literarischen Blüte der Gemeinschaft, aus der die bedeutenden Schriften jener Frauen hervorgegangen sind, die bei uns in den nächsten Tagen im Mittelpunkt stehen. Ebenfalls aus dieser Epoche stammt die erhaltene Hülle der Klosterkirche, das letzte bauliche Dokument dieser Glanzperiode. Die Einzelheiten zur Gründung und Genese Helftas werden lediglich durch zwei Quellen überliefert: Die Gründungsurkunde des Stifterpaares Graf Burchard und Gräfin Elisabeth aus dem Jahre 1229[10] und einen Brief der Äbtissin Sophia von Stolberg vom 10. Jan. 1451 an das Mutterhaus St. Jacobi-St. Burchardi in Halberstadt. Letzterer war bisher nur in Form einer Abschrift aus dem 17. Jh. bekannt,[11] jedoch habe ich vor kurzem entdeckt, daß sich das Original erhalten hat: Ich fand es in der noch unbearbeiteten Quellensammlung des Burchardiklosters, die erst vor wenigen Jahren zugänglich geworden ist. Eine weitere Abschrift des Briefes ist im Copialbuch St. Jacobis von 1681 vorhanden, das ebenfalls zu diesem Bestand

---

[8] angrenzender Gebiete. Heft XIX). Halle 1895, 264 (Im folgenden: Grössler).
[9] *Caroline Walker Bynum*, Jesus as Mother. Berkeley u.a. 1982, 175. Klosterchronik des Klosters Hedersleben für die Zeit von 1253–1637 von Probst Theodor Winecken (um 1765). Landeshauptarchiv Sachsen-Anhalt, Magdeburg. Rep. A15i, Nr. 6, S. 14, [ungedruckt]; UB Nr. 133.
[10] Vgl. UB-Vorwort, XVI.
[11] UB Nr. 1.
UB Nr. 148.

gehört.[12] Dieser Fund ist insofern von großer Bedeutung, weil nur eine Handvoll Schriftquellen von Helfta im Original erhalten geblieben ist.[13] Sämtliche Bücher und Handschriften, darunter auch eine Chronik,[14] wurden beim Überfall und anschließender Plünderung der Abtei 1525 im Bauernkrieg zerstört. Zum geretteten Bestand gehört das im Staatsarchiv Magdeburg aufbewahrte Copialbuch, eine um 1521 angefertigte Abschrift des klösterlichen Urkundenbestandes, der als Hauptquelle zur Geschichte Helftas fungiert.[15]

Schon früher ist das Kloster, wie bereits erwähnt, das Ziel mehrfacher gewalttätiger Überfälle gewesen. Den verheerendsten dieser Anschläge verübte Albrecht von Braunschweig 1342 aus Rache dafür, daß ihm die päpstliche Anerkennung als Bischof von Halberstadt verweigert wurde. Während er eigenhändig in der Anlage das Feuer legte, stürmten seine Soldaten die Klausur und zerstörten alles, was ihnen in die Hände fiel, u.a. liturgische Gewänder und Bücher. Es ist wahrscheinlich, daß ein Teil des Bestandes der Klosterbibliothek bzw. des Archivs bereits bei diesem Anschlag verloren ging. Zum dritten Mal sah sich der Konvent zum Umzug genötigt. Die Gemeinschaft bezog 1346 ein neues Domizil im sicheren Schatten der Stadtmauer von Eisleben, das Graf Burchard IV. von Mansfeld auf einem von ihm gestifteten Grundstück für sie hatte errichten lassen.[16] Bis 1525 konnten sie in Frieden in Neu-Helfta leben, bis sie abermals ihr Haus aufgeben mußten: Dieses Mal wurden sie von aufständischen Bauern in die Flucht getrieben.

Erst über Umwege kehrte ein kleiner Rest des Konvents nach Alt-Helfta zurück, um dort einen Neuanfang zu versuchen. Es wird nirgends berichtet, was zwischenzeitlich mit dem zerstörten Klostergelände geschehen war, doch offen-

---

[12] Niedersächsisches Hauptstaatsarchiv, Deposita 76, Heine-Halberstadt, C113 + MS 7/1.

[13] Vgl. UB-Vorwort, XX; Grössler, 267; Finnegan, wie Anm. 6, hier 5.

[14] Vgl. Brief Äbtissin Sophia.

[15] UB-Vorwort, XX.

[16] UB Nr. 96; UB-Vorwort, XVII. Vgl. *Sabine B. Spitzlei*, Erfahrungsraum Herz. Stuttgart 1991, 28; Finnegan, wie Anm. 6, hier 4.

sichtlich waren die Kirche und der Konversenbau noch soweit intakt, daß sie zumindest rudimentär wieder aufgebaut und genutzt werden konnten. Die päpstliche Zustimmung zum Umzug nach Neu-Helfta hatte damals die Bedingung enthalten, daß an der früheren Stelle des Klosters ein (weltlicher) Priester einzusetzen wäre, um den Gottesdienst in der Kirche aufrechtzuerhalten.[17] Das nach der Urkunde Burchards IV. verschont gebliebene Dormitorium der Nonnen wird später nicht mehr erwähnt. Jedoch gelang den Nonnen eine dauerhafte Wiedereinrichtung nicht: Die Einführung des protestantischen Gottesdienstes wurde 1542 in ihrer Kirche erzwungen, das Kloster kurz darauf säkularisiert[18] – die letzte urkundliche Erwähnung des Klosters Helfta ist vom 19. Juni 1542 datiert.[19] Das Klostergut wurde 1566 verkauft und kam, nach einigem hin und her, 1712 in den Besitz des Königs von Preußen, Friedrich Wilhelms I., der es in eine Domäne umwandelte. Das heutige Erscheinungsbild des ehemaligen Klostergeländes ist weitestgehend von dieser landwirtschaftlichen Nutzung, die sich in Form eines VEG bis in die jüngste Vergangenheit fortsetzte, geprägt.

Diese widrigen Umstände, die Zerstörung von 1342, die ungeklärte Nutzung danach, der Teilaufbau von 1529/30 und die vielen Veränderungen in den folgenden Jahrhunderten, die Einrichtung der königlich-preußischen Domäne und der LPG, die alle zur Zerstörung der mittelalterlichen Bausubstanz beitrugen, machen eine zuverlässige historische Rekonstruktion der ehemaligen Klosteranlage äußerst schwierig. Dazu tun ein Mangel an Dokumentation früherer Zustände (Zeichnungen, Skizzen, schriftliche Berichte u.ä.), sowie fehlende wissenschaftliche Untersuchungen und Ausgrabungen ein Übriges. D.h. es gibt so gut wie nichts, aus dem sich gesicherte Details über die ursprüngliche Anlage ermitteln ließe. Bis solche wissenschaftliche Untersuchungen nachgeholt werden können, ist man für die Interpretation der in Helfta verbliebenen Über-

---

[17] UB Nr. 100a.
[18] Grössler, 265–256; UB-Vorwort, XVII–XVIII.
[19] Spitzlei, wie Anm. 16, hier 28, Anm. 43.

reste auf die Hilfe von Vergleichsbeispielen angewiesen. Somit muß dieser Beitrag sich auf allgemeinere Aussagen beschränken, und gelegentlich – aber nur mit größter Vorsicht – sich mit Analogien in den Bereich des Spekulativen begeben.

Die historische Situation Helftas wird nicht nur durch Urkunden, ihre Religiosität, ihren asketischen Geist, nicht allein durch ihre literarischen Denkmäler vermittelt. Diese werden ebenso durch die Formensprache des klösterlichen Komplexes, vor allem durch die Kirchenruine, zum Ausdruck gebracht. Helftas Spiritualität entsprang der religiösen Frauenbewegung, die der anfangs zitierte Jacob von Vitry so bildhaft charakterisierte, und die im 2. Quartal des 13. Jh. in Deutschland ihren Höhepunkt erreichte. Es ist im Zuge dieser Bewegung, daß eine besonders große Zahl von Frauen, Frauenklöstern und -gemeinschaften Aufnahme in den Zisterzienserorden begehrten. Bis 1250, innerhalb eines halben Jahrhunderts also, war die Zahl der Zisterzienser-Nonnenklöster im deutschsprachigen Raum von ca. 15 auf 220 explosionsartig angeschwollen. Untersuchungen schätzen ihre Gesamtzahl auf rd. 320, womit die Zahl der Männerklöster um ein vielfaches übertroffen wurde.[20] Der Orden sah sich angesichts dieses immensen Ansturms überfordert, allen neuen Frauengemeinschaften die notwendige Betreuung – ob materiell, personell oder geistig – zu gewährleisten und versuchte deshalb, die Entwicklung in geordnete Bahnen zu lenken und für die Inkorporation von Frauenklöstern eine gesetzliche Basis zu schaffen. Die volle Aufnahme in den Ordensverband sollte von der Erfüllung einiger Grundbedingungen abhängig gemacht werden, doch gelang es nicht immer, deren Einhaltung durchzusetzen.

---

[20] Vgl. *Herbert Grundmann*, Religiöse Bewegungen im Mittelalter. Hildesheim 1977; *Ernst-Günter Krenig*, Mittelalterliche Frauenklöster nach den Konstitutionen von Cîteaux. In: Analecta Sacri Ordinis Cisterciensis 10, 1954, 1–105; *Maren Kuhn-Rehfus*, Zisterzienserinnen in Deutschland. In: *Kaspar Elm* (Hrsg.), Die Zisterzienser. Köln 1980, 125–147; *Brigitte Degler-Spengler*, Zisterzienserorden und Frauenklöster. Anmerkungen zur Forschungsproblematik. In: *Kaspar Elm* (Hrsg.), Die Zisterzienser (Ergänzungsband). Köln 1982, 213–220.

Die Zisterzienser-Nonnenklöster werden danach unterschieden, ob sie inkorporiert oder nicht-inkorporiert gewesen sind, bzw. danach, wie eng ihr Verhältnis zum Orden gewesen ist, wenn ihre Inkorporation nicht erfolgt ist oder nicht nachgewiesen werden kann. Helfta war nicht inkorporiert, doch ist die zisterziensische Observanz Helftas nachgewiesen.[21] Ob die Nonnen in Helfta engere Beziehungen zu Zisterzienser-Männerklostern unterhielten oder sogar von Zisterziensern geistlich betreut wurden, ist aus den überlieferten Quellen leider nicht erkennbar, dennoch nicht auszuschließen: Urkunden belegen ab 1290 Kontakte zu Sittichenbach. Die Frage nach der Identität oder Ordenszugehörigkeit der in Helfta dienenden Kleriker ist nicht beantwortet. Im Jahre 1529 wird der Ordenskommissarius Abt Paulus vom Kloster Zella von Helftas Äbtissin »geystlicher Vater« genannt.[22]

Letztlich sind die unterschiedlichen strukturellen Ausgangspositionen der Frauenklöster die Ursache dafür, daß sich unter ihnen eine ähnlich straffe Organisation wie bei den Männerklöstern nicht aufbauen ließ. Dadurch kam ebenfalls die für die Zisterzienser so typische ordensübergreifende Einheitlichkeit nicht zustande. Es kommen einige Faktoren hinzu, die von sich aus die Lebensgrundlage der Frauenkonvente auf eine grundsätzlich andere Basis wie die der Männerklöster setzten. Hierzu zählt in erster Linie die strenge Klausurvorschrift. Sie hinderte die Frauen an der Befolgung des zisterziensischen Gebotes des landwirtschaftlichen Eigenbetriebs; schon früh waren sie für ihren Lebensunterhalt auf Einkünfte aus Renten und Pachtzins angewiesen, zu einer Zeit als dieses noch bei den Männerabteien verpönt war. Die finanzielle Situation und die eingeschränkten Erwerbsmöglichkeiten eines

---

[21] U.a. im Brief der Äbtissin Sophia, in dem es heißt, daß sie nach einem genauen Vergleich der Breviarien beider Klöster bestätigen kann, daß das Offizium (bis auf zwei Ausnahmen) sowie die Konstitutionen Helftas nach wie vor mit den Bräuchen des Mutterklosters St. Jacobi-St. Burchardi in Halberstadt übereinstimmen würden. »So wie wir es seit Anfang gehandhabt haben, beabsichtigen wir mit Gottes Gnaden beharrlich fortzusetzen.«

[22] UB Nr. 129.

Frauenklosters begrenzten auch die Größe des Konvents, denn der lebenslängliche Unterhalt eines jeden Mitglieds mußte schon beim Eintritt ins Kloster garantiert sein. Der zweite wichtige Faktor ist die Abhängigkeit der Frauengemeinschaften von der Geistlichkeit: Für die Durchführung ihrer Gottesdienste – das Zelebrieren ihrer Konventsmessen, die Spendung aller Sakramente (Kommunion, Beichte, Weihen) – waren sie auf die Dienste von Priestern angewiesen.

Diese Sachverhalte bestimmen auch die Lage und Disposition ihrer baulichen Anlagen. Wieder im Gegensatz zu den Männerabteien sind die Frauenklöster meistens in oder in unmittelbarer Nähe von Städten angesiedelt. Sicherheitsaspekte werden dabei eine Rolle gespielt haben. Es wird sich aber aus den Bedürfnissen ihrer zuvor skizzierten Gesamtsituation heraus ergeben haben: Für die Nonnen war es weder möglich noch notwendig, ausgedehnte Großanlagen auf dem Lande zu errichten. Gleichzeitig garantierte ihnen die Nähe zu einer Stadt die geistliche Betreuung durch den örtlichen Klerus, wenn diese, wie so oft, nicht durch Ordensgeistliche sichergestellt war.

Wegen der urbanen Lage war es sicher notwendig, bei der Ausrichtung ihrer Klostergebäude Konzessionen zu machen; eine ungehinderte Ausdehnung des Komplexes, wie auf neugerodetem Land in einsamer Lage, war nicht möglich. Die städtischen Grundstücke werden Anpassungen an vorgegebene Situationen erforderlich gemacht haben, die von den Konventen nicht beeinflußbar waren, und so die Grundriße ihrer Häuser mitbestimmt haben. Diese Verhältnisse werden Versuche, die möglichst getreue Wiedergabe eines Idealplans zu verwirklichen, beeinträchtigt oder verhindert haben. Die Männerabteien hingegen konnten mit ihren Entwürfen an einer Perfektionierung ihres Ideals weiterarbeiten, denn die offenen Randbedingungen setzten dem Idealplan keine Grenzen.

III. Ein Überblick über die Entwicklung des
benediktinischen Klosterschemas

Bei der Frage nach Anzahl und Ausrichtung der Klausurge-
bäude von Helfta kann man zum jetzigen Zeitpunkt lediglich
Spekulationen anstellen, ausgehend davon, was nach den
Prinzipien der benediktinisch-monastischen Tradition zu erwarten wäre. Das benediktinische Klosterschema wurde auf
der Grundlage der Benediktsregel in der karolingischen Re-
naissance im ersten Viertel des 9. Jh. entwickelt. Von diesen
karolingischen Vorstellungen eines Idealklosters zeichnete
man um 820 im Kloster Reichenau einen Plan, der vor allem
durch seinen Reichtum an Details erstaunt und besticht. Es
handelt sich hierbei um die einzige vollständige Architektur-
zeichnung Europas vor 1200; sie wird in der Klosterbibiothek
von St. Gallen aufbewahrt.[23] Man sieht eine vollkommene
Klosterstadt, nach den Forderungen der Regel geschlossen
und autark, in dem alles Notwendige vorhanden ist:[24]
W. Braunfels nennt es eine »Kloster-Arche-Noah«.[25] Das
Herz ist die Kirche, um die sich die vier Hauptbereiche grup-
pieren. Im inneren Kern, südlich der Kirche und mit ihr verbunden, liegt die Klausur, der von der Welt abgeschlossene
Bereich der Ruhe. Alle Gebäude der Mönche sind funktional
um den Kreuzgang angelegt (schon 800 eine Standardeinrich-
tung), der sie mit einander verbindet. Der zweite Bereich liegt
nördlich der Kirche und ist der Welt mehr zugewandt: Hier
befinden sich Abtspalast und Gästehaus, mit den dazugehörigen Küchen, und eine Schule für Laien und Fremde. Im
Osten (3. Bereich) liegen die Gebäude für die Novizen und
das Krankenhaus, beides kleine Klöster im Kloster, mit eige-
nem Kreuzgang, Kapelle, Küche und Badehaus. Gleich südlich daneben, noch in unmittelbarer Nähe der Kirche, liegt der
Friedhof. Der Wirtschaftshof (4. Bereich) mit seinen Stallun-
gen, Scheunen und Werkstätten, nimmt den gesamten Raum

---

[23] *Wolfgang Braunfels*, Abendländische Klosterbaukunst. Köln 1985, 52.
[24] Regula Benedicti, Kap. 66,6–7.
[25] Braunfels, wie Anm. 23, hier 60.

westlich der Kirche ein und erstreckt sich noch südlich der Konventsgebäude. Hierbei muß aber bedacht werden, daß in diesem Bereich des Plans mehr Wert auf eine möglichst vollständige Wiedergabe aller Gebäude gelegt wurde, als auf ihre realistische, funktionelle Anordnung innerhalb des Gesamtentwurfs. Erst die Zisterzienser entwickelten auch für den Wirtschaftshof ein festgefügtes Schema.[26]

Der Neubau der benediktinischen Abtei Cluny um 1043 kam einer architektonischen Verwirklichung dieses karolingischen Ideals sehr nahe. Dieses größte Kloster des Abendlandes wurde um 910 gegründet und leitete eine monastische Reformbewegung ein, die zum ersten Klosterverband führte. Die erklärten Ziele der cluniazensischen Reform waren u.a. ein vorbildliches monastisches Leben in strenger Askese, sowie die Verwirklichung einer einheitlichen Regelbefolgung mit einheitlicher Liturgie in allen angeschlossenen Klöstern. Die Liturgie stand im Mittelpunkt der cluniazensischen Observanz; die anderen monastischen Aufgaben – »lectio divina« und »opus manuum« – wurden zugunsten der »laus perpetua« verdrängt. Dieser Zustand läßt sich an den Grundrissen der verschiedenen Bauphasen Clunys gut verfolgen: Es gab, bis auf wenige Werkstätten, kaum noch Wirtschaftsgebäude, während die Anzahl der Kapellen und Altäre, die Größe der Kirche selbst, ständig zunahm. Der dritte Kirchenneubau von Cluny (ca. 1150) war, bis zum Neubau von St. Peter in Rom (1626 geweiht), die größte Kirche der Christenheit.

Die zisterziensische Reform verurteilte diese Entwicklungen, die ihrer Meinung nach zu einer unerträglichen Monumentalität und Entstellung des monastischen Lebens geführt hatte. Sie forderten eine Rückkehr zum ursprünglichen Geist der Benediktsregel, indem das Gleichgewicht von Chorgebet, meditativer Lektüre und Handarbeit, die in Cluny längst aufgegeben worden waren, wieder hergestellt werden sollte; die Liturgie sollte von allem Wildwuchs befreit werden und alle Zusatzoffizien, die nicht in der Benediktsregel ent-

---

[26] Braunfels, wie Anm. 23, hier 59.

halten waren, aufgegeben werden. Eine strenge Auslegung und strikte Befolgung der Regel Benedikts wurde zum Grundsatz der zisterziensischen Verfassung. Die Prinzipien der zisterziensischen Reform werden nicht zuletzt durch ihre Klosteranlagen verkörpert.

Die Zisterzienser hielten sich an das überlieferte benediktinische Klosterschema und haben es durch die Anpassung an die eigenen Bedürfnisse ihrer Lebensform weiterentwickelt, präzisiert und perfektioniert. An bestimmten charakteristischen Merkmalen sind Zisterzienser-Klosteranlagen leicht zu erkennen: Turmlose Kirche, mit einem meist hölzernen Dachreiter in der Vierung für die Gebetsglocke; freistehendes, senkrecht zum Kreuzgang angeordnetes Refektorium; Brunnenhaus im Kreuzgang, gegenüber dem Refektorium; Konversentrakt im westlichen Kreuzgangflügel, mancherorts (außer in Deutschland) mit sogenanntem »Konversengang«; separate Chöre für Chormönche und Laienbrüder, durch einen Lettner getrennt. Sie entwarfen ein eigenes Idealschema, wonach auch wirklich gebaut werden konnte, im Gegensatz zum Plan von St. Gallen, der nicht als Bauvorlage, sondern als Funktionsschema konzipiert war. Das Konzept wurde zum Grundmuster aller Klosteranlagen im gesamten Orden.

IV. Die Klosteranlage von Helfta im Kontext des zisterziensischen Idealplans

Wie durch diesen kurzen Überblick gezeigt wurde, kann die Form der benediktinisch-monastischen Anlage auf eine lange Tradition und lückenlose Überlieferung zurückblicken. Insofern kann auch bei den Frauenklöstern ein Klostergeviert mit den dazugehörigen Hauptgebäuden und Kreuzgang als Selbstverständlichkeit vorausgesetzt werden. Der Vergleich mit ähnlichen Zisterzienser-Nonnenklöstern, wie Zehdenick oder Lindow, kann einen Eindruck davon vermitteln, wie es in Helfta ausgesehen haben kann, nur mit dem Unterschied, daß in Helfta die Klausur sich nördlich, nicht südlich der Kirche erstreckte. Dabei könnte folgende grobe Aufteilung der inneren Klausur bestanden haben: Im östlichen Flügel Kapitelsaal und Arbeitsraum (vielleicht die Schule?) im Untergeschoß, darüber das Dormitorium der Nonnen im Obergeschoß; im südlichen Flügel das Refektorium und die Küche; im westlichen Flügel die Räume der Laienschwestern, bzw. die Vorratsräume. Die Laienschwestern sind nicht mit den Konversen, den Laienmönchen, zu verwechseln; beide sind für Helfta und andere Frauenklöster überliefert.[27] Nur die genaue Größe, Folge und Ausrichtung dieser Gebäude und viele andere Details werden sich so lange einer gesicherten Rekonstruktion entziehen, bis entsprechende wissenschaftliche Untersuchungen stattgefunden haben. Besonders in den Grundrissen der Kirchen manifestieren sich grundsätzliche Unterschiede zwischen den Männer- und Frauenabteien: Sie lassen sich am Beispiel von Helfta auf Anhieb deutlich erkennen. Die Klosterkirchen der Frauengemeinschaften weichen nicht nur in ihren geringeren Dimensionen von den Männer-Klosterkirchen ab, sondern unterscheiden sich auch in den Grundrißformen, die wesentlich einfacher ausfallen. Frauen-Klosterkirchen, die die Formen der männlichen Kirchen übernehmen, bilden die Ausnahme, und dann nur in sehr reduzierter Form. Hierfür bietet das Mutterhaus von Helfta, St. Jacobi-St. Burchardi in Halberstadt, ein markantes Beispiel. Als einzige kreuzförmige Basilika überhaupt in dieser Region folgt ihr Kirchengrundriß dem Plan einer zisterziensischen Mönchskirche, wie er am Bau von Cîteaux II (1180) entwickelt wurde, mit den dominierenden Merkmalen: Gerader Chorabschluß umgeben von einem Chorumgang mit Kapellenkranz. Nur das Langhaus wurde gekürzt und es entfiel der Kapellenkranz am Chorumgang. Als unmittelbares Vorbild für St. Jacobi diente Walkenried oder Riddagshausen.

Während die Grundrisse der Zisterzienser-Mönchskirchen sich alle auf den Plan einer Primarabteikirche zurückverfolgen lassen, wodurch das Filiationsprinzip des Ordens widergespiegelt wird, gibt es unter den Frauenklöstern keine ver-

---

[27] UB Nr. 55a u. 189.

gleichbare Struktur. Bei ihren Kirchen herrscht eine große Formenvielfalt vor, die durch die vorher erläuterten unterschiedlichen Randbedingungen eine Typisierung und Systematisierung erschwert. Dennoch wurden einige Formen bevorzugt, darunter die einschiffige Saalkirche, die bei der Hauptmasse der Nonnenkirchen in ganz Mitteleuropa in verschiedenen Variationen vorkam. Zu diesem Typus gehören nicht nur die meisten Zisterzienser-Nonnenkirchen Nord-, Mittel- und Ostdeutschlands, sondern auch die Bettelordenkirchen aus dieser Zeit. In diesem Gebiet war die einfachste Form, die rechteckige Saalkirche mit gerader Ostwand, am meisten verbreitet.[28] Sie galt als die geeignetste Form für Nonnenkirchen überhaupt und wird dem religiösen Empfinden der Zeit, dem asketischen Anspruch und Armutsideal der religiösen Frauenbewegung und der Orden, ganz besonders gerecht. Bei den Zisterzienserinnenkirchen dieser Art fallen die ungewöhnlichen Proportionen auf – sie sind im Verhältnis zu ihrer Länge oft extrem schmal: Z.B. Frauental 43m zu 8,30m; Marienborn 40m zu 5m; Mariaburghausen 50m zu 10m.[29] Auch dieses Merkmal trifft für Helftas Kirche zu, die 46m lang und 15m breit ist.

Eine architektonische Besonderheit der Frauen-Klosterkirchen im deutschen Raum bildet die sog. Nonnenempore. Sie war die bauliche Lösung für das Problem, die strengen Klausurvorschriften auch in der Kirche einzuhalten. Da die Nonnenkirchen, im Gegensatz zu den Mönchskirchen, meistens auch als Pfarrkirchen dienten, mußten die Nonnen vor den Blicken der Laiengemeinde geschützt werden; genauso sollte jeder unnötige Blickkontakt mit dem männlichen Klerus vermieden werden. Der Nonnenchor wurde aus diesem Grunde auf einer erhöhten Empore eingerichtet, meistens in der westlichen Hälfte des Langhauses, oder, wie in Halberstadt, im

---

[28] *Ernst Coester*, Die Cistercienserinnenkirchen des 12. bis 14. Jahrhunderts. In: *Ambrosius Schneider* u.a. (Hrsg.), Die Cistercienser. Geschichte-Geist-Kunst, Köln ³1986, 351–353.

[29] *Henri-Paul Eydoux*, L'architecture des églises cisterciennes d'Allemagne, Paris 1952, 152.

Ostteil der Kirche, in einem der Querhausarme. Der Priester erreichte die Empore durch eine kleine Treppe, meistens aus Holz, der Konvent durch eine Tür vom Kreuzgang oder Dormitorium aus. Die Konstruktion konnte aus Holz oder Stein sein. Helftas Empore scheint eine Mischkonstruktion gewesen zu sein; Auflager in den Seitenwänden östlich der Steinempore weisen auf eine Verlängerung aus Holz. Eindeutige Aussagen zum ursprünglichen Zustand sind nicht ohne Ausgrabungen (besonders im Bereich unterhalb der Steinempore) möglich. Die Trennung zum Kirchenschiff, der Abschluß des Nonnenchores, wurde entweder durch eine Brüstung oder eine gemauerte Wand mit Fenstern gebildet. Um den Nonnen trotz dieser abschirmenden Maßnahme die Möglichkeit zu geben, den Moment der eucharistischen Wandlung mitzuerleben und die Sakramente zu empfangen, wurden Öffnungen in den Emporen geschaffen, die mit entsprechenden Vorrichtungen wie Gitterfenstern, Schiebetürchen und Drehladen versehen waren. Der gewölbte Raum unterhalb der Empore wurde verschiedentlich genutzt: Entweder hatte dort die Pfarrgemeinde ihre Plätze, oder es wurde als Chor der Laienschwestern, als Kapelle oder Krypta genutzt. In diesen Fällen saß die Pfarrgemeinde davor, in der östlichen Hälfte des Langhauses. Um die mögliche Situation in Helfta zu veranschaulichen, kann die ehemalige Zisterzienser-Nonnenkirche von Langendorf bei Weissenfels zum Vergleich herangezogen werden.[30]

V. Schlußbemerkung

Es bleibt zu hoffen, daß die heutigen so lobenswerten Aktivitäten um Helfta und die Bemühungen um den Wiederaufbau auch die längst überfälligen wissenschaftlichen, bauhistorischen Untersuchungen und Ausgrabungen miteinbeziehen werden!

---

[30] *Mathias Köhler*, Die gotische Zisterzienserinnen-Klosterkirche in Langendorf, Landkreis Weißenfels. In: Denkmalpflege in Sachsen-Anhalt, 1994, 38–47.

Die sozio-kulturelle Situation des Klosters St. Maria in Helfta

Michael Bangert

I. Die Ordenszugehörigkeit des Klosters

Zur Bestimmung der theologischen und spirituellen Bedeutung des Klosters St. Maria in Helfta ist es unumgänglich, den geistigen und sozialen Hintergrund der Klostergemeinschaft genauer zu beschreiben. Von der Definition des Klosters St. Maria lassen sich Rückschlüsse auf die Geltung verschiedener Ordenstraditionen und die Wirkung einzelner theologischer Stränge ziehen. Zwar werden die Frauen von Helfta spätestens seit dem siebzehnten Jahrhundert allgemein als Benediktinerinnen angesehen und als solche verehrt, doch um die letzte Jahrhundertwende kommt es zu einer Diskussion über den ordensrechtlichen Status des Klosters Helfta. Das Vorwort der Solesmes-Ausgabe von 1875 sieht Helfta noch klar und eindeutig dem Benediktinerorden zugehörig.[1] Für

---

[1] *Sanctae Gertrudis Magnae* virginis ordinis sancti Benedicti Legatus Divinae Pietatis, accedunt ejusdem Exercitia spiritualia (Revelationes Gertrudianae ac Mechtildianae). Bd. 1: Hrsg. v. d. Benediktinern von Solesmes durch *Louis Paquelin*. Poitiers/Paris 1875, I. (Bd. 2: Poitiers/Paris 1877). Der Herausgeber L. Paquelin – ein Mönch der Reformabtei Solesmes – äußert bereits in einem Brief an seinen Abt Prosper Guèranger vom 19. März 1868 die Vermutung, Gertrud von Helfta sei Zisterzienserin gewesen. Diese Vermutung wurde in dem Brief vom 28. März 1868 durch seine anschließende Reise nach Eisleben und das dortige Quellenstudium zur Gewißheit (Archiv des Klosters Solesmes, Korrespondenz P. Louis Paquelin). Die Argumentation des Vorwortes der Revelationes sieht zwar den Wunsch der Stifter, ein Zisterzienserinnenkloster zu gründen. Da das Generalkapitel von 1228 aber keine weiteren Frauenklöster zugelassen habe, sei das Kloster benediktinisch geworden (Revelationes I, XXVII–XXXI). L. Paquelin bemüht sich eindringlich, – entgegen der Quellenlage – der Ordensdisziplin zu entsprechen und das Gewand der Frauen aus Helfta von grau in schwarz umzufärben!

diese Mutmaßung lassen sich eine ganze Reihe von Quellen-
belegen nennen; u.a. wird bereits 1276 in einer Überlassungs-
urkunde des Bischofs von Naumburg von dem Benediktiner-
innenkloster in Helfta gesprochen.[2]

1899 stellte E. Michael aufgrund des von M. Krühne
edierten Urkundenbuches des Klosters Helfta diese Auffassung dahingehend in Frage, daß er den Konvent zur Zeit der
Äbtissin Gertrud von Hackeborn dem Zisterzienserorden zu-
rechnete. Die Schwestern des Gründungskonventes kamen
aus dem Zisterzienserinnenkloster St. Jakob und St. Burchard
bei Halberstadt. Die Gründungsurkunden und Consuetudines
lassen nach Michael keinen anderen Schluß zu; für eine spätere Phase des Klosters hält er die »Benediktiner-These« für
berechtigt.[3] U. Berlière stimmte den Forschungen weitgehend
zu.[4] Gestützt wurde die Auffassung Michaels durch eine Studie von M. Dombi.[5] In neuerer Zeit unterstreicht zwar ein
Aufsatz von D. Tomlins die Zugehörigkeit Gertruds von Helfta und ihres Heimatklosters zur benediktinischen Tradition.[6]
Die »Zisterzienser-These« kann jedoch mit den Arbeiten von
Michael, Berlière und Dombi als weitgehend gesichert gelten.

Indes handelt es sich bei dem Frauenkloster Helfta keinesfalls um eine idealtypische Verwirklichung des Ordens von
Cîteaux.[7] Der anfänglich häufige Ortswechsel des Klosters

---

[2] *Max Krühne*, Cistercienserinnen: Kloster Helfta. In: Urkundenbuch der
    Klöster der Grafschaft Mansfeld (Geschichts-Quellen der Provinz Sach-
    sen 20). Halle 1888, 145, 207, 209, 216 u. 239. (Im folgenden: Krühne)
[3] *Emil Michael*, Die hl. Mechtild und die hl. Gertrud Benediktinerinnen?
    In: ZHTh 23, 1899, 548–552.
[4] *Ursmer Berlière*, S. Mechtilde et s. Gertrude furentelles bénédictines? In:
    RevBén 16, 1899, 457–461.
[5] *Markus Dombi*, Waren die hll. Gertrud und Mechtild Benediktinerinnen
    oder Cistercienserinnen? In: Cistercienser-Chronik 25, 1913, 257–268.
[6] *David Tomlins*, St. Gertrude, Worthy Daughter of St. Benedict. In: Tju-
    runga 23, 1982, 21–38.
[7] Vgl. Legatus IV, SC 255, 310. Die Zitation der Schriften Gertruds von
    Helfta erfolgt nach der neuesten textkritischen Ausgabe in den Sources
    Chrétiennes (N° 127, 139, 143, 255, 331). Die Zitation der »Exercitia
    Spiritualia« geschieht mit dem Kürzel »Exercitia«, darauf folgt die An-
    gabe der Bandzahl innerhalb der Sources Chrétiennes und anschließend

liegt durchaus im Bereich des Normalen; zahlreiche zisterziensische Klöster haben zehn oder zwanzig Jahre nach ihrer Gründung den Standort gewechselt.[8] Für die »pleno iure« inkorporierten Frauenzisterzen galten prinzipiell dieselben Ordensvorschriften über die geographische Lage wie bei den Männerklöstern. Die Niederlassungen waren in abgeschiedenen Gegenden zu erbauen, nicht etwa in Städten, festen Plätzen oder Dörfern.[9] Stark abweichend von dieser Bestimmung der Zisterzienser erweist sich jedoch die Gründung in Helfta, da sie in unmittelbarer Nähe der Burg Helfta, welche den Edlen von Hackeborn gehörte, gelegen ist und gleichzeitig inmitten der ländlichen Siedlung Helpede plaziert wird.[10] Die zisterziensische Abgeschiedenheit kommt so prinzipiell nicht zum Tragen.[11] Damit stellt Helfta allerdings unter den Frauenklöstern des Zisterzienserordens keine absolute Ausnahme dar.[12]

---

8 die entsprechende Seitenzahl. Die Zitation des »Legatus Divinae Pietatis« erfolgt mit dem Kürzel »Legatus« mit der Angabe des jeweiligen Bandes, dann folgt die Nummer der Sources Chrétiennes-Edition und abschließend die Seitenzahl. Auf eine Angabe der Zeilennummern wird zugunsten der Übersichtlichkeit verzichtet.

9 Vgl. *Georges Duby*, Der heilige Bernhard und die Kunst der Zisterzienser. Frankfurt a.M. 1991, 118.

10 *Maren Kuhn-Rehfus*, Wirtschaftsverfassung und Wirtschaftsverwaltung oberschwäbischer Zisterzienserinnenabteien. In: Rottenburger Jahrbuch für Kirchengeschichte 4, 1985, 59.

11 *Hugo Grössler*, Die Blütezeit des Klosters Helfta bei Eisleben. In: Jahrbuch über das Königliche Gymnasium zu Eisleben 215, 1887, 10 (Im folgenden: Grössler). Vgl. Krühne, 131, 144 u. 147. Es wird von einem Hof mit Turm direkt neben dem Kloster berichtet. In der Siedlung Helfta oder »Helpede« fand sich in der Gründungszeit des Klosters bereits mindestens eine Pfarrkirche mit dem Patrozinium St. Gertrud von Nivelles (Krühne, 25–52, 159, 176). Später wird von einer zweiten mit dem Patrozinium St. Georg berichtet, die durch päpstliche Maßgabe 1478 der Klosterkirche inkorporiert wurde.

12 Romantisierende Interpretationen verlegen das Kloster in ein abgelegenes Tal (vgl. die Briefe L. Paquelins vom 28. März 1868 und vom 5. Juli 1869). Der Verzicht auf den Rückzug ins »desertum« zeigt sich bei vielen Frauenzisterzen. Man suchte jedoch nicht die Stadt auf, wählte vielmehr häufig die sichere Kleinstadt, den Flecken, die Burg. Die Frauen bemühten

Obwohl der fortdauernd unklare Ordensstatus auch noch in neuester Literatur zu unterschiedlichen Aussagen führt, sind die meisten neueren Darstellungen wohl eher als Akzentuierungen der »Zisterzienser-These« E. Michaels zu verstehen.[13] So dient zum Beispiel die deutliche liturgische Zentrierung der Schriften Mechthilds von Hackeborn und Gertruds von Helfta im Umkehrschluß dazu, sie dem Benediktinerorden zuzuordnen.[14]

Die Formulierung »das der Zisterzienserregel folgende Nonnenkloster Helfta«[15] bringt die Eigenständigkeit der Kommunität treffend zum Ausdruck. In der Forschung ist allerdings der Aspekt bisher zu wenig berücksichtigt worden, daß die Ablehnung der »cura monialium« durch das Generalkapitel von Cîteaux 1228 und die damit weitgehend unmöglich gewordene vollständige Eingliederung von Frauenklöstern in den Orden auch einen größeren Freiraum und gewisse Wahlmöglichkeiten in der geistlichen Betreuung bewirken konnte.[16] So mußte in den voll inkorporierten Klöstern der

---

sich schon »ab initio« um feste Einkünfte, Kirchenpatronate, Mühlen und andere Einkunftsquellen sowie Gerechtsame, ohne jedoch gänzlich auf die Handarbeit von »conversae« und »conversi« zu verzichten. Vgl. *Kaspar Elm*, Das männliche und weibliche Zisterziensertum in Westfalen von den Anfängen bis zur Reformation. In: *Géza Jászai* (Hrsg.), Monastisches Westfalen. Klöster und Stifte 800–1800, Münster 1982, 55 (Im folgenden: Elm, Westfalen).

[13] Vgl. *Caroline Walker Bynum*, Jesus as Mother. Berkeley u.a. 1982, 174–175. (Im folgenden: Bynum, Helfta). Vgl. auch *Johanna Lanczkowski*, Einige Überlegungen zu Mechthilde von Magdeburg, Mechthilde von Hackeborn und Gertrud der Großen von Helfta. In: EuA 63, 1987, 424–440.

[14] *Hilda Graef*, The Story of Mysticism. London 1966, 161. Vgl. *Dies.*, St. Gertrude. Mystical Flowering of the Liturgy. In: Orate Fratres 20, 1945/46, 171; *Jacques Le Goff*, Die Geburt des Fegefeuers. München 1990, 436.

[15] *Alois M. Haas*, Gottleiden – Gottlieben. Zur volkssprachlichen Mystik im Mittelalter. Frankfurt a.M. 1989, 14. O. Quénardel akzentuiert anders: »Une communauté de 'soeurs grises' vivant sous la Règle de saint Benoît« (*Olivier Quénardel*, La communion eucharistique dans le héraut de l'amour divin de Sainte Gertrude d'Helfta. Ungedr. Dissertation, Paris 1991, 1).

[16] Legatus II, SC 139, 10. Zur Inkorporation vgl. Elm, Westfalen, 54.

Beichtvater zwingend ein Zisterzienser sein. Für das Kloster Helfta läßt sich diese Regelung nicht belegen. Die lockeren organisatorischen Bindungen und die vielfältige spirituelle Unterweisung lassen nicht erwarten, daß sich das Zisterziensertum in Helfta in seiner reinen Gestalt verwirklichte. Der ordensrechtliche Schwebezustand mag den dort lebenden Frauen zudem sehr recht gewesen sein, bot er doch die Möglichkeit, neue Ausdrucksformen für das innerlich Erlebte zu adaptieren bzw. zu entwickeln. Von regem Kontakt zu anderen Frauenklöstern und Beginenhäusern wird man zudem ausgehen dürfen. Die Differenz zwischen der ursprünglich zisterziensischen Ausrichtung, die dem Kloster in Helfta vor allem durch die Gründerin Elisabeth von Schwarzburg und – in abgeschwächter Form – durch ihren Gatten Burchard von Mansfeld im Jahr 1229 gegeben wurde, und dem Selbstverständnis sowie den spirituellen Eigenheiten der einzelnen Klosterfrau – so z.B. Mechthild von Magdeburg – wird ebenso allzu wenig beachtet.[17] Auch Gertrud von Helfta mit ihrer ausgeprägten Tendenz zu Selbständigkeit und Individualität greift weit über den engen Horizont einer ordensrechtlichen und theologischen Reduktion des Klosters und seiner Spiritualität hinaus.[18] Von daher muß die neuzeitlich-historisierende Frage nach der juridischen Positionierung des Klosters Helfta ihr Ziel verfehlen. Die Zugehörigkeit zu einer Ordensgemeinschaft bestimmt sich für die Helftaer Frauen nicht durch die bloße Adaption bestimmter Regeln und Auffassungen. Jegliche Ordensregel – so der Legatus – werde z.B. in Hinsicht auf die mystische Vergegenwärtigung der Passion zweitrangig; das korrekte Befolgen einer Regel könne sogar falsch sein, da nicht die äußerliche Übung, sondern allein die liebende Hingabe zähle.[19] Ebenso auffällig ist, daß Gertrud von Helfta – anders als Mechthild von Magdeburg – keinen

---

[17] Vgl. Krühne, 129; Grössler, 8–9.
[18] Bynum, Helfta, 186–209. Vgl. *Ursula Peters*, Religiöse Erfahrung als literarisches Faktum. Tübingen 1988. 66 u. 127.
[19] Legatus III, SC 143, 200.

Ordensmann oder Weltpriester als Seelenführer nennt und auch ihre Vita, das erste Buch des Legatus, solches unterläßt. Sie ordnet sich damit keiner konkreten Frömmigkeitsrichtung oder Ordensprägung zu; sie definiert sich als geistliche Gestalt sehr eigenständig und bezieht sich vorrangig auf ihre spirituelle Heimat, den zwar weitgehend ungebundenen, aber vielfältig vernetzten Konvent in Helfta. Das Kloster löst sich jedoch keineswegs aus der christlichen Tradition, sondern begreift sich als Bestandteil derselben. Die Ordensfrauen sind bestrebt, sich in die Überlieferung einzuordnen und sich mit ihr zu vergleichen, um die eigene Wesensart begreifen zu können. Die Bemerkung von W. Muschg, daß die Mystik in Helfta einen Übergang von den Zisterziensern zu den Bettelorden markiere, hat leider wenig Beachtung gefunden.[20] Eine Umbruchs- und Sondersituation muß als Verstehenshorizont unbedingt eingeführt werden. So sieht H. Grundmann im Kloster Helfta einen »besonders interessanten Grenzfall« von Zisterzienserinnen und Bettelorden.[21]

Das Kloster Helfta unterhielt vielfältige Beziehungen zu anderen Orden, so zu Benediktinern – auffällig intensiv zum Kloster Hersfeld –, zum Deutschherren-Orden, zu Dominikanern und zu Franziskanern.[22] Aus diesen Orden – aber ebenso aus den Reihen der Diözesankleriker – sind auch die geistlichen Begleiter zu erwarten. Die Formulierung »Zisterzienserinnenkloster Helfta mit dominikanischer Seelsorge« trifft die pastorale Gegebenheit in Helfta nur unzureichend; auch die Einschätzung, das Kloster in Helfta habe »unter der geistlichen Leitung der Dominikaner von Halle« gestanden, kann nur partielle Richtigkeit beanspruchen.[23] Die Meinung, daß

---

20 *Walter Muschg*, Die Mystik in der Schweiz 1200–1500. Frauenfeld u.a. 1935, 113.
21 *Herbert Grundmann*, Religiöse Bewegungen im Mittelalter. Darmstadt ⁴1977, 221.
22 Vgl. Krühne, 133, 136, 139, 142 u. 150; Legatus I, SC 139, 104 u. 106; Exercitia, SC 127, 12.
23 Vgl. *Kurt Ruh*, Geschichte der abendländischen Mystik. München 1993, Bd. 2, 326; *Margot Schmidt*, Mechthild von Hackeborn. In: *Johannes*

allein die Dominikaner die »cura monialium« in Helfta aus-
übten, ist unbelegt, bleibt aber eine geläufige Einschätzung.[24]
Wer die »cura monialium« in Helfta übernahm, kann nicht als
geklärt angesehen werden. Die Dominikaner von Halle, Halberstadt und Magdeburg werden fraglos daran beteiligt gewesen sein, sicher aber auch die Franziskaner, denn der Einfluß
franziskanischer Spiritualität ist in Helfta eindeutig nachweisbar.[25] Ob es überhaupt eine Ausschließlichkeit bezüglich der
»cura monialium« gegeben hat, erscheint zweifelhaft. Eher
sollte von einer klostereigenen Spiritualität ausgegangen werden, die sich zisterziensisch verstand, aber eine große Variati-
onsbreite vorweist und vielfältige Einflüsse zuließ und nutzte.
Inwieweit diese klostereigene Spiritualität bereits Charakte-
ristika von reflektiert frauenspezifischen Zugängen zu mona-
stischem Leben aufwies, kann hier nicht geklärt werden.

II. Der soziologische Befund

Die soziale Herkunft der »dominae« des Klosters Helfta
scheint mehrheitlich in den adeligen Familien der Gegend zu
liegen; vor allem die Stifterfamilie der Grafen von Mansfeld
und das Geschlecht der Edlen von Hackeborn finden in diesem Kontext Erwähnung. Das Kloster St. Maria war gegründet worden als Stätte des Gotteslobes, der Marienverehrung,
der Fürbitte und des Totengedenkens.[26] Das Kloster nahm
aber sicher, wie viele andere Frauenzisterzen auch, die Funktion einer Versorgungsstätte für die Töchter der Gründer und
Förderer aus Adel und Ministerialität wahr. Die Nonnen in zisterziensisch geprägten Frauenklöstern rekrutierten sich

---

24   *Thiele* (Hrsg.), Mein Herz schmilzt wie Eis am Feuer. Stuttgart 1988, 88.
25   Vgl. Bynum, Helfta, 175 u. 184.
    Vgl. *Sabine B. Spitzlei*, Erfahrungsraum Herz. Stuttgart 1991, 33–36;
    Hugues Minguet, Théologie spirituelle de sainte Gertrude: Le Livre II du
    Héraut. In: Collectanea Cisterciensia 51, 1989, 273–274.
26   Krühne, 129–131.

mehrheitlich aus dem Stand der niederen Nobilität; Ordensfrauen mit städtischer Herkunft sind eher eine Ausnahme.[27]

Die feudale Abkunft darf jedoch nicht zu der Annahme verleiten, die Klosterfrauen hätten jegliche manuelle Arbeit den Konversen und Knechten überlassen können. Zuerst oblag den Chorschwestern das Spinnen und Sticken. Weiter gibt es einige – leider nur mittelbare – Hinweise darauf, daß z.B. Gertrud von Helfta im Skriptorium des Klosters arbeitete und dort auch Handschriften illuminierte.[28] Die adeligen Schwestern mußten aber sehr wohl auch bei agrarischen Tätigkeiten mithelfen. Die Schriften aus Helfta sprechen unter Benutzung einer neutestamentlichen Vorgabe (Lk 16,3) von der geringen Befähigung mancher Schwestern zu solcher Arbeit. Die gärtnerischen Tätigkeiten nutzen sie zur Beschreibung religiöser Inhalte. So zeigt Gertrud von Helfta eine sichere Kenntnis gärtnerischer bzw. hauswirtschaftlicher Sachverhalte; sie spricht in einer Allegorie der göttlichen Gnade anschaulich über die Vorteile säuerlicher, aber haltbarer Äpfel gegenüber solchen, die zwar süß sind, aber keine Dauerhaftigkeit zeigen.[29] Die Mithilfe bei körperlichen Arbeiten im Außenbereich machte eine strenge Klausur unmöglich; daraus läßt sich zum einen schließen, daß das Kloster wirtschaftlich nicht übermäßig gut gestellt war. Zum anderen ergeben sich aus der mangelnden Klausur zusätzlich berechtigte Zweifel an der vollen Eingliederung von Helfta in den Zisterzienserorden; obwohl die Frauen der für Zisterzienserklöster typischen Vorschrift, Wein für die Feier der Eucharistie anzubauen, in Helfta allerdings nachweislich Folge leisteten.[30]

Die soziale Herkunft des Konventsmitgliedes Gertrud von Helfta stellt einen Sonderfall dar; im Gegensatz zur Äbtissin

---

[27] Vgl. Elm, Westfalen, 55; *John H. Freed*, Urban development and the cura monialium in thirteenth-century germany. In: Viator 3, 1972, 317.

[28] Vgl. Legatus III, SC 143, 170, 240 u. 350; Legatus IV, SC 255, 110; 170; Legatus I, SC 139, 192–194.

[29] Exercitia, SC 127, 126 u. 290; Legatus IV, SC 255, 470–472.

[30] Vgl. Bynum, Helfta, 175; Legatus III, SC 143, 240; Legatus IV, SC 255, 482.

und ihren Mitschwestern Mechthild von Hackeborn und Mechthild von Magdeburg ist über ihren familiären Kontext nichts bekannt. Aufgrund der sozialen Konsistenz des Konventes ist ihre Abstammung jedoch mit hoher Wahrscheinlichkeit in der genannten Schicht der niederen Nobilität zu vermuten. Sie ist wahrscheinlich aus einer Familie des lokalen Adels hervorgegangen und wurde als Kind dem Kloster zur Ausbildung übergeben. Ihre Vita unterstreicht, daß Gertrud von Helfta durch göttlichen Willen von ihren Eltern getrennt worden sei, damit niemand sie wegen ihrer Abstammung verehre.[31] Damit wird suggeriert, daß sie eine bedeutende Herkunft habe; es hat aber den Anschein, als sei weder die Ordensfrau selbst, noch der Redaktion des Legatus bekannt, wo genau ihre familiären Wurzeln liegen. Gertrud von Helfta betont, daß sie nicht durch verwandtschaftliche Beziehungen am inneren Gebet gehindert sei; andererseits ist es ihr ein Anliegen, genau zu wissen, ob durch die Verdienste der Eltern das eigene Ansehen im Himmel beeinflußt werden könne. Die Mitteilung, Gertrud habe noch nie gesehen, wie eine Mutter ihr Kind liebkose, darf nicht als direktes biographisches Datum genutzt werden; eher ist hier eine melancholische Episode zu vermuten, denn eine sich anschließende Audition deckt die anderslautenden Fakten nüchtern auf.[32] So ist zu konstatieren, daß für mehr als Mutmaßungen über eine konkrete Ursprungsfamilie die historischen Informationen nicht ausreichen.

Das soziale Gefüge des Klosters in Helfta ist für die theologische Verortung des Klosters von erheblicher Bedeutung, da sich die Frage stellt, ob es einer Ordensfrau adeliger Abstammung in einer feudalen Gesellschaft überhaupt möglich ist, die neutestamentliche Kernbotschaft, d.h. die liebende Hingabe im Dienst an Gott und dem Mitmenschen, in angemessener Weise zu verwirklichen. Diese Frage ist gerade des-

---

[31] Legatus I, SC 139, 216.
[32] Legatus II, SC 139, 292; Legatus III, SC 143, 82 u. 160–162; Legatus IV, SC 255, 334.

halb von großer Relevanz, weil die neutestamentliche Theologie den gemeinschaftskonstituierenden Charakter der Gottes- und Nächstenliebe nachdrücklich betont. Aufgrund ihrer Stellung sind die adeligen Chorschwestern den Mägden und Knechten, den weiblichen und männlichen Konversen in jeder Hinsicht übergeordnet.[33] Die soziale Problematik innerhalb des Klosters wird durchaus thematisiert: So kommt es in einer Vision Gertruds von Helfta beispielsweise zu dem Versuch einer spirituell begründeten Korrektur der sozialen Widersprüche, indem Christus darlegt, daß er keinen Dienst im Kloster höher schätze als einen anderen; jede Tätigkeit habe ihren Wert und ihre Notwendigkeit. Weiterhin berichtet der Legatus eine Vision, die erklärt, Christus bevorzuge ebensowenig nur die Chorschwestern, wie ein Kaiser nicht nur Edelfräulein an seinem Hof benötige.[34] Die feudalen Strukturen der Gesellschaft werden in Helfta zwar nicht radikal überwunden, jedoch durch die mystische Kultur unter das Maß der neutestamentlichen Botschaft gestellt.

Insgesamt kann um das Jahr 1290 im Kloster St. Maria in Helfta von einer Konventstärke von maximal sechzig Chornonnen ausgegangen werden. C. Walker Bynum vermutet, daß in den letzten Jahrzehnten des dreizehnten Jahrhunderts über einhundert Nonnen in Helfta lebten.[35] Diese Zahl scheint zu hoch angesetzt; auf die gesamte Klosterbevölkerung, d.h. Chorschwestern plus weibliche und männliche Konversen,

---

[33] Die sozialen Spannungen zwischen Mönchen bzw. Nonnen und Konversen äußern sich in modifizierter Weise auch im Kloster Helfta (Legatus III, SC 143, 274–280). In den Frauenzisterzen gab es männliche und weibliche Konversen, sowie Dienstmägde und Lohnarbeiter. Man kann geradezu von einem »innerklösterlichen Proletariat« sprechen. G. Duby beschreibt die Situation: »Die Laienbrüder sind abseits untergebracht. [...] Sie müssen durch einen schmalen dunklen Gang zur Kirche gehen, wo sie im Hintergrund bleiben, zusammengepfercht wie eine stumme Herde, schwärzer und übelriechender als die Gruppe der Feiernden« (Duby, wie Anm. 8, hier 120).

[34] Legatus III, SC 143, 274 u. 308–312.

[35] Bynum, Helfta, 175. H. Grundmann nimmt als Durchschnittsgröße der Zisterzienserinnenkonvente dreißig Nonnen an (Grundmann, wie Anm. 21, hier 218).

bezogen dürfte sie jedoch zu klein sein. Man kann für die Berechnung des Konvents die Gruppe des Gründungskonventes und die Zahl von ca. einhundert von der Äbtissin Gertrud aufgenommenen Schwestern zugrunde legen. Die jährliche Eintrittsquote von etwa zwei bis drei Schwestern während der Amtszeit Gertruds von Hackeborn, auf die ersten zwanzig Jahre der Gründung hochgerechnet, ergibt nochmals ca. fünfzig Frauen. Die Sterblichkeitsrate in Helfta war keineswegs gering, vielfach starben junge Schwestern, und es traten schwere epidemische Infektionskrankheiten auf. Realistischerweise ist daher von ein bis zwei Todesfällen pro Jahr auszugehen, wobei die Rate aufgrund des steigenden Alters der Gründergeneration spätestens seit 1250 progressiv gewesen sein wird. So dürfte es bis zum Ende der Amtszeit der Äbtissin Gertrud im Jahr 1291 insgesamt ca. achtzig bis neunzig Sterbefälle im Kloster Helfta gegeben haben. Zusätzlich sind noch die zwölf Schwestern abzuziehen, die sich ins Kloster Hedersleben begaben.[36]

III. Die Äbtissin Gertrud von Hackeborn

Von der Forschung wurde die Bedeutung der Äbtissin Gertrud von Hackeborn (1231–91) für die Blüte des Klosters St. Maria in Helfta und die dortige spirituelle Kultur nur sehr zurückhaltend beurteilt.[37] Die Gleichheit des Namens führte schon früh zu einer Verwechslung bzw. Identifizierung Gertruds von Helfta mit der Äbtissin Gertrud von Hackeborn. Dieser gravierende Irrtum läßt sich quellenkundlich erstmals in der deutschsprachigen Ausgabe des Legatus, erschienen 1505 in Leipzig, erfassen.[38] Spätestens im Vorwort der neuen

---

[36] Vgl. Krühne, 133; Legatus III, SC 143, 22; Legatus V, SC 331, 18, 66, 108, 128 u. 142.

[37] U. Köpf konstatiert: »Das klösterliche Leben war geprägt durch Gertrud von Hackeborn.« (*Ulrich Köpf*, Bernhard von Clairvaux und die zisterziensische Spiritualität. In: EuA 70, 1994, 436.

[38] Vgl. Legatus I, SC 139, 15f u. 98; Exercitia, SC 127, 52.

lateinischen Solesmes-Ausgabe der »Revelationes Gertrudia-nae« wurde der langlebige Fehler durch L. Paquelin korrigiert. Diese Verwechslung blieb jedoch nicht die einzige. Im 16. Jahrhundert begann die Vermischung der Gestalten Gertruds von Hackeborn, Gertruds von Helfta und Gertruds von Nivelles zu einer Art »himmlischen Schatzmeisterin«, die beim Suchen und Auffinden von Edelsteinen und vergrabenen Reichtümern behilflich sein sollte.[39] Dieses Abgleiten in den Bereich des Aberglaubens verhinderten u.a. eine gesicherte Untersuchung der literarischen Werke aus dem Kloster Helfta.[40]

Die Relevanz der Person Gertruds von Hackeborn und ihrer ca. vierzigjährigen Amtszeit (1251–91) darf nicht unterschätzt werden. Die Hochachtung für die Äbtissin Gertrud beschränkte sich nicht auf den Konvent von Helfta, denn ihre vielfältigen Kontakte machten ihr geistig hochstehendes Leben über die Klostermauern hinaus bekannt. Gertrud von Hackeborn scheint eine überaus tatkräftige und entscheidungsfreudige Frau gewesen zu sein, die sich sehr um die kirchen- und lokalpolitische Unabhängigkeit des Klosters mühte und dessen wirtschaftliche Sicherung anstrebte.[41] Unsicherheiten und Gefährdungen des Klosters, die u.a. in dem langen Interregnum nach dem Tod Friedrichs II. begründet waren, prägen weite Teile ihrer Amtszeit. Unter ihrer Ägide kommt es trotzdem zu der kurzen Hochblüte mystisch-visionärer Frömmigkeit und Literatur. Es kann sogar an eine Neugründung gedacht werden; zu diesem Zweck werden zwölf Schwestern nach Hedersleben entsandt.

---

[39] Vgl. *Mathilde Hain*, Gertrud, die Schatzmeisterin. In: Zeitschrift für Volkskunde 57, 1961, 79; *E.L. Rochholz*, Walburga, Verena und Gertrud als deutsche Kirchenheilige. Leizig 1870, 161ff.

[40] Vgl. *Rodolfo Medici*, Questioni critiche intorne a S. Gertrude. In: Rivista Storica Benedettina 15, 257.

[41] Vgl. Krühne, 131–151. Zu den finanziellen Schwierigkeiten des Klosters Helfta haben vor allem übermäßige Ausgaben und Mißwirtschaft beigetragen (vgl. Legatus III, SC 143, 274).

Die Beschreibung der Persönlichkeit Gertruds von Hackeborn bekommt im fünften Buch des Legatus unverkennbar hagiographische Züge. Die Äbtissin Gertrud wird zum Muster
einer Christin ausgestaltet: Sie blühe in allen Tugenden, und
im Verlauf ihrer Amtszeit habe sie nicht nur viele Personen in
das Kloster aufgenommen, sondern auch mustergültig erzo-
gen. Es wird auch von unmündigen Kindern gesprochen, die
ihres Verstandes noch nicht mächtig seien. Diesen Oblaten
gilt in besonderer Weise die mütterliche Aufmerksamkeit der
Äbtissin.[42] Im Entwicklungsprozeß ihrer leiblichen Schwester
Mechthild von Hackeborn und auch Gertruds von Helfta
spielt die starke Persönlichkeit der Äbtissin eine nicht zu un-
terschätzende Rolle. Die Werthaftigkeit von Selbstand und
Freiheit, die wesentlich die Kompetenz zu christlicher Spiritualität bestimmen, wird von ihr zweifellos verkörpert. Der
Drang nach Eigenverantwortlichkeit äußert sich z.B., als die
Äbtissin Gertrud bereits nach wenigen Amtsjahren zielstrebig
das Kloster von Rodarsdorf, dem Besitz der Grafen von
Mansfeld, in die Einflußsphäre ihrer eigenen Familie nach
Helfta verlegt. Mit diesem geographischen Wechsel ist fraglos auch ein Gewinn an Autonomie und Emanzipation gegenüber den Gründern verbunden. Die Schenkungen der Edlen
von Hackeborn, die nach Gertruds Amtsantritt neben die Dotationen der Grafen von Mansfeld treten, verbreitern und dif-
ferenzieren die wirtschaftliche Basis des Klosters und seine
daraus resultierende Unabhängigkeit. Doch auch die Verbind-
lichkeiten gegenüber ihren Brüdern läßt die Äbtissin nicht zu
groß werden; die Gründung des Klosters in Helfta erfolgt au-
genfällig nicht auf dem Hof, den sie bereits 1255 von den Edlen von Hackeborn übertragen bekam. Vielmehr läßt sie die
Klostergebäude auf einer Hofstelle in der Siedlung Helfta errichten, die sie vom Erzbischof von Magdeburg übernommen
hatte.[43] Nachdrücklich sucht Gertrud von Hackeborn einen
äußeren Status zu gewinnen und zu sichern, in dem sich das

---

42 Vgl. Legatus V, SC 143, 46 u. 54.
43 Krühne, 131–132, 140, 145 u. 147.

Kloster in größerem Umfang selbstbestimmt entwickeln kann. Zudem verfertigt die Äbtissin eigene Vorschriften zur Unterstützung des geistlichen Lebens in ihrem Kloster und fördert die theologische Ausbildung des Konventes; sie erweitert die Bibliothek des Klosters erheblich durch Ankauf von Literatur oder Abschreiben im klostereigenen Skriptorium. Überdies war eine solche Schreibstube als hochqualifizierte Kulturwerkstätte für das Kloster von großem wirtschaftlichem Interesse; die hohe Bildung der Schwestern läßt die Qualität und den Umfang der Klosterbibliothek erahnen.[44] Neben der wirtschaftlichen Führung hat die Äbtissin Gertrud auch den inneren Zustand des Klosters im Blick; so protegiert sie intensiv die Verehrung der Eucharistie und die davon abgeleiteten Frömmigkeitsformen.[45]

IV. Die zentralen Gewährsfrauen mystischer Tradition in Helfta

Der kirchenpolitische Weitblick und die innere Generosität der Äbtissin werden besonders dadurch dokumentiert, daß sie die Begine Mechthild von Magdeburg um 1270 in das Kloster aufnimmt. Die Anwesenheit der mystisch erfahrenen Mechthild wird dem Kloster die Initialzündung zur Kultivierung einer mystisch-visionären Frömmigkeit gegeben haben. Sicher steht das Kloster Helfta auch bereits vorher in der zisterziensischen Bewegung einer affektorientierten Spiritualität; ebenso ist mit dem verinnerlichten Frömmigkeitsideal der Bettelorden zu rechnen. Doch die mystischen Erlebnisse finden sich erst da, wo das geistlich-theologische Potential des Helftaer Konventes um die Erfahrungen Mechthilds bereichert wird. Das bedeutende Opus der Magdeburger Begine, das »Flie-

---

[44] Vgl. *Béatrice W. Acklin Zimmermann*, Gott im Denken berühren. Fribourg 1993, 33.

[45] *Camille Hontoir*, La dévotion au Saint Sacrement chez les premiers cisterciens. Antwerpen 1946, 147.

ßende Licht der Gottheit«, kommt nach ihrer Übersiedlung in das Kloster St. Maria zu seiner Fertigstellung; gerade wegen ihrer großen literarischen Kompetenz und spirituellen Erfahrung wird Mechthild einen deutlichen Einfluß auf die jüngeren Mitschwestern Mechthild von Hackeborn und Gertrud von Helfta ausgeübt haben.

Eine gründliche Untersuchung des Einflusses der Begine Mechthild auf Inhalt und Praxis der Frömmigkeit in Helfta fehlt leider. Eine präzise Exploration des spirituellen Einflusses dieser mystisch erfahrenen Frau auf den Konvent in Helfta bleibt zu wünschen. Wenn E. Gössmann schreibt: »[...] wurde Gertrud wesentlich geprägt von der Begine Mechthild von Magdeburg [...]«, so muß dies bisher als eine Solitäräußerung gelten.[46] Der Legatus selber thematisiert diese Beziehung lediglich in verschlüsselter Weise. Der Herausgeber der textkritischen Legatus-Ausgabe P. Doyère lehnt die Interpretation, daß es sich bei der erwähnten »persona in divinis revelationibus valde probata« um Mechthild von Magdeburg handelt, ab, weil Gertrud von Helfta zur Zeit der Übersiedlung Mechthilds nach Helfta erst vierzehn Jahre alt gewesen sei und ihr mystisches Leben erst nach dem Tod Mechthilds 1282 aufgeblüht sei. Im dreizehnten Jahrhundert aber war es gebräuchlich und zu erwarten, daß ein junger Mensch mit zwölf bis vierzehn Jahren in die Lebenskreise der Erwachsenen eintrat und u.U. eine junge Frau verheiratet wurde.[47] Gertrud von Helfta ist also um das Jahr 1270 keineswegs mehr ein Kind im modernen Sinne; zudem hat sie bereits eine achtjährige Schulausbildung hinter sich. Die Möglichkeit, daß Gertrud von Helfta durch die ehemalige Begine Mechthild mit der mystischen Frömmigkeit vertraut gemacht wurde, ist nicht auszuschließen. Der »spirituelle Keim« wäre schließlich erst nach einer »Inkubationszeit«, die von mehrheitlich intel-

---

[46] *Elisabeth Gössmann*, Religiös-theologische Schriftstellerinnen. In: Geschichte der Frauen. Bd. 2: Mittelalter. Hrsg. v. *Christiane Klapisch-Zuber*. Frankfurt a.M. u.a. 1993, 504.

[47] Legatus I, SC 139, 134. Vgl. *Arno Borst*, Lebensformen im Mittelalter. Frankfurt a.M. 1979, 84.

lektueller Beschäftigung geprägt war, zum Keimen gekommen. Bei einer individuierten und starken Persönlichkeit wie Gertrud von Helfta kann einfache Imitation einer Spiritualität kaum unterstellt werden. So ließe sich die Ausformung einer eigenständigen Mystik bei Gertrud erst nach dem Tod Mechthilds durchaus unter den Aspekten von Lehrzeit und Emanzipation deuten. Eine vergleichbare Konstellation ist in der Beziehung Mechthilds von Magdeburg zu Mechthild von Hakkeborn zu erwarten. Der »Liber Gratiae Specialis«, der »Legatus Divinae Pietatis« und die »Exercitia Spiritualia« sind jedoch keinesfalls die lateinische – und damit akademisch fixierte – Reproduktion der schöpferisch freien, deutschsprachigen Mystik. Wie wenig sich solch unpräzise Einteilungen als Verstehenshilfen eignen, zeigt das Motiv der »Maria lactans«: Obwohl in der Tradition (u.a. durch Lk 11,27, Hieronymus, Bernhard von Clairvaux und Arnold von Chartres) vielfach belegt, nutzt z.B. Gertrud von Helfta es nicht, obwohl ihr die Rede von der »Maria mediatrix« bzw. der »Mater misericordiae« vertraut ist. Dagegen übernimmt Mechthild von Magdeburg mehrfach dieses geradezu konventionelle Bild; der Legatus kennt das Bild der spirituellen Ernährung in bezug auf Christus selbst.[48] Die besondere Beziehung zwischen Gertrud von Helfta und Mechthild von Magdeburg dokumentiert auch der Bericht über eine Offenbarung, die Gertrud empfängt, als die ehemalige Begine in Agonie liegt. Die Ordensfrau sieht, wie sich Christus der Sterbenden nähert und sich ihr zärtlich zuwendet. Es wird weiterhin unterstrichen, daß Gertrud von Helfta bei der Vision, die sie bei Mechthilds Transitus empfängt, besonders tief entrückt ist und freudvollen Genuß empfindet. Insgesamt bezeugen die Visionen im Zusammenhang mit dem Sterben Mechthilds von Magdeburg ostentativ die hohe Wertschätzung, die Gertrud von Helfta der ehemaligen Begine entgegenbringt. Bemerkenswert ist, daß

---

[48] Vgl. *Mechthild von Magdeburg*, Das fließende Licht der Gottheit. Übers. v. *Margot Schmidt*. Einsiedeln 1955, I.22, 65–68 u. II.3, 88–89. Legatus III, SC 143, 206.

die Redaktion des Legatus ein visionäres Bild über Mechthilds Transitus verwendet, um den Tod Gertruds anzudeuten,
womit vorsichtig und dezent auf die enge Beziehung der beiden angespielt wird.[49]

Auch Mechthild von Hackeborn, die »cantrix« des Klosters und leibliche Schwester der Äbtissin, spielt für Gertrud
von Helfta als Lehrerin und Vertraute eine wichtige Rolle.
Häufig wird in der Forschung die enge menschliche und literarische Beziehung der beiden betont. Signifikanterweise verbindet die Solesmes-Ausgabe die Werke Mechthilds von
Hackeborn und Gertruds von Helfta zu einem mehr oder weniger einheitlichen Corpus. J. Höcht betrachtet Mechthild von
Hackeborn und Gertrud von Helfta als so eng miteinander
verknüpft, daß sie kaum voneinander zu trennen seien.[50] Bei
M.J. Finnegan werden die beiden zu »allerliebsten und intim-
sten Freundinnen« und K. Ruh sieht Gertrud von Helfta dem
»Einfluß ihrer mütterlichen Freundin unterliegen«; daß es
aber zwischen den beiden Frauen nicht unerhebliche Spannungen und Meinungsverschiedenheiten gegeben haben muß,
belegt Gertruds Vita.[51] Auch in der Auffassung von den Af-
fekten unterscheiden sich der »Liber Gratiae Specialis« und
der »Legatus Divinae Pietatis« deutlich: Mechthilds Werk ist
viel stärker von der zisterziensischen Tradition geprägt. Die
Eigenständigkeit und die offenkundige Andersartigkeit der
Visionen Gertruds von Helfta wurden schon zu ihren Lebzeiten thematisiert; sie hat darunter sehr gelitten.[52] Wie in anderen Schwesternkonventen ist in Helfta davon auszugehen, daß
die Helftaer Ordensfrauen vermutlich nicht nur einen großen
Teil ihrer Energie und Aufmerksamkeit einander zuwandten,
sondern auch intensive emotionale Bindungen – Freund-
schaften wie Rivalitäten – zueinander aufbauten.

---

[49] Legatus V, SC 331, 122–128 u. 264.
[50] *Johannes Höcht*, Träger der Wundmale. Bd. 1. Wiesbaden 1951, 46–47.
[51] Vgl. *Giovanna della Croce*, I mistici del Nord. Rom 1981, 25–29.
Mary Jeremy Finnegan, St. Gertrude of Helfta. In: Cross and Crown 7,1,
1955, 66 u. 71.
[52] Legatus III, SC 143, 216.

Auch wenn Gertrud von Helfta »menschliche Gefühle und freundschaftliche Zuneigung« spürt, hat sie für die Dynamik ihres allerinnersten Lebens wohl nie eine adäquate Gesprächspartnerin unter ihren Mitschwestern gefunden; lediglich zu Christus konnte sie rückhaltlose Freundschaft empfinden. Das menschliche Herz sei zu klein und zu gering, um die Begegnung mit dem Göttlichen zu verstehen. Obwohl sie »äußere Freunde« kenne und für einen Konversen besondere Sympathie empfinde, habe sie sich niemals einem Menschen völlig geoffenbart. Bisweilen spricht sie sogar davon, daß sie im Umgang mit Menschen einen Ekel empfinde.[53] P. Dinzelbacher bemerkt – mit explizitem Bezug auf Gertrud von Helfta – dazu: »Diese mystische Vertrautheit und ganz intensive Konzentration auf eine Person, die, da nicht dieser Welt zugehörig, nur in Erscheinungen und Visionen erfahren werden kann, führt sogar dazu, daß die charismatisch Begnadeten an dem Umgang mit den Menschen oft Überdruß empfinden, weil ihnen jede Beschäftigung, außer die mit Gott, schmerzlich erscheint.«[54] Auch die »Freundschaft zur eigenen Person« ist äußerst fragil. Ebensowenig stillen Heilige oder Engel ihre Sehnsucht nach innerer Begegnung.[55] E. A. Petroff gehört zu den wenigen Autoren, die den wichtigen Aspekt der Einsamkeit bei Gertrud von Helfta thematisieren: »Sie war einsam in dem Bewußtsein ihrer Einzigartigkeit«.[56] Die Erfahrung von Einsamkeit ist substantieller Bestandteil jedweder mystischen Erfahrung; mit der Akzeptanz dieser Erfahrung ist auch die Originalität grundgelegt. Gerade auf dem Hintergrund der menschlichen Bezüge im Konvent von Helfta, aber auch aus textimmanenten und historischen Gründen ist es geboten, die einzelnen Werke des dortigen Kreises von

---

[53] Legatus II, SC 139, 244, 336–342 u. 346; Legatus III, SC 143, 212; Legatus V, SC 331, 156–158.

[54] *Peter Dinzelbacher*, Visionen und Visionsliteratur. Stuttgart 1981, 152.

[55] Legatus V, SC 331, 218.

[56] *Elisabeth Alvilda Petroff*, Medieval women's visionary Literature. New York 1986, 209.

theologisch und literarisch gebildeten Mystikerinnen in genau diesem Kontext zu verstehen, sie zugleich als je eigene Texte zu untersuchen und zu nuancieren.

Gottesbild – Frauenbild – Selbstbild

Die Theologie Mechthilds von Hackeborn und
Gertruds von Helfta

Else Marie Wiberg Pedersen

I. Einleitung

Wahrscheinlich signalisiert die programmatische Überschrift
dieses Vortrags viel mehr, als sie erfüllen kann. Es ist wohl
möglich, das Gottesbild oder die Gottesbilder der Helftaer
Nonnen darzustellen. Aber auch das Frauenbild und zudem
das Selbstbild Mechthilds und Gertruds darzustellen – das
scheint ein zu anspruchvolles Projekt zu sein. Was meine ich
dann, wenn ich von einem Frauenbild und einem Selbstbild
spreche?

Was das Frauenbild betrifft, möchte ich ein Porträt oder
am liebsten eine Skizze von einem außergewöhnlichen intellektuellen Milieu mittelalterlicher Zisterzienserinnen andeu-
ten. Was das Selbstbild Mechthilds von Hackeborn und Gertruds von Helfta betrifft, meine ich nicht, daß man sie im eigentlichen Sinn »für sich selber sprechen« lassen kann, um
ihre innere Seele auszuloten. Es ist aber entscheidend, daß die
Werke der Helftaer Nonnen von einem Frauenkreis geschrieben und somit bis zu einem gewissen Grade die »Stimme von Frauen« sind. Diese Texte sind nicht – wie es so oft
der Fall ist – die Werke von Männern über Frauen, sondern
die Werke von Frauen über Frauen. So ist es möglich, einen
Eindruck von ihrem Selbstbewußtsein, ihren Ausdrucksformen und ihrer Selbstexpression zu bekommen. Die logische
Folge davon ist aber nicht, daß man die mittelalterliche Literatur von Frauen in einer festgelegten Kategorie von »Frau-
enliteratur/Frauenmystik« gegenüber einer Kategorie von
»Männerliteratur« einordnen kann. Obwohl man die Texte
der mittelalterlichen Nonnen als eine Kompensation für die

äußere Aktivität, von der sie als »professionelle« Christinnen ausgeschlossen waren, ansehen kann, sind einfache psychologische Interpretationen von dem ganzen Stand »heiliger Frauen« zu vermeiden.[1] Wie auch Peter Dronke in seiner Forschung gezeigt hat, ist eben Individualität ein durchgehendes Merkmal der verschiedenen Frauentexte.[2] Das heißt, daß jede Frau, auch wenn sie fast immer eine bestimmte konfessionelle Literatur und Tradition wiedergibt, ihre eigene Ausdrucksform hat. Im folgenden will ich mich mit der Theologie Mechthilds von Hackeborn und Gertruds von Helfta unter der Hinsicht ihrer breiten Palette von Gottesbildern beschäftigen. Da ich ihre Texte als Theologie – als Reden von Gott – verstehe, liegt mir sehr viel daran, diese Nonnen – wie es auch Sabine Spitzlei getan hat – als selbständige Theologinnen zu behandeln.[3]

II. Frauenbild – Selbstbild

II.1. Von mittelalterlichen Frauen reden

Zunächst eine Wiederholung meiner einleitenden Vorbehalte: Es scheint mir nicht möglich, unproblematisch und unkritisch von einem Frauen- und Selbstbild der Helftaer Nonnen zu sprechen. Wie es so oft in bezug auf derartiges Quellenmaterial des Mittelalters der Fall ist, sind die eigentlich biographischen Aufzeichnungen über die Ordensfrauen sehr spärlich, und ein Teil der Berichte muß als hagiographische Literatur eingestuft werden. Deshalb wissen wir sehr wenig Konkretes von den Nonnen und ihrem faktischen Leben, und ich

---

[1] Vgl. *Andrew Weeks*, German Mysticism. From Hildegard von Bingen to Ludwig Wittgenstein. A Literary and Intellectual History. New York 1993, 3 u. 64.
[2] *Peter Dronke*, Women Writers of the Middle Ages. Cambridge 1994, X.
[3] *Sabine B. Spitzlei*, Erfahrungsraum Herz. Stuttgart 1991, 46–48. Vgl. *Ursula Peters*, Religiöse Erfahrung als literarisches Faktum. Tübingen 1988.

meine nicht, daß wir ohne weiteres ihren Hintergrund und ihren »wahren« Persönlichkeitscharakter im modernen Sinn aus den Texten lesen können. Aus dem Vorwort des »Liber Specialis Gratiae« Mechthilds von Hackeborn ist zu ersehen, daß die Aufzeichnungen Mechthilds und Gertruds nicht nur literarisch redigiert wurden. Die Schreiberinnen komponierten zugleich ein Buch »zu Gottes Ehre« (ad laudem Dei) sowie zur Erbauung und Belehrung der Menschen (utilitas et instructionem hominum).[4] Das Ziel und die Aufgabe der Texte sind also: Den christlichen Glauben zu vermitteln. Zudem ist festzuhalten, daß der Gehalt der Texte vor allem soteriologisch, und nicht biographisch ist.

Die Absicht der Texte ist damit nicht, das faktische Leben einer Frau in all seinen Facetten darzustellen, sondern ein Bote (Legatus) des christlichen Glaubens zu sein, um das weiterzugeben, was »Gott zur Ehre und Menschen zur Erbauung« dient. Gertrud von Helfta illustriert in der ersten Übung ihrer »Exercitia Spiritualia« die soteriologische Pointe, indem sie das neue Leben des Menschen im sakramentalen Taufakt mit dem neuen Leben im trinitarischen Gott durch das Glaubensbekenntnis verbindet.

Man darf jedoch nicht nur die Aufmerksamkeit auf die Absicht der Texte richten, sondern auch auf die umfassende redaktionelle Bearbeitung, die die Texte erfahren haben. Denn sowohl in der Mitwelt, als auch in der Nachwelt der Nonnen haben Kopisten ihr persönliches Gepräge den Texten aufgedrückt. Nach dem französischen Redakteur des 18. Jahrhunderts – H. Oudin – seien die ältesten Handschriften die vollständigsten gewesen und spätere Kopisten hätten Details von geschichtlichem Interesse ausgelassen. Obwohl schon die ältesten Handschriften sich zurückhielten, biographisches Material aufzunehmen, haben spätere Kopisten die Texte so sehr abgeändert, daß das Leben und die Persönlichkeit der Nonnen verblassen.[5] Vor uns liegt damit ein reduziertes Frau-

---

4   Liber, Prologus, 2. Vgl. Liber V, 22.
5   *H. Oudin*, Révélations de Ste Mechthilde. Poitiers 1878, XVIII.

en- und Selbstbild der Nonnen, das eben auf die Texte und ihre Absicht beschränkt ist. Das heißt, daß das Frauen- und Selbstbild, das wir vor uns haben, nur das Bild ist, das die Texte uns zu sehen erlauben. Damit habe ich zudem zu verstehen gegeben, daß ich in diesem Zusammenhang das Frauenbild und das Selbstbild gleichzeitig behandle, ohne auf die Frage der Autorenschaft der Texte einzugehen. Zugleich aber beinhalten die Helftaer Werke – so meine ich – eine Aufforderung an uns, den »Geist« der Nonnen im Sinne ihrer religiösen Erfahrungen, ihrer theologischen Reflexionen sowie ihres liturgischen, sakramentalen und geistlichen Lebens – das unbestreitbar ihre Werke prägt – darzustellen. Blickfeld der Texte ist die christliche Botschaft und das geistliche Leben im trinitarischen Gott, dem Schöpfer, Heiland und Heiliger. Daran anschließend will ich im folgenden die Helftaer Nonnen als Theologinnen, als »professionelle« Christinnen, die das Evangelium weitergeben, porträtieren.

II.2. Die Helftaer Nonnen als Theologinnen

Das Helftaer Textkorpus als Schilderung eines religiös geprägten Frauenmilieus unterscheidet sich von anderen Texten durch die starke Betonung des Intellekts und der theologischen Ausbildung der Nonnen. Vor allem wird die Äbtissin Gertrud von Hackeborn (1232–91) als die Triebfeder dieses intellektuellen Milieus hervorgehoben. In diesem Sinn ist die Art ihrer Darstellung ein Abbild des besonderen Milieus eines Theologinnenkreises.[6] Eine Skizze im »Liber Specialis Gratiae« (VI, 1) erzählt, daß das Kloster Helfta in den vierzig Jahren ihrer Amtszeit seine Blütezeit erlebte.[7] Sie studierte sehr sorgfältig die Bibel und verlangte auch von ihren Mitschwestern die intensive Beschäftigung mit der Hl. Schrift. Die Nonnen sollten die biblischen Schriften gern lesen und

---

[6] Vgl. Spitzlei, wie Anm. 3, hier 46–48.
[7] Vgl. Legatus V, 1.

sie auswendig lernen; zu diesem Zweck kaufte Gertrud von Hackeborn für die Klosterbibliothek »alle guten Bücher« (omnes bonos libros) oder sie ließ die Bücher kopieren. Signifikant für das Selbstbild der Frauen ist, daß diese Arbeit als eine Arbeit »für die Kirche« (ecclesiae suae) angesehen wird. Ihre Arbeit ist damit nicht von privater, sondern von äußerst offizieller Art. Darüberhinaus sorgte die Äbtissin dafür, daß die jungen Mädchen die Freien Künste studieren konnten; dieses Studium wird damit begründet, daß wissenschaftliche Studien eine Voraussetzung dafür seien, die Bibel und den Glauben zu verstehen: »[...] wenn der Eifer für die Wissenschaft (studium scientiae) verloren gehe, so werde auch die Pflege der Religion aufhören, da sie dann die heilige Schrift nicht mehr verstünden«. Ebenfalls die jüngsten und weniger gelehrten Mädchen veranlaßte Gertrud von Hackeborn zum Studieren und sorgte für gute Lehrerinnen (magistrae). Eine summarische Charakteristik der intellektuellen Äbtissin ist in Liber VI, 1 gegeben: »Alles, was man sich von Tugend, Wissenschaft und Religion vorstellen kann, leuchtete in ihr wie in einem Spiegel.«

Das Lob der Äbtissin Gertrud von Hackeborn findet sich sowohl im »Liber« als auch im »Legatus«. Für die jüngere Gertrud von Helfta erscheint die Äbtissin »strahlend von der Gnade Gottes«. Zudem sieht sie in einer Vison »ein goldenes Buch vor dem Thron Gottes« stehen, in dem alle Verdienste und Tugenden der Äbtissin gesammelt seien.[8] Das Lob gilt nicht nur ihren intellektuellen Leistungen als »mater nostra«. Sie wird auch mit einem Propheten verglichen (prophetis compar); sie wird sogar in die Reihe der Apostel als »die Perle unter den Prälaten« gestellt.[9] Diese apostolische Tätigkeit der Äbtissin Gertrud als »Prälat« – und so mit priesterlicher Vollmacht – wird als göttlich autorisiert bestätigt. In einer Vision Mechthilds von Hackeborn teilt (offere) die Äbtissin an jede der Schwestern den Herrn aus, wobei sie von Gott selbst

---

[8] Legatus V, 1,32.
[9] Liber VI, 8.

durch den Chorraum geführt wird. Dies ist eine deutliche Anspielung auf die Austeilung des eucharistischen Brotes, die üblicherweise für die Priester reserviert war. Es ist somit ein Wagnis, so weitgehende Vollmachten und Funktionen einer Frau zu übertragen. Da sie aber als von Gott autorisiert beschrieben wird, steht sie über der kirchlichen Hierarchie, die eine solche Sonderrolle aus sich nicht hätte zulassen können.

Was Mechthild von Hackeborn betrifft, gibt es über ihre Tätigkeit innerhalb des Klosters unter den Mediävisten Meinungsverschiedenheiten. Durch eine textimmanente Analyse tritt jedoch meines Erachtens die Kontur einer Lehrerin der Klosterschule hervor, die auch zum Bild des Theologinnenkreises beiträgt. Mechthild wird nicht explizit »magistra« genannt; die sprachlichen Bilder in den Texten über Mechthild sind aber oft der Unterrichtssituation entnommen. So wird Gott als derjenige beschrieben, der die Menschen das Wort und den Sinn der Liebe lehrt, während Christus der »beste aller Lehrer« genannt wird.[10] Mechthild selber wird in einer Audition dazu beauftragt, den Kindern ab zwölf Jahren (vgl. Lk 2,42ff) das zu zeigen, was recht sei, und ihre Fehler zu berichtigen.[11] Ein expliziter Auftrag zur Lehre liegt in folgender Audition vor: »Ich vertraue dir die einfältigen und unschuldigen Kinder, durch das Lamm symbolisiert, an; du sollst sie unterrichten, indem du sie dazu vorbereitest, mich zu kennen und zu lieben«[12]. Entsprechend dem weiteren Textverlauf reicht die Befugnis über den Lehrerberuf hinaus, so daß Mechthild kraft der »Milde des Lammes« und »eigener Ausdauer«, sowie durch eigenes Gebet die ganze Kirche (tota ecclesia) gegenüber der Barmherzigkeit Christi vertreten kann. Viele der geistlichen Ratschläge und Anweisungen Mechthilds von Hackeborn sind an die Novizinnen gerichtet. In einer anderen Audition heißt es beispielsweise: »Laßt sie (die

---

10 Liber III, 31; Legatus II, 18. Nach R. Geete war Mechthild »scolis praefecta«. Vgl. Robert Geete, Hel. Mechthilds Uppenbarelser. Einleitung, IV.
11 Liber I, 9,16.
12 Liber IV, 59.

Novizinnen) oft und mit Ergebung beten, laßt sie mit Freuden die heilige Schrift lesen und hören, mit Sorgfalt studieren, die Regel befolgen [...]«. Dieser Passus enthält nicht nur eine Beschreibung des religiösen Standes, in den die Novizinnen eintreten, sondern auch eine göttliche Autorität dieses Standes: Gott lehrt sie seinen göttlichen Willen, und er wohnt in ihnen.

Während Mechthild von Hackeborn vor allem als Lehrerin dargestellt wird, wird Gertrud von Helfta vorrangig als Schülerin porträtiert. Das eben ist eine Darstellungsweise, die die theologische Ausbildung der Nonnen ganz besonders herausstellt. In Legatus I, 1 wird von der jungen Schülerin Gertrud erzählt, daß sie die Freien Künste außerordentlich hingebungsvoll studierte; zudem habe sie durch rasche Auffassungsgabe und helle Intelligenz vor allen Alters- und Ordensgenossinnen weit hervorgeragt: »Sie war«, so heißt es, »ihnen an Weisheit und Wissen weit überlegen« (omni sapientia et doctrina longe superabat).[13] Gertrud von Helfta scheint in allem die idealen Erwartungen der Äbtissin erfüllt zu haben. Sie wird – auch in Legatus I, 1 – als die größte Literatin der Schwestern dargestellt, da sie ständig mit den Studien sowie dem Abschreiben und der Übersetzung von Abschnitten der Bibel und der patristischen Schriften beschäftigt gewesen sei. Wir können nicht exakt wissen, welche Bücher die Schwestern gelesen haben. In den Texten gibt es aber mehrere Hinweise auf Kirchenväter wie Augustinus, Gregor der Große, Beda Venerabilis, Bernhard von Clairvaux, Hugo von St. Victor usw.[14] Die vielen Hinweise sollen vor allem der Schriftautorität dienen, sie bezeugen jedoch zugleich das intellektuelle Klima des Klosters St. Maria in Helfta.

Aus einer Zusammenschau von Legatus I, 1, II, 1 und Exercitia V geht außerdem hervor, daß die Ausbildung der Schwestern ein Prozeß über drei Stufen – analog dem Ausbil-

---

[13] Vgl. Liber VI, 1.
[14] Vgl. Legatus IV, 50; III, 15; IV, 4; V, 1; I, 7.1.15. Bernhard wird oft erwähnt: Legatus I, 7; III, 73.82; IV, 25.50.

dungsmodell Hugos von St. Victor[15] – war: Zuerst studierte man die Freien Künste, danach folgte die theologische Ausbildung und schließlich die religiöse Kontemplation. Die Freien Künste dienten der Vorbereitung des Theologiestudiums, während die im Gebet erreichte Gotteserkenntnis die höchste Art des Wissens war. Die Dynamik der Ausbildung sah vor, daß man sich von dem weltlichen und äußeren Wissen (sapientia humanae) hin zum spirituellen Wissen (sapientia spiritualis) bewegte. Diese Bewegung ist von Gertrud von Helfta in Legatus II, 1, wo ihre Bekehrung geschildert wird, als »eine Zerstörung ihres Turms mondäner Eitelkeit« beschrieben worden. Diese Destruktion aber ist verursacht durch die göttliche Berührung ihres Herzens.[16] In Exercitia V vergleicht die Mystikerin dieselbe Bewegung mit dem Lernen des Alphabets in »der Schule der Liebe« (scola caritatis). Gertrud von Helfta wünscht von der basalen Erfahrung des Lebens (alpha) bis zur höchsten Vollkommenheit der göttlichen Liebe (omega) zu gelangen.

Noch deutlicher aber wird die Bewegung und die Dialektik dieser Ebene in Legatus I, 1 beschrieben. Hier wird dargelegt, daß Gertrud von Helfta nach langen Jahren des Studiums der Freien Künste sich »von einer Grammatikerin zu einer Theologin« (de grammatica facta theologa) gewandelt habe. Sie ist damit imstande, die wahre Bedeutung der Heiligen Schrift zu verstehen und sich der göttlichen Kontemplation hinzugeben (insistere divinae contemplationi). Außerdem verfasse sie nach ihrer »conversio« Gebete und geistliche Übungen, die von keinem Lehrer (nulli magistrorum) zurückgewiesen werden könnten. Sie gewinne zudem aus den Schriften derartige Zitate, die kein Theologe (nullum theologorum) geringschätzen könne. Die oben angeführten Beispiele deuten auf eine explizite Betonung des Unterrichtens, des Lernens und des Studierens als wesentlicher Grundlage

---

[15] Vgl. *Hugo von St. Victor*, Didascalion de studio legendi. PL 176, 800ff.
[16] Vgl. die Hinweise in Legatus I, 1.
Vgl. Bernhard,Cant. 36,2–7.

für ein wahres Glaubensverhältnis – und damit auch der Theologie – hin.

Mechthild von Hackeborn und Gertrud von Helfta werden als die »Werkzeuge Gottes« zur Vermittlung der Heilsbotschaft porträtiert. Sie verstehen sich selbst auch in dieser Funktion. Mechthild wird göttliche Autorität übertragen; ihr Buch wird »Licht der Kirche« (Lumen ecclesiae) genannt, weil die Leser durch das Werk vom Licht der Erkenntnis erleuchtet werden.[17]

III. Gottesbild

III.1. Von Gott reden

In der dialektischen Theologie dieses Jahrhunderts war es eine Hauptfrage, wie man überhaupt von Gott reden könne, wenn Gott ja »das ganz andere« sei. Der reformierte Theologe Karl Barth antwortete auf diese Fragestellung, daß der Mensch zwar nicht von Gott reden könne; es sei aber die Aufgabe der Theologie, trotz allem von Gott zu reden. Das eben sei die dialektische Lage, in der sich Theologie und Theologen befänden.[18] Eigentlich bestätigt wohl ein jedes theologische Prolegomena, wie schwierig es ist, von Gott zu reden, weil Gott die Welt transzendiert und sich deshalb unserem Perzeptionsvermögen entzieht. Das Dilemma der Theologie ist, stets das vermitteln zu wollen und zu sollen, was nicht unmittelbar vermittelt werden kann. Die Frage ist, wie man von Gott reden kann, ohne das Göttliche auf das Menschliche zu reduzieren?

Genau diese Problematik – so scheint mir – ist in dem für die sogenannte Mystik wohlbekannten »Ineffabile«-Thema

---

[17] Liber VII, 17. Vgl. V, 22.

[18] Vgl. *Karl Barth*, Das Wort Gottes als Aufgabe der Theologie. In: *Ders.*, Das Wort Gottes und die Theologie, 1926, 156–78; *Rudolf Bultmann*, Welchen Sinn hat es, von Gott zu reden? In: *Ders.*, Glauben und Verstehen I, 1925, 26–37.

widergespiegelt. Man begegnet diesem in den Texten der Frauen als eine deutliche Zurückhaltung, über ihre Gotteserfahrung zu sprechen; die Begründung dafür ist eben die Unsagbarkeit, die Unerklärbarkeit, die Unbeschreiblichkeit des Erfahrenen. Manche haben diese Zurückhaltung als einen Topos interpretiert, das heißt als ein literarisch-sprachliches Klischee, das mehr oder minder automatisch in Texten dieser Art vorkommt. Man hat sie als ein Zeichen der Intensität des Erfahrens verstanden; und zwar in dem Sinn, daß es keine sprachlichen Äquivalente für das intensiv Erfahrene gäbe.[19] Es ist aber fraglich, ob das »Ineffabile«-Problem nur ein Topos ist. Könnte es nicht – in Analogie zur modernen, dialektischen Theologie – ein reales theologisches Problem ausrücken: daß Gott nicht erschöpfend in sprachliche Begriffe übersetzt werden kann; daß man aber als Theologe bzw. Theologin oder als »professioneller« Christ bzw. »professionelle« Christin von Gott reden soll und muß.

Eine textimmanente Analyse der Texte aus dem Kloster Helfta zeigt, daß die Nonnen sich eher dialektisch als dikotomisch formulieren. So ist die Problematik, Gott in menschliche Sprache zu übersetzen, in den Texten der Nonnen auf verschiedene Weise behandelt; zum Beispiel als die klassische Dialektik des verborgenen und geoffenbarten Gottes, des Sichtbaren und des Unsichtbaren oder des Greifbaren und des Ungreifbaren. Es entspricht diesem Verständnis der Problematik, daß Gertrud von Helfta ihre Kleinheit angesichts der Größe Gottes betont. Gertrud beschreibt sich selbst als »Asche und Staub« (pulvis et cinis) im Vergleich zu Gott. Die Selbstdefinition ist der Grund, den Herrn zu bitten, daß er sich ihr in Gnade und Barmherzigkeit enthülle. Ebenfalls wegen ihrer Begrenztheit bittet sie, daß der »Gott ihres Lebens« (Deus vitae meae) ihre Zunge löse, damit sie ihn loben könne. Sie ruft die Liebe der Gottheit, die Jesus Christus ist, an, weil

---

[19] Z.B.: *Peter Dinzelbacher*, Christliche Mystik im Abendland. Ihre Geschichte von den Anfängen bis zum Ende des Mittelalters. Paderborn 1994, 12.

er das »Wort des Lebens« (verbum vitae) sei und weil sie selber keine Stimme (nec vox) habe.[20]

Dahinter liegt der theologische Gedanke, daß der dreieinige Gott nur durch die zweite Person der Trinität erreichbar ist und nur in ihm gelobt werden kann, weil er der »menschgewordene Gott« ist. Gott ist in seiner Göttlichkeit der je andere: Der Ungreifbare in seiner Hoheit und Würde (incomprehensibilis dignitatis sublimitas).[21] Erst als Gertrud von einer »Grammatikerin« zu einer »Theologin« wird – mit Gott als der unzweifelhaften Quelle –, ist sie imstande, das Unsichtbare und Geistliche in sichtbare und faßbare Bilder zu übersetzen.[22] Gott teilt sich immer zuerst selber mit, und so spricht Gertrud von Helfta eher mit und zu Gott, als von ihm. Insofern sie mit Gott spricht, redet er auch durch sie. Derselbe Gedanke der Selbstmitteilung Gottes als der absolut notwendigen Voraussetzung der Theologie – sowohl in trinitarischer als auch in christologischer Hinsicht – findet sich bei Mechthild von Hackeborn. Auch in ihrem Werk ist das Reden von Gott als Gespräch mit Gott und zugleich als Wort Gottes formuliert. Der Herr wendet sich dem Glaubenden zu und enthüllt »in Gleichnissen« die Geheimnisse des Himmels, indem er »[...] das, was unsichtbar und unfaßbar ist«[23], sichtbar und begreiflich macht. Denn Christus kann Menschen kraft seiner zwei Naturen – der göttlichen und menschlichen – die göttliche Herrlichkeit mitteilen. In gleicher Weise erscheint Gott der Mystikerin in seiner himmlischen Dreifaltigkeit und durchströmt sie wie »ein heftiger Strom«, so daß Mechthild die Botschaft vom Gott der Liebe zu den Menschen bringen kann. Mechthild expliziert die Unbegreifbarkeit des trinitarischen Gottes mit einer humoristischen Allegorie: Das Vermögen eines Geschöpfs, mit eigener Kraft et-

---

20 Exercitia VI, 15–45.
21 Exercitia VI, 431.
22 Legatus I, 1.
23 Liber VII, 21.

was über Gott zu sagen, ist ebenso groß wie das Vermögen einer Ameise, einen Berg zu tragen.[24]

Trotz der Einsicht in das menschliche Unvermögen gegenüber Gott ist der Antrieb, die geglaubte, gelebte, erfahrene und erkannte Theologie und Spiritualität mitzuteilen, so groß, daß sie weitergegeben sein will. Das ist Mechthild von Hakkeborn und Gertrud von Helfta als ein göttlicher Auftrag übergeben und damit göttlich autorisiert. »Ich bin in ihrem Mund, wenn sie spricht und in ihrer Hand, wenn sie schreibt«, erklärt der Herr in einer Vision der Ordensfrau Mechthild von Hackeborn.[25] Gertrud von Helfta ist von Gott selber inspiriert, um »ihre letzte Münze zu bezahlen« (vgl. Mt 5,26) und »die Geschenke Gottes dem Nächsten zuliebe zu verkünden.«[26]

Wie die literarische Ausdrucksform Mechthilds von Hakkeborn und Gertruds von Helfta nach biblischen, patristischen und liturgischen Texten gestaltet ist, so spiegelt auch ihre Lösung des »Ineffabile«-Problems die Tradition wider.[27] Nur in Gleichnissen und Bildern kann das Unsagbare und Unsichtbare veranschaulicht werden. Mechthild und Gertrud erweisen sich als echte Nachfolgerinnen der zisterziensisch-bernhardinischen Tradition, wenn sie die Gottheit mit einer Vielfalt von Metaphern schildern, um eine Reduktion des Göttlichen zu vermeiden und um nicht blasphemisch über Gott zu sprechen. So äußert Gertrud sehr deutlich ihre Befürchtung, einen Skandal hervorzurufen, wenn sie die göttliche Liebe mit menschlichen Worten verständlich zu machen versuche.[28] Sie empfängt aber bald als Antwort ihres Zweifels eine göttli-

---

24 Liber V, 22.
25 Liber V, 22. Vgl. II, 43: »Alles, was in diesem Buche steht, strömt aus meinem göttlichen Herzen und wird in dasselbe zurückfließen.«
26 Legatus II, 10.
27 Vgl. *Margot Schmidt*, Mechthild von Hackeborn. In: *Johannes Thiele* (Hrsg.), Mein Herz schmilzt wie Eis am Feuer. Stuttgart 1988, 91.
28 Legatus II, 10: »Unde gravata in memetipsa pertractare coepi quam difficile vel etiam impossibile mihi foret talem invenire sensum verba, quibus sine scandalo ad humanum intellectum saepe dicta produci possent.«

che Inspiration. Zumeist ist die Gotteserkenntnis, die selbst in Gott gründet, in Visionen und Auditionen dargestellt. Nicht aber so, daß das Geschaute in materialisierter Gestalt begriffen wird, sondern als alle Sinne transzendierend.[29] Das Geschaute wird in Symbolen, Analogien oder Allegorien wiedergegeben, und diese funktionieren zudem als didaktische Instrumente. Im ersten Buch des »Legatus« ist die geistliche Bedeutung solcher Ausdrucksformen explizit: Die Visionen werden als Gleichnis (similitudo) verstanden und bewertet.[30] In Legatus II, 21 berichtet Gertrud von einer göttlichen Offenbarung, die »von Angesicht zu Angesicht« stattgefunden habe, aber zugleich wird konstatiert, daß Gottes Gesicht keine Form habe, weder einen Gesichtsausdruck noch eine Gesichtsfarbe.[31] An anderer Stelle – in einer der Visionen von den zwei Naturen Christi – beschreibt Gertrud von Helfta die Erlebnisse wie eine Transformation, in welcher sie die Farbe des Gotteskindes annehme. Sie fügt aber umgehend hinzu: »[...] wenn man überhaupt das Farbe nennen kann, was man mit keiner materiellen Qualität vergleichen kann«.[32]

Sowohl Mechthild als auch Gertrud drücken sich in bildreicher Poesie aus; beide Nonnen bestehen darauf, daß die Erkenntnis des Unsichtbaren einen Rekurs auf Sinnesbilder erfordert: In der Vermittlung ist die Sprache nur »ein Stammeln«, das auch auf die Erfahrung des Schweigens Gottes hinweisen soll. Gott ist so groß und so unfaßbar, daß nicht einmal das gesamte Wissen von Engeln und Menschen zusammen ein einziges Wort über den souveränen Gott zusammenbringen könne, stellt Gertrud von Helfta emphatisch fest.[33] Wie es scheint, animiert diese Einsicht nicht zwingend zum Schweigen; vielmehr wird das Erfahrene und Reflektierte in metaphorischer oder symbolischer Sprache vermittelt.

29
30 Legatus II, 21.
31 Legatus I, 14.
32 Vgl. Bernhard von Clairvaux, Cant. 31,6.
   Legatus II, 6: »[...] si tamen color dici possit quod nulli visibili speciei valet comparari.«
33 Legatus II, 8. Vgl. II, 3.

Statt zu schweigen wählen die Helftaer Nonnen den Weg, Gott durch eine fast endlose Reihe von Bildern zu benennen und anzurufen. Obwohl sie sich nicht durch Abstrakta in systematisch-theologischen Summen ausdrücken, vermögen sie doch durch die Spannweite ihrer Gottesbilder theologische Einsichten zu vermitteln. Ihr Sprachspektrum inkludiert eine Vielzahl von Gottesprädikationen: Schöpfer, die höchste Liebe, Tröster, Ratgeber, Instrukteur, Richter, Herz, Mutter u.a. Im Werk Gertruds von Helfta finden wir in einem Gebet ein regelrechtes Verzeichnis von Gottesnamen: Gott ist Abgrund überströmender Göttlichkeit und ist als solcher nicht nur der ferne Gott, der König, Herrscher und Fürst, sondern auch der nahe Gott, der Handwerker, Lehrer, Berater, Unterstützer, Freund, Bräutigam, Bruder, Begleiter, Wirt und Diener. Darüberhinaus wird Gott Perle, Frühlingsblume, Jugend und Reichtum der Menschheit genannt.[34] Derselben Vielfältigkeit von Gottesbildern begegnen wir im Textkorpus Mechthilds von Hackeborn, wo Gott außer Herr, Vater und Richter auch Freund, Bräutigam, Arzt, Mutter, Schwester usw. genannt wird.[35]

Die zahlreichen Bilder, die dem Alltagsleben und dem gewöhnlichen Erfahrungsraum entnommen sind, dürfen nicht als naive Theologie verstanden werden. Im Gegenteil ist diese Vielheit Ausdruck einer tiefen theologischen Einsicht der Dialektik zwischen dem transzendenten und zugleich immanenten Gott.[36] Um die Doppelbedeutungen und die Mehrdeutigkeiten der Sprache nutzen zu können, wechseln die Bilder ständig; zudem sind sie weder an eine bestimmte Terminologie noch an ein bestimmtes Geschlecht gebunden. Es ist gerade für die beiden Nonnen kennzeichnend, daß sie ihr Glaubensverhältnis durch eine erneuernde und geschlechtsinklu-

---

[34] Vgl. Legatus III, 65 u. Exercitia, passim.
[35] Vgl. u.a. Liber I, 19.
[36] Vgl. Liber I, 19.

sive Sprache darzustellen vermögen. So sind beide Geschlechter in das nahe und zärtliche Familienverhältnis, das zwischen Gottheit und Menschheit besteht, einbezogen. Denn in der Optik der Helftaer Ordensfrauen ist Gott – trotz seiner Unfaßbarkeit – keine total distanzierte Figur, sondern ein Gott, der in Relationen erfahrbar ist. So ist die Gottheit und die Gottesrelation in ein und demselben Passus des »Liber Specialis Gratiae« wie eine »Kernfamilie« dargestellt: Gott ist Vater in der Schöpfung, Mutter im Heil, Bruder in der Partizipation und Schwester in der Gemeinschaft.[37] Der rasche Wechsel von Bildern und die geschlechtsinklusive Gottesrede, die jede Begrenzung überschreiten will, verdeutlichen sich in einem Passus aus Mechthilds Werk; es heißt dort, daß Gott den Glaubenden aufnehme »wie eine Mutter ihr geliebtes Kind mit väterlichen Umarmungen aufnimmt, um es nie mehr loszulassen«[38].

Auch im Textkorpus Gertruds von Helfta sieht man das Väterliche und das Mütterliche der Gottheit in einem Satz verknüpft, um die göttliche Liebe zu schildern: »Wenn deine Seele dir herausgeht, dann nehme ich dich in meinen väterlichen Schutz wie eine Mutter ihr geliebtes Kind auf den Schoß nimmt, um es zu schützen [...].«[39] Die häufigen Familienprädikationen Gottes sind zumeist Metaphern der Ubiquität und der Immanenz Gottes. Das wird z.B. in Mechthilds Liber VII, 19 mit einem Pauluszitat belegt: »Gott wird alles in allem sein« (1 Kor 15,28), d.h. sowohl Mutter, Vater, Herr, Ehemann und Freund. Für Gertrud ist Gott beim Abendmahl als der personalisierte Christus immanent; indem sie das Gotteskind in ihren Armen hält, versteht sie die universelle und eschatologische Tragweite der Aussage »Gott wird alles in allem sein«. Dies bedeute, so erklärt sie, daß Gottes Wahrheit und Liebe am Ende der Zeiten überall sein werden.[40]

---

[37] Liber IV, 50: »Ego sibi pater in creatione; ego mater in redemptione; ego frater in regni divisione; ego soror in dulci societate.«
[38] Liber IV, 7.
[39] Legatus V, 25.
[40] Legatus II, 6. Vgl. auch Exercitia IV, 170.

Zwar verstehen die Helftaer Nonnen – wie bereits angedeutet – Gott auch als Richter. Dieses Bild ist aber kein dominierendes bei ihnen, und es charakterisiert nicht so sehr die Strenge und Ferne als die Gerechtigkeit Gottes. Es gibt vielleicht Anflüge davon, daß Gertruds Gottesbild stärker Züge des »strengen Richters« trägt als dasjenige Mechthilds.[41] Gertrud von Helfta akzeptiert jedoch die Strenge Gottes als eine notwendige Disposition der menschlichen Sünde und Schwäche gegenüber. Denn Gott ist gerecht und verteilt seine Gnade entsprechend seiner ganz zuverlässigen Urteilskraft. Weil sich in den Werken der beiden Ordensfrauen der »Richter-Gott« unmittelbar an die Menschen wendet, vermögen sie auch in diesem Bild die Immanenz Gottes in seiner Transzendenz dialektisch festzuhalten.

Da sie in der Tradition der zisterziensischen Liebestheologie stehen, ist die göttliche Fürsorge und Liebe jedoch das zentrale Thema der Texte aus Helfta. Diese konstitutiven Eigenschaften Gottes, die sich in Familienrelationen darstellen, werden weiterhin in der für Mechthild von Hackeborn und Gertrud von Helfta charakteristischen Metapher »Herz Gottes« symbolisiert. Wenn man die Helftaer Herzenssymbolik näher untersucht, wird deutlich, daß sie nicht Ausdruck einer sentimentalen Frömmigkeit ist, sondern eine fundamentale Aussage über die Liebe und Freundschaft zwischen Gott und Menschen.[42] So ist die Herzenssymbolik der beiden Helftaer Ordensfrauen in einen größeren Komplex theologischer Anthropologie einbezogen, in welchem das Herz der Dreieinigkeit[43], das Herz des Vaters, des Sohnes[44] und des Heiligen Geistes[45], das Herz Jesu, die Herzen der Heiligen, das Herz der Engel[46] und das Herz der Menschen[47] jedes für sich eine

---

41 Vgl. Legatus I, 16; II, 20; III, 9. Vgl. *Caroline Walker Bynum*, Jesus as Mother. Berkeley 1982, 189.
42 Vgl. Margot Schmidt, wie Anm. 27.
43 Liber I, 46.
44 Liber I, 5 u. 18.
45 Liber I, 23.
46 Vgl. z.B. Liber II, 18 u. 23.

Rolle spielen. Denn in diesem Komplex ist das Herz ein wesentliches Symbol der Kommunikation zwischen Gott und Menschen, die wie ein Dialog »von Herz zu Herz« beschrieben wird. Beim Menschen ist das Herz Zentrum alles Geistlichen und Sinnlichen, weil Gottes Herz Provenienz und Zentrum aller Gnade und Seligkeit ist – deutlich alludierend auf das durchbohrte Herz des barmherzigen und gekreuzigten Christus. Die Herzenssymbolik ist damit eine Veranschaulichung der alleinigen Gnade Gottes, von der die Menschheit völlig abhängig ist, sei es ontologisch, christologisch, ekklesiologisch oder liturgisch-sakramental verstanden.

In den Texten Mechthilds finden sich besonders auffallende Bilder. So das Bild der Menschheit, die durch das Herz Gottes atmet wie ein Blasebalg, der nur die Luft enthält, die er eben eingesogen hat.[48] Dies ist eine Illustration für das Faktum, daß Gott die existentiell-ontologische Grundlage des Menschen ist und sich ihm ständig mitteilt. An anderer Stelle ist das Herz ein Haus, das die Kirche als »communio sanctorum« symbolisiert. In dieser Kirche ist der Auferstandene der »dienende Diakon«[49], und die göttliche Kommunikation der Gnade und Liebe ist hier ekklesiologisch und christologisch verstanden. Im Anschluß daran spielt das göttliche Herz Jesu die entscheidende Rolle als Quelle der Liturgie und der Sakramente; hier ist das Herz als Bild von Gottes Liebe sowohl Subjekt als auch Objekt des Lobes und des Gottesdienstes. Das eben hängt mit der schon erwähnten Selbstmitteilung Gottes zusammen. Während des Lobgesanges spürt Mechthild von Hackeborn einmal, daß sie aus dem Herzen Gottes singe.[50] Sogar in ihrem Verständnis der Taufe sieht sie Christus als den taufenden Priester und zugleich als die Patin, währenddessen eine Flut von Heil aus dem göttlichen Herz fließt.[51]

---

[47] Die gesamte Herzensymbolik kommt in den Exercitia ausdrücklich und häufig vor.

[48] Liber III, 7.

[49] Liber I, 19.

[50] Liber III, 7.

[51] Liber II, 8.

Daß Gott die treibende Kraft ist und daß er seine Gnade und Liebe allmächtig ausgießt und seinen Geist dem kleinen und schwachen Menschen einbläst, wird auch von Gertrud durch die Herzenssymbolik herausgestellt. Ein Beispiel dieses soteriologischen Verständnisses: In der siebten Übung der Exercitia ruft Gertrud von Helfta das Herz der göttlichen Gnade und Liebe an, ihr trotz aller Sünde das Heil zu gewähren. Sie weist auf Christi Kreuzestod hin, in dem er »jegliches Gut« (omnia bona) für die Menschheit erwirkt habe.[52] In diesem Passus gibt es noch ein Beispiel für die Dialektik der Theologie im Kloster Helfta, indem Soteriologie und Eschatologie in den paulinischen Kategorien »schon – noch nicht« dargestellt werden: Gott hat schon die Sünde der Menschheit entgolten, der sündige Mensch ist aber noch nicht erlöst.

Konkludierend: Die metaphorische Theologie der Helftaer Nonnen spielt auf vielen Saiten, die in einer großen Sinfonie von Anthropologie, Christologie und Soteriologie zusammenklingen – eine Sinfonie mit Variationen wie »theologia caritatis«, »theologia cordis« und »theologia crucis«. Ihre Theologie ist, im eigentlichen Sinn des Wortes, »Wort Gottes«, denn Gott selbst redet mit ihnen und durch sie und durch die Kirche. Gott hat die Menschen aus Liebe geschaffen, er ist für sie am Kreuz gestorben und berührt sie ständig mit seinem liebenden Herz.

---

[52] Exercitia VII, 331–422, bes. 365–422.

Mit diesen Betrachtungen möchte ich auf die Helftaer Nonnen Mechthild von Hackeborn und Gertrud von Helfta als
Theologinnen hinweisen. Denn obwohl die Werke Mechthilds und Gertruds keine »Summa Theologiae« sind, kann
man sie nicht als nur religiös-intuitive Praktikerinnen bezeichnen. Dazu ist ihre Praxis zu sehr auf das Studium der
Schrift gegründet. Auch ihre Reflexionen kann man nicht als
unstrukturiert und untheologisch abtun – wie die dialektische
Spannweite ihrer Gottesbilder eindeutig belegen. Die besondere Struktur ihres Denkens ist ihrem ganz charakteristischen,
theologischen Ausdruck und ihrem unmittelbaren Kontext zu
verdanken.

II.

Die Mystik von Helfta.
Dem Geheimnis des Lebens auf der Spur

Bedeutung der Liturgie im Werk Gertruds von Helfta[1]

Laura M. Grimes

Das Zweite Vatikanische Konzil sagt in der Konstitution »Sacrosanctum Concilium« folgendes über die Liturgie:

> »*In der Tat gesellt sich Christus in diesem großen Werk, in dem Gott vollkommen verherrlicht und die Menschheit geheiligt werden, immer wieder der Kirche zu, seine geliebte Braut. Sie ruft ihren Herrn an, und durch ihn huldigt sie dem ewigen Vater.*«[2]

Diese Ausführung beschreibt zwei Aspekte der Liturgie: Erinnerung und Katechese. In ihrem Gedächtnisaspekt verherrlicht die Liturgie Gott durch das Erinnern der wunderbaren Urkunden der Erlösungsgeschichte, vor allem die des Leidens und der Auferstehung Christi. In ihrem katechetischen Aspekt heiligt die Liturgie den Menschen, ehrt und transformiert ihn durch die Umgestaltung in Christus und durch die Vereinigung mit ihm in seiner Anbetung des Vaters. Die Kirche wird von ihrer liturgischen Partizipation und Aktualisierung her definiert: Sie ist die Braut, die mit Christus in seinem priesterlichen Lob Gottes vereint ist.

Der zitierte Text der Liturgie-Konstitution beschreibt sowohl die Form als auch den Inhalt der zutiefst liturgisch orientierten Theologie Gertruds von Helfta. Das Ziel Gertruds von Helfta, wie das der Liturgie selbst, ist es, Gott zu verherrlichen und die menschliche Person zu heiligen. Beide Aspekte

---

[1] Deutsche Übersetzung von Elisabeth Bullmann Flores.

[2] »Reapse tanto in opere, quo Deus perfecte glorificatur, et homines sanctificantur, Christus Ecclesiam, sponsam suam dilectissimam, sibi semper consociat, quae Dominum suum invocat et per ipsum Aeterno Patri cultum tribuit.« (Sacrosanctum Concilium 7). In: Das Zweite Vatikanische Konzil. Lateinisch und Deutsch. Teil 1. Freiburg, 1966.

finden sich durchgängig in den Werken Gertruds von Helfta. Das zweite Buch des »Legatus Divinae Pietatis«, das auto-biographisch geprägt ist, konzentriert sich mehr auf den Gedächtnisaspekt. Bereits der Titel unterstreicht dies: »Denkmal des Überflusses der göttlichen Liebe«, »Memoriale abundantiae divinae suavitatis«.[3] Das Buch ist Lobpreis des Heils und Dank an Gott; hier werden Gertruds intensive Erfahrungen der göttlichen Liebe geschildert. Die »Exercitia Spiritualia« fokussieren verstärkt den katechetischen Aspekt; das Werk versteht sich als Anleitung, mit Gott durch Gebet und Lobpreis in Kommunikation zu treten. Auf diese Weise kann – nach der Maßgabe und dem Vorbild Gertruds von Helfta – eine mystische Vereinigung mit Gott erreicht werden.

Im zweiten Buch des »Legatus« sind sowohl liturgische Texte als auch konkrete Vollzüge der Liturgie eine Quelle der intensiven geistigen Erfahrungen Gertruds von Helfta. In diesen Erfahrungen bündelt sich zugleich ihre umfassende und sensible Gelehrsamkeit. Der Bezug ihrer Visionen zu dem jeweiligen Kirchenfest oder dem Tagesheiligen wird im zweiten Buch des »Legatus« deutlich aufgezeigt; daneben tritt die Schilderung ihrer Eucharistieverehrung und ihr Anspruch auf die priesterliche Amtsfunktion der Sündenvergebung und die damit verbundene Zulassung anderer zum Sakramentenempfang. In den »Exercitia Spiritualia« sind bestimmte liturgische Handlungssequenzen und die Abläufe einzelner Sakramente die Inspirationsquelle der Texte. Wegen der Objektivität dieser Riten ist jedem Menschen, der die christliche Botschaft verinnerlichen möchte, die Gelegenheit für vergleichbare Erfahrungen gegeben.

Es gibt nur wenige detaillierte Analysen der »Exercitia Spiritualia« und ihrer liturgischen Ausrichtung. Daher werde ich mich in dieser Abhandlung auf dieses reiche, aber vernachlässigte Textcorpus, vor allem auf Gertruds Interpretation

---

[3] *Gertrud von Helfta*, Gesandter der göttlichen Liebe. Übers. v. *Johanna Lanczkowski*. Heidelberg 1989, 512 (Im folgenden: Lanczkowski). *Gertrude d'Helfta*, Oeuvres spirituelles. Tome II: Legatus II (Sources Chrétiennes N° 139). Paris 1968, 108.

der Sakramente der Initiation in der ersten Übung, konzentrieren. Die »Exercitia« umreißen das Gottesbild Gertruds von Helfta, sowie ihre anthropologische Grundeinstellung. Die Wechselwirkung von Gottes- und Menschenbild wird ausgehend vom grundlegenden Moment der Taufe bis zum Höhepunkt der Vereinigung im Himmel behandelt. Auf jeder Stufe des christlichen Lebens, so Gertrud von Helfta, gibt die Taufe dem einzelnen Christen – und darüber hinaus der ganzen Kirche – die Berechtigung, sowohl Braut als auch Priester zu sein. Der sich geistlich übende Mensch stimmt ein in das umfassende Lob Gottes, das ihm von Christus, dem makellosen Lamm, angeboten wird. Im Lob selbst wird der Mensch dann umgestaltet in die Gestalt Christi.

I. Einführung in das Buch der Geistlichen Übungen

Die »Exercitia Spiritualia«, ein überschaubares, aber hoch komplexes Werk, stellen die einzige noch existierende Arbeit dar, die Gertrud von Helfta selbständig komponiert hat. Liturgische Vollzüge geben das grundlegende Gefüge der »Exercitia« vor und prägen durch entsprechende Texte die Struktur jeder einzelnen Übung. Die Siebenzahl der Übungen erinnert an die sieben Sakramente, sowie an die sieben Gebetszeiten des klösterlichen Offiziums. Die »Übungen« sollen nicht nur einfach gelesen, sondern auch ausgeführt werden; der Begriff »exercitia« erinnert an militärischen bzw. sportlichen Drill, eine häufig anzutreffende Metapher in der Askesekonzeption der frühen Kirche. Die Texte der »Exercitia« sind größtenteils in der zweiten Person Singular geschrieben und weisen einen leitenden, didaktischen Grundton auf. Die Leserin wird angeleitet, eine intime Unterhaltung mit Gott zu führen. Exemplarische Vorgabe dafür ist Gertrud von Helfta selbst. Sie bezieht sich auf liturgische Riten, die sie mit verschiedenen Schriften und theologischen Texten, besonders von Augustinus von Hippo, Benedikt von Nursia und Bernhard von Clairvaux erklärt. Diese Texte waren den potentiellen Leserinnen durch das tägliche Offizium und die »lectio divina« intim bekannt;

diese Bekanntheit setzte sie in die Lage, Gertruds gelehrte und feinsinnige Anspielungen zu verstehen.

Das Buch der »Exercitia« ist ein mystagogisches Werk mit erklärender Intention. Es eröffnet eine persönliche Begegnung mit den verpflichtenden Elementen des religiösen Lebens. Dabei wird die innere und äußere Struktur der Sakramente, die das Leiden und die Auferstehung Christi gegenwärtig setzen, übernommen. Die erste Übung strebt zu einer Erneuerung der Initiationssakramente – Taufe, Eucharistie und Firmung – durch eine phantasievolle Neufassung der jeweiligen liturgischen Ordnung und durch das Angebot zahlreicher Gebetsformulare, die die entsprechenden Riten vertiefen. Die zweite, die dritte und die vierte Übung erfüllen ähnliche Funktionen bezüglich der Zeremonien im Umfeld der Aufnahme in das klösterliche Leben: Einkleidung, Jungfrauenweihe und Profeß. Die fünfte, die sechste und die siebte Übung beziehen sich auf das Offizium und behandeln die Themen mystische Vereinigung, Lob und Vorbereitung auf ein heiliges Sterben. Gertrud von Helfta ändert Texte, Gesten und Riten der kirchlichen Liturgie auf dreifache Weise, um sie den spirituellen Erfordernissen ihrer Zuhörerschaft, mehrheitlich Ordensfrauen, anzupassen. Die Mystikerin hat sich allerdings nicht ausschließlich an in Klausur lebende Ordensfrauen gewandt; in der zweiten Übung ermahnt sie die Exercitantin, um die Unterstützung der Gottesmutter zu beten »sei es im Ordensstand oder in sonst einem Stand«.[4] Die erste Adaption: Kontinuierlich benutzt Gertrud von Helfta weibliche Wortendungen und Metaphern, um die Situation der Exercitantin zu beschreiben, wie zum Beispiel »unwürdige und verirrte Tochter«.[5] Gertrud Jaron Lewis zeigt auf, wie ungewöhnlich dieses Vorgehen ist, da sich die Nonnen gemäß der

---

[4] *Willibrod Verkade*, Das neue Gertrudenbuch. Freiburg 1956, 15 (Im folgenden: Verkade). *Gertrude d'Helfta*, Oeuvres spirituelles. Tome I: Exercitia Spiritualia (Sources Chrétiennes N° 127). Paris 1966, 86: »Ora virginem matrem, ut ipsa sit ductrix tua in religione, aut alio statu tuo.«

[5] Verkade, 39. Exercitia, SC 127, 136: »indigna et prodiga filia.«

Liturgievorschriften mit männlichen Begriffen bezeichneten.[6] Diese einschließende Sprache bezeugt ihr positives Verständnis des Frau-Seins. Hier zeigt sich ein bedeutsamer Weg, durch den Gertrud von Helfta ihren Schwestern eine Art »Eigentumsrecht« an der Liturgie vermittelt.

Zweitens richtet die Ordensfrau ihre Gebete fast ohne Ausnahme an Christus, während die liturgischen Rubriken bis auf geringste Ausnahmen das Gebet an Gottvater richten und für den Sohn dabei eine Mittlerfunktion vorsehen. Gertrud von Helfta weist die Exercitantin an, Jesus zu bitten, die priesterlichen Handlungen des Taufritus nochmals an ihr zu vollziehen: Anhauchen des Gesichtes beim Exorzismus, Bezeichnung von Brust und Stirn mit dem Kreuz, sowie Eintauchen in das Taufbecken. Dabei werden in bezug auf Christus Begriffe wie »großer Hohepriester«[7] angewandt. Gertruds Konzentration auf die Person Jesu Christi gipfelt in ihrem Streben zur zarten und inneren Vereinigung mit ihm. Hier ist eine Beeinflußung durch Bernhard von Clairvaux zu vermuten. Aber ihr Insistieren auf das Priesteramt Christi relativiert zugleich auch die Rolle und die Bedeutung der menschlichen Priester. Dieses Faktum erinnert an Texte im »Legatus Divinae Pietatis«, die berichten, daß Jesus Christus den Helftaer Schwestern die Sakramente »spiritualiter« spende. In besonders dramatischer und wirkungsvoller Weise geschieht dies, als sich der Konvent von einem ungerechten Interdikt betroffen sieht.[8]

Schließlich verbindet Gertrud von Helfta das Taufsakrament mit ihrer Ordensprofeß; sie greift damit eine alte Tradition auf, die die Ordensgelübde als eine Erneuerung und Spezifikation der Taufgnade und des Taufbekenntnisses versteht. Das Verhältnis der Taufe zu den klösterlichen Gelübden hat klassisch Theodor von Canterbury formuliert: »Die Profeß ist eine zweite Taufe, durch die alle Sünden vergeben werden.«[9]

---

6 Vgl. *Gertrud of Helfta*, Spiritual Exercises. Kalamazoo 1989, 5–7.
7 Verkade, 4. Exercitia, SC 127, 60: »pontifex magne.«
8 Vgl. Legatus III, SC 143, 72–80 u. 244–246.
9 *Theodori archiepiscopi Cantuariensis* Poenitentiale, PL 99, 928.

Für Gertrud von Helfta ist die Ordensprofeß nicht nur eine zweite Taufe, sondern sie sieht in der Taufe eine erste Profeß. Sie erklärt den Taufritus mit Schlüsseltexten der Benediktsregel, vor allem aus dem Prolog und achtundfünfzigsten Kapitel, das über den Ritus der Profeß handelt. Die Ordensfrau verändert ein Gebet des Taufritus, das die Bezeichnung mit dem Kreuz begleitet und inhaltlich um Glauben an die göttlichen Gebote bittet.[10] Sie fügt folgendes hinzu: »Auf daß ich mit erweitertem Herzen den Weg deiner Satzungen laufe«.[11] Hier handelt es sich um einen Verweis auf Vers 49 des Prologs der Regula Benedicti: »So weitet sich das Herz, und man läuft den Weg der Gebote Gottes mit der unaussprechlichen Lust der Liebe.«[12] Gertrud sieht die Taufverpflichtung als ein »handgeschriebenes Dokument«, das die Exercitantin anweisen soll, Christus zu bitten, sie in seinem Herzen zu schützen.[13] Der Begriff »chirographum fidei« hat eine inhaltliche Entsprechung in der vierten Übung, wenn dort vom »chirographum professionis« gesprochen wird.[14] Das »chirographum professionis« wird von derjenigen, die die Profeß ablegt, persönlich geschrieben und auf den Altar gelegt.[15]

Schließlich ist die Thematik des »geistigen Kampfes« sowohl in der Benediktsregel als auch in der Tauftheologie der »Exercitia« von großer Bedeutung. Als Vorbereitung auf die

---

10 Rituale Romanum: »Accipe signum crucis tam in fronte, quam in corde: sume fidem caelestium praeceptorum; et talis esto moribus, ut templum Dei iam esse possis«.
11 Verkade, 5. Exercitia, SC 127, 60–62: »Da mihi vivam fidem coelestium praeceptorum, ut dilatato corde curram viam mandatorum tuorum. Per te talis sim in moribus, ut effici merear templum dei, et habitaculum spiritus sancti«.
12 Die Regel des Heiligen Benedikt. Übers. v. *Eugen Pfiffner*. Einsiedeln u.a. 1947, 37. Vgl. Regula Benedicti. Collegeville, 1981, 164–165: »Processu vero conversationis et fidei, dilatato corde inenarrabili dilectionis dulcedine curritur via mandatorum Dei [...]«.
13 Verkade, 12. Exercitia, SC 127, 78: »Iesu mi dulcissime, tu serva mihi in conclavi benignissimi cordis tui immaculationem baptismalis innocentiae, et chirographum fidei meae [...].«
14 Verkade, 41. Vgl. Exercitia, SC 127, 140.
15 Vgl. Regula Benedicti 58,20.

Profeß wird der Novizin die ganze Regel vorgelesen, gefolgt von der Ermahnung: »Sieh da das Gesetz, unter dem du Kriegsdienst leisten willst« (»Ecce lex sub qua militare vis.«)[16] In den Taufkatechesen der Patristik sind Metaphern aus der Welt des Militärs sehr häufig, aber sie konzentrieren sich auf die Salbung; zudem waren sie im Mittelalter bereits größtenteils von der Firmung verdrängt worden.[17] Es ist sicherlich die monastische Tradition, einschließlich der Benediktsregel, die Gertrud von Helfta dahingehend beeinflußten, Militärsymbolik in die erste Übung der »Exercitia« einzufügen. Ein weiteres Beispiel für die Verwendung von Metaphern aus dem Kriegshandwerk ist die Rezeption eines recht ungewöhnlichen Ritus: Das »Schild des Kreuzes« soll in die rechte Hand genommen werden. Die einzigen bekannten Belege für diese gestische Sequenz finden sich im Stowe-Meßbuch und dem Sarum-Handbuch; bei keiner der beiden Belegstellen findet sich jedoch ein Anklang an eine Militärsymbolik.[18] Gleichwohl erklärt Gertrud von Helfta den betreffenden Gestus eigenständig mit Militärmetaphern einschließlich des »vexillum crucis«, der Schlacht-Fahne des Kreuzes.

»*Nimm in deine Rechte die Fahne des heilbringenden Kreuzes, auf daß du den Feind besiegen kannst, und sprich: Lege, liebevoller Herr, das Zeichen deines heiligen Kreuzes in meine Rechte, auf daß ich stets mit bewaffneter Hand gegen alle Nachstellungen des Feindes vorrücken kann, von deiner Hilfe wie von einem Wall umgeben.*«[19]

---

16 Regula Benedicti 58,10; Pfiffner, wie Anm. 12, hier 109.
17 Vgl. *Hugh M. Riley.* Christian Initiation. Washington D.C. 1974, 189–211.
18 Vgl. *J.D.C. Fisher,* Christian Initiation: Baptism in the Medieval West. London 1965, 84.
19 Verkade, 7. Exercitia, SC 127, 66: »Accipiens in dexteram tuam vexillum crucis salutiferam, ut hostem possis vincere, dicas: Pone, Iesu amantissime, signum sanctae crucis tuae in manum dexteram meam: ut hoc signo contra omnes insidias inimici armata manu semper incedam, tuo auxilio circumvallata.«

Gertrud von Helfta beginnt die »Exercitia Spiritualia« mit dem Sakrament der Taufe, weil dieses die Grundlegung eines christlichen Lebens ist. Der persönliche Stand wird dargelegt – in ihrem Fall und dem ihrer unmittelbarsten Zuhörerinnen – die klösterliche Existenz. Die Taufe erteilt das Recht zur Teilnahme an der Liturgie und zugleich eine liturgische Verantwortung. Das Taufsakrament gewährt die mystische Anwesenheit der Trinität durch Eingang in Christi Tod und Auferstehung und ermöglicht volle Vereinigung mit Gott im Tod.

Gertruds Verständnis der Taufe zeigt sich bei Betrachtung der Art und Weise, in der sie behutsam biblische und liturgische Quellen zur mystagogischen Entfaltung des Taufritus zusammenstellt. Das wichtigste Zeichen für Gertrud ist das fleckenlose weiße Gewand, das die Taufunschuld darstellt. Dieses Symbol ist rückgebunden an die Ermahnung im Taufritus: »Empfange dieses weiße Gewand und trage es unbefleckt zum Richtersitz unseres Herrn Jesus Christus und erlange damit das ewige Leben.«[20] Die Zentralität dieses Themas wird von dem wiederholten Gebrauch des Begriffs »makellos« gezeigt, der die Übung, die Erläuterung der Gebete und die einzelnen Handlungen des Taufritus mit zahlreichen Verweisen auf verwandte Stellen der Heiligen Schrift begleitet. Gleich zu Anfang wird die Übung definiert als »Fest der Erinnerung der Taufe« mit dem Ziel, das Gewand der Taufunschuld dem Herrn im Augenblick des Todes fleckenlos überreichen zu können.

»Um am Ende deines Lebens das makellose Kleid der Taufunschuld [...] dem Herrn darbieten zu können, sei darauf bedacht, zu gewisser Zeit, zumal an Ostern und Pfingsten, das Andenken an die Taufe zu feiern.«[21]

---

[20] Rituale Romanum: »Accipe vestem candidam, quam perferas immaculatam ante tribunal Domini nostri Jesu Christi, ut habeas vitam aeternam.«

[21] Verkade, 3. Exercitia, SC 127, 56: »Ut in fine vitae tuae immaculatam

Der Begriff »memoriam celebrare« hat wichtige liturgische Nebenbedeutungen und Bezüge; er ist ein sprachliches Zeichen, das die Realität, die es feiert, zugleich wirksam machen will.[22] Gertruds langes Gebet zur Erinnerung an das Eintauchen in das Taufbecken enthält zahlreiche Sprachbilder wie Wasser, Blut und Heiliger Geist. Es spricht vom lebendigen Wasser, das Christus der samaritischen Frau am Jakobsbrunnen verspricht (vgl. Joh 4,1–26). Eng verwandt damit ist die Zusage der Geistsendung in Joh 7,38: »[...] und es trinke, wer an mich glaubt. Wie die Schrift sagt: Aus seinem Inneren werden Ströme lebendigen Wassers fließen.«

»Eja, Jesus, Quelle des Lebens, laß mich aus dir selbst den Trunk des lebendigen Wassers trinken, damit mich – nachdem ich dich gekostet – in Ewigkeit nach nichts mehr dürste als nach Dir.«[23]

Die Bezeichnung »Quelle des Lebens«, die Gertrud von Helfta für Christus verwendet, ist ein Hinweis auf Psalm 36,10: »Denn bei dir ist die Quelle des Lebens und in deinem Lichte sehen wir das Licht.« Dieser Psalm war äußerst wichtig für die Helftaer Nonne und andere mittelalterliche Mystiker. Der vorhergehende Vers: »Sie werden satt von den reichen Gütern deines Hauses, und du tränkst sie mit Wonne wie mit einem Strom« (Ps 36,9), ist immer wieder im »Legatus« zu finden. Die bedeutsamste Textstelle findet sich im Bericht über das mystische Initialerlebnis im II. Buch des »Legatus«: »Kehre endlich zu mir zurück, und ich werde dich trunken machen durch den Strom meiner göttlichen Wonne.«[24]

Das Gebet geht weiter mit der Bitte, auf den Tod Christi getauft zu werden: »Taufe mich in der Unfehlbarkeit (immaculatio) deines kostbaren Todes.« Damit wird der Begriff der

---

baptismalis innocentiae tunicam [...] domino valeas praesantare, stude certo tempore, praesertim in Pascha et Pentecoste, memoriam baptismi celebrare.«
[22] Vgl. Exercitia, SC 127, 200.
[23] Verkade, 8.
[24] Lanczkowski, 14. Legatus II, SC 139, 230: »[...] revertere ad me, et ego torrente voluptatis meae divinae inebriabo te.«

Unfehlbarkeit rückgebunden an Röm 6,3: »Alle, die wir in Jesus Christus getauft sind, die sind in seinem Tod getauft.« Gertrud von Helfta verbindet ausdrücklich die Unfehlbarkeit Christi mit derjenigen, die von der Exercitantin angestrebt werden soll:

>*»Erneure mich in deinem Blut, womit du mich erkauft hast. Im Wasser deiner heiligsten Seite wasche jeden Makel ab, womit ich je meine Taufunschuld befleckt habe.«*[25]

Der wiederholte Gebrauch von »makellos« und der Verweis auf das erlösende Blut Christi erinnern an 1 Petr 1,19, wo konstatiert wird, daß die Christen »mit dem teuren Blut Christi als eines unschuldigen und unbefleckten Lammes« erlöst worden sind.[26] Wasser und Blut beziehen sich auf die durchstochene Seite des Gekreuzigten (Joh 19,34). Gertrud nimmt hier ein Motiv der patristischen und mittelalterlichen Exegese auf, die den Konnex von Taufe und Eucharistie betonen. Überdies klingt die Verehrung des Heiligsten Herzens an. Das Gebet, das an die Verleihung des weißen Taufkleides erinnert, bittet, daß dieses Gewand mittels der betreffenden geistlichen Übung neu und makellos werde:

>*»Laß mich, von dir geführt, das Kleid der Taufunschuld glänzend weiß, heilig und unbefleckt bewahren und es unversehrt vor deinen Richterstuhl bringen, um es im ewigen Leben zu besitzen.«*[27]

---

25 Verkade, 8. Exercitia, SC 127, 70: »Baptiza me in immaculatione pretiosae mortis tuae. Renova me in sanguine tuo, quo redemisti me. In aqua sanctissimi lateris tui ablue omnem maculam, qua unquam maculavi baptismalem innocentiam.«

26 Vgl. Hebr 9,14: »Wieviel mehr wird das Blut Christi, der sich selbst als ein Opfer ohne Fehl durch den Ewigen Geist Gott dargebracht hat, unser Gewissen reinigen von den toten Werken, zu dienen dem lebendigen Gott!«

27 Verkade, 9. Exercitia, SC 127, 70: »Eia Iesu, sol iustitiae, fac me te induere, ut secundum te possim vivere; fac me te duce vestem baptismalis innocentiae, candidam, sanctam et immaculatam servare, et illaesam ante tribunal tuum praesentare, ut habeam eam in vitam aeternam.«

Weiter richtet sich das Gebet direkt an Christus: »Laß mich dich anziehen, damit ich dir gemäß leben kann.« Dies ist ein Verweis auf Gal 3,27: »Denn ihr alle, die ihr auf Christus getauft seid, habt Christus angezogen.«[28]

Gertrud von Helfta mahnt ihre Leserinnen, die »immaculatio« der Heiligen, der Engel und Christi nachzuahmen. Sie leitet die Leserinnen an, die Hilfe des Schutzengels, der jedem, wie sie darlegt, bei der Taufe zugeteilt wurde, zu erbitten. Auch die Protektion der Gottesmutter soll erbeten werden. Ihr Gebet, das sie an den Engel richtet, bittet, durch den »Strom dieses Lebens« auf einem »makellosen Pfad« voranzuschreiten: »Immaculato calle transeam huius vitae torrentem.«[29] Dies ist ein Rückgriff auf eine Antiphon des Offiziums der heiligen Agnes; dort wird gesagt, daß die Heilige »am Schmutz des Fleisches auf einem makellosen Pfad« vorübergeschritten sei (immaculato calle transivi).[30] Die heilige Agnes war eine wichtige Identifikationsfigur für Gertrud von Helfta und andere Nonnen des Konventes; häufig finden sich im »Legatus« und in den »Exercitia« Verweise auf die Liturgie des entsprechenden Festtages.[31] Dieser Bezug leitet die Leserin an, wie Agnes eine Braut Christi zu werden, d.h. »zum fleckenlosen Lamm nach seinem Bildnis«.

Ein weiteres Gebet, das an die Jungfrau Maria gerichtet ist, betont deren Reinheit. Die Leserin soll bitten, dieser Reinheit teilhaft zu werden. Gertrud von Helfta fordert die Exercitantin auf, inständig zu bitten, daß ihre Seele in den »Mantel der Bescheidenheit« Marias gehüllt werde, um folglich »makellos« (absque macula) zu werden.[32] In einer sorgfältigen theologischen Differenzierung scheut sich Gertrud von Helfta die Gottesmutter Maria selbst »immaculata« zu nennen. Es ist zu vermuten, daß die Mystikerin die makellose Empfängnis

---

[28] Vgl. Röm 13,14: »Legt (als neues Gewand) den Herrn Jesus Christus an.«

[29] Vgl. Exercitia, SC 127, 64.

[30] Vgl. Breviarum Monasticum, Magnificat Antiphon »Beata Agnes«.

[31] Vgl. Legatus III, SC 143, 18. Exercitia, SC 127, passim.

[32] Verkade, 7. Vgl. Exercitia, SC 127, 66.

glaubte, da sie im Legatus II, Kap. 16, Maria mehrere Male als »makellos« bezeichnet.[33] Aber in den »Exercitia« – im Kontext der Anleitung anderer zum Gebet – vermeidet sie diese Position; möglicherweise will sie an diesem strittigen Punkt ihre Leserinnen nicht verletzen. Sie betont nachdrücklich, daß jeder Christ, nicht nur Maria, dazu berufen sei, die Braut zu sein, die der Geliebte »tota pulchra es amica mea et macula non est in te« (Hld 4,7) nennt. Gertruds Betrachtung über die Eucharistie sieht wieder Christus als das »fleckenlose Lamm« (1 Petr 1,19): »[...] der Kommunion, des lebendigmachenden Leibes und Blutes des unbefleckten Lammes Jesus Christus.«[34] Sie hebt auf diese Weise die große Nähe von Taufe und Eucharistie hervor. Die Taufe führt zur eucharistischen Kommunion, und jede Kommunion erinnert an die Taufe und die Erwartung ihrer Erfüllung im Himmel. Das belegen zahlreiche Texte des »Legatus«, wo der häufige Eucharistieempfang Gertruds betont wird; zudem ermutigt sie ihre Mitschwestern, es im Gegensatz zum vorherrschenden Brauch ihrer Zeit ebenso zu machen.[35]

Das Gebet am Ende der Übung läßt erkennen, daß Gertrud von Helfta davon ausgeht, daß eine effektive Erneuerung der Taufunschuld erwirkt werden könne, um somit das Fegefeuer zu vermeiden:

»Mein süßester Jesus, bewahre du mir im Kämmerlein deines gütigsten Herzens die Reinheit meiner Taufunschuld [...], damit ich nach deinem Willen leben und nach dieser Verbannung ohne Hindernis zu dir gelangen kann.«[36]

---

33 Vgl. Legatus II, SC 139, 294.
34 Verkade, 10. Exercitia, SC 127, 72: »Pro susceptione communionis vivifici corporis et sanguinis agni immaculati Iesu Christi [...].«
35 Vgl. Legatus I, SC 139, 164–170.
36 Verkade, 12. Exercitia, SC 127, 78: »Iesu mi dulcissime, tu serva mihi in conclavi benignissimi cordis tui immaculationem baptismalis innocentiae [...] ut secundum te possim vivere, et post hoc exilium laeta sine impedimento ad te pervenire.«

Ihre Überzeugung, daß private Andachten – wie zum Beispiel ihre »Exercitia« – eine sündlose Kondition wiederherstellen und nach dem Tode zu einer unmittelbaren Vereinigung mit Gott führen können, stellt die Notwendigkeit einer sakramentalen Beichte in Frage; damit wird die Bedeutung des hierarchischen Priesteramts deutlich relativiert. Die starke Affirmation des »Taufpriesteramts« findet seinen Höhepunkt in der Betrachtung der Eucharistie. In einer Adaption priesterlicher Gebete beim Empfang der Kommunion soll die Exercitantin beten: »Dein ehrwürdiger Leib und dein kostbares Blut, mein Herr Jesus Christus, bewahre meinen Leib und meine Seele zum ewigen Leben.«[37] Dieser Gebetstext schränkt ein klerikales Privileg ein, denn zu Gertruds Lebzeiten war die Kelchkommunion für Laien bereits mehrheitlich ausgeschlossen. Das Gebetsformular ist ein orthodoxer Ausdruck der Lehre der Koexistenz, die erklärt, daß beides – Leib und Blut Christi – empfangen werden, unabhängig davon, welche Gestalt der Kommunikant empfängt. Jedoch ist ihr Anspruch auf die Kelchkommunion für sich selbst und ihre Mitschwestern zumindest eine leise Herausforderung an die klerikerorientierte Einschränkung des Eucharistieempfanges im hohen Mittelalter. Die eigenständige Fundierung der theologischen Entwürfe Gertruds von Helfta wird durch die ausgedehnte Vision über Taufe markiert, in der sie mit paulinischen Grundpositionen übereinstimmt: »Hier ist nicht Jude noch Grieche, hier ist nicht Knecht noch Freier, hier ist nicht Mann noch Weib, denn ihr seid allzumal einer in Christus Jesus« (Gal 3,28).

---

[37] Verkade, 10. Exercitia, SC 127, 72: »Corpus tuum venerabile, et sanguis tuus pretiosus, Domine mi Iesu Christe, corpus et animam meam custodia in vitam aeternam. Amen.«

Maria im mystischen Werk Gertruds von Helfta

Gertrud Jaron Lewis

Im Gespräch mit Christus bezeichnet Gertrud von Helfta Maria als die Partnerin in der Hochzeit Gottes mit dem Menschen[1]: »[...] Du hast im jungfräulichen Schoß [Marias] die Menschen-Natur dir anvermählt« (Legatus II, 2,2), so heißt es in Gertruds Memorial, dem zweiten Buch des »Gesandten der göttlichen Liebe«.[2] Und Gertrud von Helfta bittet in ihren »Geistlichen Übungen«, Maria möge sie zur ehelichen Gemeinschaft (contubernium) mit Christus hinführen (Exercitia Spiritualia III, 124–126). Maria ist diejenige Frau, die Gott in der Heilsökonomie »von Ewigkeit her vor aller Kreatur aus Gnade vorherbestimmt, geschaffen, geheiligt und zur Mutter [Christi] in besonderer Liebe auserkoren hat« (Legatus V, 31,1). Maria ist ein Zeichen für die Hochachtung Gottes vor seinem Geschöpf.[3]

---

[1] Elisabeth Gössmann führt diese Idee auf Augustinus (De sancta virginitate, Kap. 3) zurück. Vgl. *Elisabeth Gössmann*, Reflexionen zur Dogmengeschichte. In: *Hedwig Röckelein* (Hrsg.), Maria – Abbild oder Vorbild? Zur Sozialgeschichte mittelalterlicher Marienverehrung. Tübingen 1990, 19–36, hier 22.

[2] Die deutsche Übersetzung des »Legatus Divinae Pietatis« folgt weitgehend, allerdings nicht ausschließlich, derjenigen von *Johanna Lanczkowski* (Heidelberg 1989). Die Übersetzungen aus den »Exercitia Spiritualia« sind von der Autorin. Die Zitation der lateinischen Texte Gertruds von Helfta erfolgt nach der textkritischen Ausgabe in den Sources Chrétiennes: Oeuvres spirituelles, 5 vols., Paris 1967–86. Zitiert wird mit den Kürzeln »Legatus« (mit Angabe des Bandes, der Kapitel und des Abschnittes) bzw. »Exercitia Spiritualia« (mit Angabe des Kapitels und der Zeilenzahl).

[3] Der Text berührt hier den im Mittelalter beliebten »Unmöglichkeitstopos: Das Geschöpf [...] gebar seinen Schöpfer.« Vgl. *Elisabeth Gössmann*, Maria und die Frauen. In: Lebendiges Zeugnis 43 (1988), 54–63, hier 59.

Betend schreibt Gertrud von Helfta: »Geliebter Vater, [...] Dein Eingeborener trat in unsere Welt ein durch den Gehorsam einer Jungfrau« (Legatus II, 23,3); und sie formuliert den Vergleich: »Die Jungfrau hat den wahren Menschen und Gott geboren wie die Sonne das strahlende Licht« (Legatus II, 6,2). Marias »fiat« war die Voraussetzung für die Inkarnation, denn mit ihren Worten »Siehe, ich bin die Magd des Herrn (Lk 1,38) [...] gab sie sich voller Vertrauen ganz unter den Willen Gottes« (Legatus IV, 12,8); »in ihrem jungfräulichen Leib nahm die unbegreifliche Gottheit von ihr Fleisch an, und [Maria] wurde gewürdigt, die Gottheit mit unserer menschlichen Natur zu vereinen« (Legatus IV, 12,1). Der Mensch Maria ermöglichte damit den sichtbaren Einbruch des Göttlichen in unsere Welt.[4] Der Grund für Marias Berufung, so schreibt Gertrud in ihren »Geistlichen Übungen«, war »meine Erlösungsbedürftigkeit« (Exercitia Spiritualia VI, 446). Und Gertrud »erkannte im Geiste«, daß »die gnadenreiche Jungfrau, in der sich der überbordende Reichtum (superabundantia) der göttlichen Gnade so großzügig mitteilt, zur Hilfe für unser Heil erschaffen wurde« (Legatus IV, 51,3). Im Einklang mit den christlichen Mystikerinnen und Mystikern allgemein betont Gertrud in ihrem Bekenntnisbuch die entscheidende Funktion Marias im Heilsplan Gottes. Denn aufgrund der Inkarnation kann der mystische Mensch »den Herrn« – wie Gertrud es formuliert – »in meiner Natur« sehen (Legatus II, 11,1); Christus ist ihr »Bruder« (Legatus II, 2,1) und »Freund« (Legatus II, 23,8). Maria ebnete also den Weg zur christlich-mystischen Erfahrung.[5] Gertrud bezeugt in ihrem Memorial, wie sie sich von der »überströmenden Fül-

---

[4] Bei J. Thiele findet sich die geglückte Formulierung: »Maria [ist] [...] eine Frau, die uns [...] das Göttliche als das Menschenmögliche erschließt.« Vgl. *Johannes Thiele*, Madonna mia – Maria und die Männer. Stuttgart 1990, 95.

[5] Ganz ähnlich heißt es in Lumen Gentium (Art. 65): Die Kirche blickt zu Maria auf, daß Christus »auch in den Herzen der Gläubigen geboren werde und wachse.« (*Karl Rahner / Herbert Vorgrimler*, Kleines Konzilskompendium. Freiburg 1968, 194). Vgl. *Josef Sudbrack*, Mystik – Was ist das? In: *Paulus Gordan* (Hrsg.), Der Christ der Zukunft ein Mystiker. Graz u.a. 1992, 28: »Inkarnation ist der Schlüssel zur Mystik.«

le« der göttlichen Begnadung (abyssalem supereffluentiam dignationis tuae) geradezu überschwemmt fühlte, – eine Erfahrung, die sie ohne Maria nicht hätte erfassen können. Denn, so sagt Gertrud zu ihrem Geliebten, »ich vermochte dich zu begreifen vor aller Kreatur durch deine allerseligste Mutter« (Legatus II, 23,8).

I.

Wegen dieser entscheidenden Stellung Marias klagt Gertrud von Helfta sich wiederholt an, Maria nicht genug zu würdigen: »Du hast mich gnädig der Fürbitte (suffragium) deiner glorreichen Mutter und der Engel anvertraut, ich Elende aber suchte die Fürbitte äußerer, weltlicher Freunde« (Legatus II, 23,20). Aber anstatt sich nun, wie man erwarten würde, Maria zuzuwenden, schreibt Gertrud in diesem Kontext, sie hätte sich rechtmäßig eben doch allein auf Christus hin (tu solus) orientieren sollen (Legatus II, 23,20), was ein leicht gespanntes Verhältnis zu Maria anzudeuten scheint. Auch in den übrigen Büchern des »Gesandten« heißt es wiederholt, daß es Gertrud schien, sie habe der Mutter des Herrn und den anderen Heiligen zu wenig Ehrerbietung erwiesen (Legatus III, 37,1; vgl. auch Legatus IV, 2,16; IV, 48,3; IV, 51,7; IV, 56,1).

»Der Herr [...] tröstete sie« in solchen Fällen, indem er ihr zeigt, wie kleinlich eine solche Entweder-Oder-Denkweise wirklich ist. Und er bittet seine Mutter nicht nur um Versöhnung für sie, sondern »er ergänzte und vervollkommnete alles, was [Gertrud] versäumt hatte an geschuldeter Verehrung« (Legatus IV, 1,3), und bietet sich an, ihr Verfehlen wiedergutzumachen (in suppletionem omnium negligentiarum suarum) (Legatus V, 31,1). Gertrud sieht sich damit in ihrer christozentrischen Ausrichtung voll bestätigt.

Ein kritischer Punkt in ihrem Bekenntnisbuch ist Gertruds Neuinterpretation der Mittlerstellung Marias. Obwohl die Verehrung Marias in der Kirche als »mediatrix« eine lange Tradition hatte (vgl. LThK VII, 29), insistiert Gertrud von Helfta (mit Bezug auf 1 Tim 2,5), daß Maria nur die »Mittlerin des Mittlers (mediatrix mediatoris) zwischen Gott und den Menschen« sei (Legatus II, 7,1). Der Begriff der »mediatrix« kommt danach (Ausnahme: Legatus IV, 9,6) in Gertruds Werken nicht mehr vor und ist durch »interventrix«, also Fürsprecherin, ersetzt (vgl. Legatus II, 1,1 u. 4,1).[6] Neben Christus, dem absoluten Brennpunkt, kann es für Gertrud keinen Platz für einen zweiten Mittler geben.[7] Während in der Mariologie ihrer Zeit die Mittlerschaft Marias problemlos anerkannt wird,[8] geht Gertrud von Helfta hier in radikaler Konsequenz ihren eigenen Weg.

II.

In den übrigen Büchern des »Gesandten«, die während Gertruds Erkrankung von Helftaer Mitschwestern – wohl weitgehend unter Gertruds Anleitung – verfaßt wurden, sind die bereits berührten Punkte näher ausgeführt und ergänzt. Im Rahmen einer Meßfeier der Klostergemeinschaft (Legatus III), welche Maria um Fürbitte anfleht, bestätigt Christus beispielsweise seine alleinige Mittlerschaft:

>   *»Dann wurde das Offertorium gesungen: Gedenke, o Jungfrau und Mutter, daß du Gutes für uns redest; und [Gertrud]*

---

[6] In Lanczkowskis Legatus-Übersetzung ist dieser Unterschied nicht immer beachtet.

[7] Man könnte Gertrud hier als extrem in ihrer Christozentrik bezeichnen, wenn nicht prinzipiell »jede christliche Theologie immer auch christozentrisch« wäre (*Hans Küng*, Christozentrik. In: LThK II, 1170). Vgl. auch Lumen Gentium (Art. 62), das sich mit der Formulierung von der Christus »untergeordneten Aufgabe Marias« auf die gleiche Bibelstelle beruft, um ebenso »die einzige Mittlerschaft Christi« zu betonen (Art. 60). Es sollte damit, wie es im Kommentar von Lumen Gentium heißt, »einem Mißverständnis dieser Mittlerschaft Marias vorgebeugt« werden (Rahner / Vorgrimler, wie Anm. 5, hier 121).

[8] Vgl. z.B. *Bernhard von Clairvaux*, In adventu Domini. Hrsg. v. *Jean Leclercq*. Rom 1957–1977, Vol. IV, II, 5. Vgl. *Jean Leclercq*, Women and Saint Bernard of Clairvaux. Kalamazoo 1989, 105. Vgl. zu den Positionen von Hildegard von Bingen und Mechthild von Magdeburg: *Margot Schmidt*, Maria – Die weibliche Gestalt des Allerhöchsten. In: Theologisches 21/8 (1991) 398–407.

blickte andächtig auf die Mutter aller Gnaden, als der Herr
zu ihr sagte: Es ist nicht nötig, daß jemand anderes für euch
spricht, denn ich bin durch mich selbst mit euch völlig aus-
gesöhnt« (quia ego per memetipsum totus placatus sum vo-
bis) (Legatus III, 16,2).

Möglicherweise wendet sich ein solcher Passus gegen eine
Gertruds Empfinden nach übertriebene Marienverehrung.[9] Und
im dritten Buch des Legatus heißt es dann weiter:

>»Wenn [Gertrud] irgendwann hörte, daß man etwas zum
>Lob [...] der allerseligsten Jungfrau betete oder sang, [...]
>dann richtete sie ihre ganze Aufmerksamkeit doch immer
>mehr auf den Herrn selbst [...]. Es war am Tag der Verkün-
>digung. Die allerseligste Jungfrau wurde in der Predigt
>mehrfach gewürdigt; [Gertrud] aber litt darunter, daß man
>das allerheiligste, heilbringende Werk der Menschwerdung
>des Herrn überhaupt nicht erwähnte [...].«*

Als sie nach der Messe am Marienaltar vorbeiging, »[...] fühlte
sie, daß ihre Grüße, ihr Lob und ihre Liebe doch mit noch größerer Gewalt zu Jesus [...] sich hinneigten. Daher fürchtete sie,
sie könnte sich den Unwillen der mächtigen Königin zuziehen«
(Legatus III, 20,1). Erneut gibt der Text Zeugnis von einer inneren Spannung. Einerseits nämlich empfindet Gertrud von Helfta
es als unrecht, Christus bei einem exklusiven Lobpreis Marias
zu übersehen, andererseits möchte sie Maria nicht vernachlässi-
gen. Als Christus ihr in diesem Dilemma rät, an seinem Bild
grußlos vorüberzugehen, dafür aber das Bild Marias zu begrü-
ßen, »sagte [Gertrud]: Das sei fern von mir (Hoc absit a me)!
Du mein einziges, wahres, höchstes Gut, Du mein Herr! Nie-

---

9   In diesem Kontext findet sich das traditionelle Bild Marias als »Sitz der
Weisheit« (Legatus III, 19,1; vgl. 10,1), ein Gedankenkomplex aus der
frühchristlichen »Sophia-Christologie«, derzufolge Christus als »die
Mensch gewordene göttliche Weisheit« zu verstehen ist. Der Gedanke
wird im Legatus nicht weiter ausgebaut. Vgl. *Felix Fernet,* Mediaevel
Spirituality. London 1930, 42; Elisabeth Gössmann, wie Anm. 1, hier 23.

mals kann ich in meinem Herzen dem zustimmen!« (Legatus III, 20,1). Diese gewagte Widerrede verdeutlicht, daß es sich für Gertrud um Wesentliches handelt, d.h. die Marienverehrung darf niemals auf Kosten Christi gehen.[10] Aber eine richtig verstandene Verehrung Marias ist auch Christus wohlgefällig (Legatus IV, 48,6).

III.

Die Marienverehrung der Nonnen allgemein im Helftaer Kloster war, wie wir dem Legatus entnehmen, konventionell. Es war Sitte, in der täglichen Vesperprozession, »Reliquien zusammen mit dem Bild der heiligen Jungfrau« umherzutragen (Legatus IV, 2,16), wobei die Frauen zu Ehren Marias beten und singen (vgl. Legatus IV, 9,6 u. 8). Und einmal, als die Klostergemeinschaft die Antiphon »Stella Maris, Maria« sang, »wurde [Gertrud] durch die Vermittlung (per interventum) der jungfräulichen Gottesmutter« – wie es heißt – von einer Depression befreit (Legatus III, 4,1). Die Klostergemeinschaft teilt also das im Volksglauben weitverbreitete Vertrauen in die Heilkraft Marias. Maria ist vertrauenswürdig, denn »aus der Fülle ihres mitleidigen Herzens [kommt sie] allen Bedürfnissen in mütterlicher Liebe zu Hilfe« (Legatus IV, 48,16; vgl. 12,8).

Vor allem gilt Maria als zuverlässiger Beistand im Tod, eine Aufgabe, die ihr die damals so beliebten frühmittelalterlichen Wundergeschichten zugesprochen hatten, nach denen Maria fähig war, Sündern vor ihrem Tod Verzeihung zu vermitteln und sie damit zu retten.[11] Im fünften Buch des »Gesandten« (1,21; 3,1; 32,2 u.a.), das vornehmlich dem Sterben einiger Helftaer Nonnen gewidmet ist, wird Maria wiederholt als Sterbehilfe bemüht. Auch Gertrud betet um Marias Beistand in ihren

---

[10] Auch in diesem Punkt stimmt Gertrud von Helfta voll überein mit Lumen gentium (Art. 66), daß nämlich »in der Verehrung Marias [...] der Sohn« zu verherrlichen ist.

[11] *Maria Warner*, Alone of all her Sex. The Myth and the Cult of the Virgin Mary. New York 1976, 324.

»Geistlichen Übungen«, wenn auch auf ihre charakteristische Art:

> *»O Jesus [...] schicke mir in meiner Todesstunde die treue Helferin Maria, deine liebenswerte Mutter, den berühmten Meeresstern, so daß ich beim Anblick des glühenden Morgenrotes ihres glorreichen Gesichts dich, die Sonne der Gerechtigkeit, in der Fülle deines Lichts erblicken möge, wie du dich mir näherst«* (Exercitia Spiritualia VI, 665–670; vgl. I, 134).

Gertrud also möchte Maria in ihrer letzten Stunde deshalb bei sich haben, weil sie in deren Antlitz Christus zu erblicken hofft. Im Klosteralltag wird Maria als Beschützerin (Legatus III, 1,1; IV, 48,8) und Schutzmantelmadonna verehrt (Legatus IV, 48,4: »videbatur delicata Mater benigne expandere pallium suum«).[12] Das später in der Gotik so beliebte Bild der Schmerzhaften Mutter ist in Gertruds Werk – wie zu ihrer Zeit üblich[13] – nur angedeutet (vgl. Legatus IV, 9,5 u. III, 46,7), indem sie sich auf die Voraussage Simeons (Lk 2,35) und das Stabat Mater-Motiv (Joh 19,25) bezieht.

IV.

Die liturgische Marienverehrung in Helfta wurde vor allem durch Gertrud selbst gefördert, die sich dazu von Christus inspiriert fühlt (Legatus III, 46).[14] Ähnlich wie Gertrud in ihrer sieb-

---

[12] Die Schutzmantelmadonna ist ein traditionelles Bild, das auf alten germanischen Rechtsbräuchen beruht; durch »Ummantelung« konnte eine hochstehende Persönlichkeit Übeltäter begnadigen. Vgl. LThK IX, 525f.

[13] Beispielsweise *Petrus Damianus*, Sermones. Hrsg. v. *Johannes Lucchesi*. Turnholt 1983; hier Sermo 45,14, und *Rupert von Deutz*, Lesungen über Johannes. Übers. v. *Ferdinand Edmunds* u.a. Trier 1977, Vol. II, 864. Ähnlich bei *Mechthild von Magdeburg*, Das fließende Licht der Gottheit. Hrsg. v. *Hans Neumann*. München 1990, Bd. I, 22. Vgl. auch Ambrosius, der großen Einfluß auf die Marienverehrung hatte (PL 16, 1270 – Epistola 63, no. 109).

[14] Vgl. Lumen Gentium (Art. 66 u. 67): Bei Maria können »die Gläubigen in allen Gefahren und Nöten bittend Zuflucht nehmen«, wobei vor allem

ten Geistlichen Übung, mittelalterlichem Gebrauch folgend, die einzelnen Horen dem Gedächtnis an Christi Passion empfiehlt, erweitert sie die Sinngebung der klösterlichen Tageszeiten, indem sie jeweils ein Gedenken an Maria miteinschließt. Ihr Ansatz und Mittelpunkt dabei sind freilich christozentrisch. Denn, von ihm selbst belehrt, so heißt es, legt Gertrud dar, wie man Christus durch ein Gebet zu Maria loben solle:[15]

In der Matutin ist Christus zu loben in »der Unschuld der unversehrten Jungfräulichkeit« Marias, die seiner Unschuld bei seiner Gefangennahme gleichkam.

In der Prim ist Christus zu loben »in jener Sanftmütigkeit und Demut« Marias, die er selbst auch vor seinem Richter zeigte.

In der Terz ist Christus zu loben in Marias »glühendem Verlangen« nach Jesus, die bei seiner Geißelung seiner »verzehrenden Sehnsucht [für das] menschliche Heil« glich.

In der Sext ist Christus zu loben in Marias Absicht seiner Verherrlichung, so wie er »unter den entsetzlichen Qualen« am Kreuz einzig das Heil der Menschen beabsichtigte.

In der Non ist Christus zu loben »in der gegenseitigen glühenden Liebe des göttlichen Herzens« und Maria, deren Liebe seiner Liebe bis zum Kreuz entsprach.

In der Vesper ist Christus zu loben in Marias »unerschütterlichem, standhaftem Glauben«, der sie allein unter dem Kreuz ausharren ließ (Stabat Mater), die jener Treue gleichkam, die Christus nach seinem Tod bis in die Tiefe der Unterwelt führte.

In der Komplet schließlich ist Christus zu loben in Marias Ausdauer in allen Tugenden, »in der sie mir gleichkam« – so erklärt Christus – »der ich ein für alle Mal bis in alle Ewigkeit das Erlösungswerk des Menschen vollbracht habe,

---

»die liturgische Verehrung [...] der seligen Jungfrau großmütig zu fördern« ist.

15 Vgl. Lumen Gentium (Art. 67): Die Theologen sollen u.a. in den »kirchlichen Liturgien die Aufgaben und Privilegien der seligen Jungfrau recht beleuchten, die sich immer auf Christus beziehen«.

[indem ich] [...] meinen unverweslichen Leib nach Men-schensitte in das Grab gegeben.« (Legatus III, 46,2–8).

Diese marianische Erweiterung der monastischen Horen ent-spricht frühmittelalterlichen Bestrebungen (LThK II, 681), doch ist der Wortlaut, d.h. die zentrale Stellung Christi in dieser Me-ditation, ein typisches Kennzeichen für Gertruds Werk.

Auch in ihren »Geistlichen Übungen« formuliert Gertrud von Helfta mehrere Mariengebete. Sie baut beispielsweise das »Salve Regina« weiter aus (Exercitia Spiritualia I, 123–134) und verfaßt litaneiartige Gebete (Exercitia Spiritualia IV, 104–106).[16] Jedoch sogar in spontan anmutenden Bitten an Maria, nimmt Gertrud den Umweg über Christus, wie etwa in den Ge-beten, Christus möge Gertrud der bleibenden Obhut der reinen Jungfrau anvertrauen (Exercitia Spiritualia III, 383ff) oder Chri-stus möge seiner Mutter die Helftaer Nonnen empfehlen (Exer-citia Spiritualia III, 338–340).[17]

V.

Traditionell wurde Maria seit dem 5. Jahrhundert als die Him-melskönigin, neben Christus im Himmel auf einem Thron sit-zend, dargestellt (DSp X, 447); die »himmlische Herrin« stand bis zum 12. Jahrhundert im Vordergrund der Marienverehrung (LThK VII, 78). Das Bild selbst erscheint weder im zweiten Buch des Legatus noch in ihren »Geistlichen Übungen«, wird aber im vierten Buch des »Gesandten« ausgiebig behandelt und entspricht durchaus der höfischen Vorstellungswelt Gertruds und ihrer Zeit. In einer Serie liturgisch inspirierter Visionen zum

---

[16] Vgl. Bernhard von Clairvaux (wie Anm. 8; hier De Adventu. II, 5) und auch Mechthild von Magdeburg (wie Anm. 13; hier VII, 19). Vgl. die von M. Schmidt zusammengetragenen Anrufungen Marias aus den Wer-ken Hildegards von Bingen (*Margot Schmidt*, Maria, Spiegel der Schön-heit. In: *Elisabeth Gössmann* u. *Dieter R. Bauer* (Hrsg.), Maria für alle Frauen oder über allen Frauen. Freiburg u.a. 1989, 112–115).

[17] Bernhard von Clairvaux ging Gertrud von Helfta in dieser Ausschließ-lichkeit der Christozentrik voraus. Vgl. J. Leclercq, wie Anm. 6, hier 92.

»Fest der glorreichen Aufnahme« Marias (Legatus IV, 48), soll Gertrud »durch göttliche Erleuchtung« gesehen haben, wie die »Himmelskönigin [...] am Tag ihrer glückseligen Aufnahme, [...] von allem Menschlichen befreit, [...] dem ankommenden Herrn [...] mit reiner Freude [...] in die Arme flog und mit ihm [...] eintrat in die Herrlichkeit der Gottheit« (Legatus IV, 48,7).[18] Die umfangreiche Szene beschreibt den »überschwenglichen Jubel« des »ganzen himmlischen Hofstaats« (Legatus IV, 48,12). Und aus Maria, die auf der Brust ihres Sohnes in »himmlischen Freuden« ausruht und von Sternen umgeben ist, fließt »die Fülle der Freude« (Legatus IV, 48,8), die »keine Menschenzunge auszudrücken vermag« (Legatus IV, 48,10). Die Autorin zieht hier alle Register der zeitgenössischen Schreibkunst, indem sie den wiederholten Unsagbarkeitstopos mit einem exquisiten »locus amoenus«-Topos verbindet.[19] Auf der »grünenden Au« entsenden die Blumen nicht nur einen »betörenden Duft«, sondern auch »zauberhaft schöne Klänge«, und »es war, als wäre die Musik der ganzen Welt vereinigt« (Legatus IV, 48,10). Der Himmel selbst hallt wider vom Lob Marias, die »auf den Thron der Herrlichkeit zur Rechten des Sohnes gesetzt« wird. Und »die gesamte Trinität« mit dem »Chor der Engel [...] und aller Heiligen« preisen »von tiefster Bewunderung bewegt [...] die Verdienste der glorreichen Jungfrau« (Legatus IV, 48,12; ähnlich IV, 48,17 und IV, 51,2). Maria ihrerseits aber, so belehrt uns die Autorin, lenkt alles »immer auf das Lob Gottes hin« (Legatus IV, 48,13). Maria ermutigt Gertrud von Helfta in diesem Zusammenhang, sie solle wie sie

---

18   Im Mittelalter kursierten zahlreiche Legenden über Marias Aufnahme in den Himmel, die in die vor 1292 fertiggestellte »Legenda Aurea« des Jacobus de Voragine (Dt. Übers. v. *Richard Benz*. Heidelberg 1975, 583–609) aufgenommen wurden. U.a. integriert die »Legenda Aurea« die entsprechende Offenbarung Elisabeths von Schönau (vgl. *Elisabeth von Schönau*, Die Visionen. Hrsg. v. *F.W.E. Roth*. Brünn 1884, 53–55). Für eine deutsche Übersetzung dieser Stelle vgl. E. Gössmann (wie Anm. 1, hier 31). Ein Vergleich zwischen den Beschreibungen von Gertruds Visionen und dieser einflußreichen Vision Elisabeths von Schönau steht noch aus.

19   Vgl. Legatus IV, 48,15, wo diese Szene allegorisch gedeutet wird.

der Dreieinigkeit gefallen, und sie rät ihr zu Reinheit, Demut und Liebe. Dieses Ziel scheint sich für Gertrud zu verwirklichen, als sie sich »im Geist zur Höhe der Glorie entrückt« und von den Engeln und Heiligen verehrt sieht (Legatus IV, 48,20). Maria ist damit ein Zeichen für das, was den zu Gott heimkehrenden Menschen erwartet, und sie lädt zur direkten Nachahmung ein.[20]

Dadurch, daß dieser große Bildkomplex mit dem Gedanken endet, daß auch Gertrud im Himmel gefeiert wird, läßt sich die Metapher in den rechten Rahmen rücken: Mit dem Bild der Himmelskönigin wird Maria nicht zur über alle anderen erhabenen, unzugänglichen Ausnahme,[21] sondern so wie Gertrud von Helfta sich selbst auch als Königin oder Kaiserin ihres Geliebten Christus versteht (vgl. u.a. Legatus II, 23,6), wird Maria in dem vom mittelalterlichen Weltbild her vornehmsten Milieu als der besonders auserwählte Mensch verehrt.[22] Maria ist, so heißt es in Gertruds Werk, »vollkommener und würdiger als alle Kreatur« (Legatus III, 19,3).[23] Christus legt Gertrud von Helfta in einer Audition die Relevanz Marias dar: »Alles, was ich sowohl an Göttlichem als auch an Menschlichem in einem Menschen zu

---

[20] Maria als das besondere Vorbild der geweihten Jungfrauen findet sich bereits bei Origenes (Vgl. DSp X, 425). Vgl. auch Lumen Gentium (Art. 65).

[21] In Übereinstimmung mit vielen heutigen TheologInnen zeigte z.B. C. Halkes, wie Maria von der Kirche zu »einseitig verkündet« wurde, als »unantastbare Madonna«; »Maria ist mißbraucht worden, um Frauen auf ihrem Platz [der Unterordnung, des Dienens] festzuhalten.« Vgl. *Catharina J.M. Halkes*, Gott hat nicht nur starke Söhne. Grundzüge einer feministischen Theologie. Gütersloh 1980, 105.

[22] Das Bild Marias als der Himmelskönigin wird von vielen FeministInnen abgelehnt. Warner (wie Anm. 11, hier 117) sieht es als eine Perversion der Bergpredigt. Vgl. *Elisabeth Schüssler Fiorenza*, Jesus – Miriam's Child, Sophia's Prophet: Critical Issues in Feminist Christology. New York 1994, 174: »[...] the exaltation of a woman into heaven can only serve to reinforce the kyriarchal oppression of women on earth. [...] Only when Mary is no longer the exception but rather has become the rule for the socioecclesial status of women can her cult become credible [...] .« Vgl. dazu *Tissa Balasuriya*, Mary and Human Liberation. In: Logos 29/1, 1990, VI u. 192.

[23] Vgl. Lumen Gentium (Art. 53 u. 66).

finden wünschte, das habe ich auf das vollendetste in ihr gefunden« (Legatus IV, 48,11; vgl. IV, 12,4).

In Gertruds Werk ist Maria die Frau, die durch die Gnade Gottes zum »voll verwirklichten Menschen« wurde, wie wir es heute vielleicht ausdrücken würden. Maria wird nicht vergöttlicht.[24] Da Gertruds Gottesbild bereits weibliche Züge enthält, wie es im mittelalterlichen Denken nicht ungewöhnlich war, weiß sie sich von diesem allumfassenden Gott als Frau und Braut Christi gänzlich angenommen. Ja, sie selbst erfährt sich sogar in ihrer mystischen Vereinigung als »vergöttlicht« (Legatus II, 6,2), wie sie in ihrem Bekenntnisbuch bezeugt.[25] Nur vor diesem Hintergrund ihres positiven Menschen- und Gottesbildes[26] läßt sich das Marienbild Gertruds voll verstehen.[27]

---

[24] Vgl. Mechthild von Magdeburg: »Ir sun ist got und si goettinne, es mag ir nieman gliche gewinnen« (wie Anm. 13, hier III, 1). Vgl. dazu auch M. Schmidts Anmerkungen (*Mechthild von Magdeburg*, Das fließende Licht der Gottheit. Übers. v. *Margot Schmidt*. Stuttgart 1995, 366f). Vgl. auch die im Kirchberger Schwesternbuch zitierte Visionärin Elsbeth von Oettingen, die »unser frauen [...] in der heiligen drivaltikeit« sah – ganz zu schweigen von einigen heutigen Versuchen, Maria als die archetypische Muttergöttin darzustellen (vgl. *Christa Mulack*, Die Weiblichkeit Gottes. Stuttgart 1985).

[25] Bei Athanasios dem Großen heißt es: »Gott wurde Mensch, damit der Mensch Gott wird.« Zitat bei Josef Sudbrack (wie Anm. 5, hier 30). Leider wird dieses »deificata« bei Gertrud von Helfta in der Übersetzung J. Lanczkowskis (wie Anm. 2, hier 25) als »von Gott erschaffen« übertragen.

[26] Vgl. dazu Textbelege und Interpretation bei *Gertrud Jaron Lewis*, Das Gottes- und Menschenbild im Werk einer Mystikerin. Überlegungen zu Gertrud von Helfta. In: *Paul Imhof* (Hrsg.), Gottes Nähe – Religiöse Erfahrung in Mystik und Offenbarung. Würzburg 1990, 62–78.

[27] Es ist hier zu bemerken, daß Gertruds Werk die Dichotomie Eva – Maria völlig ignoriert. Die Parallelstellung wurde von Paulus beeinflußt (2 Kor 11,3; 1 Tim 2,13f) und ist in der Kirche seit Justin im 2. Jahrhundert (DSp X, 423f) bis heute üblich (z.B. Lumen Gentium, Art. 56 u. 63). Vgl. das Apostolische Schreiben »Mulieris dignitatem« von Papst Johannes Paul II., bes. Kap. 4. Der Topos findet sich in vielen religiösen Werken des Mittelalters, u.a. auch bei Bernhard von Clairvaux (wie Anm. 8, hier 10f). Gertrud von Helfta war also damit vertraut, nahm aber selbst Abstand davon. E. Gössmann schreibt, die negative praktische Anwendung des jahrhundertealten Topos sei erst später geschehen: »[...] die Identifizierung des weiblichen Geschlechts mit der frauenfeindlich gedeuteten Eva, um Maria ins Unerreichbare zu erheben, ist ein Phäno-

VI.

Der »Gesandte der göttlichen Liebe« zeigt mehrfach genaue Parallelen zwischen Maria und Gertrud von Helfta selbst. Unter anderem ist es die wegweisende Stellung, die Christus Gertrud zuerteilt, weil sie andere zu ihm hinführen kann: »[...] Du hast mir noch eine Gnade gewährt: Wenn ein Mensch sich meinem fürbittenden Gebet anempfiehlt – auch nach meinem Tod –, [...] so wirst Du ihn gewiß huldvoll erhören« (Legatus II, 20,7). Auch ihre Biographin bezeugt, daß Gertrud diese hohe Aufgabe erkannte und in aller Demut annahm: »Sie kam sich vor wie ein Kanal, durch den – auf Gottes verborgene Vorherbestimmung – die Gnaden zu den Erwählten Gottes fließen« (Legatus I, 11,1).[28] Somit ist Gertrud von Helfta selbst ein sprechender Beweis dafür, daß sich das exemplarische Menschsein Marias eo ipso in einem vollendeten Menschen widerspiegeln muß.[29]

Was beide Frauen aber vor allem gemeinsam haben, ist ihr total auf Christus ausgerichtetes Sein. Dieser Christozentrik ist alles andere fraglos unterworfen. Gerade dadurch ist die Mariologie Gertruds von Helfta eine exakte Darstellung der offiziellen katholischen Marienlehre heute, die nämlich grundsätzlich auf die Christologie und Soteriologie hingeordnet ist.[30] Gertruds nüchterne Mariologie fußt auf der ältesten und ehrwürdigen

---

[28] men, das die Gegenreformation hervorgebracht hat« (*Elisabeth Gössmann*, Feministische Kritik an universalen Wahrheitsansprüchen. In: Neue Zeitschrift für Missionswissenschaft 1990, 312–350, hier 337.

[29] Ganz ähnlich, wenn auch noch prosaischer, hatte Bernhard von Clairvaux Marias Mittlerschaft mit einer »Wasserleitung« verglichen, »die die Gnade weitergibt«. Vgl. *Gerda von Brockhusen*, Zisterziensermystik. In: Wörterbuch der Mystik. Hrsg. v. *Peter Dinzelbacher*. Stuttgart 1989, 529.

[30] Als entsprechende weitere Beispiele könnte man anführen, daß Wibert von Gembloux, der Sekretär Hildegards von Bingen, »Hildegard selbst mit Maria vergleicht« oder daß sich auch Mechthild von Magdeburg mit Maria »gelegentlich identifiziert« (vgl. M. Schmidt, wie Anm. 16, hier 87 u. 111).
Karl Rahner / Herbert Vorgrimler, Kleines theologisches Wörterbuch. Freiburg u.a. 1962, 234.

Tradition der Kirche. Mit nur geringfügigen Ausnahmen[31] ist ihr Marienbild unbelastet von den späteren Auswüchsen einer falsch verstandenen Marienfrömmigkeit, devotionalem Kitsch oder seichter Sentimentalität. Vor allem Gertruds hartnäckiges Bestehen darauf, daß es nur den einen Mittler, nämlich Christus, gibt, könnte als heilsames Korrektiv gegen eine extreme und exklusive Marienfrömmigkeit wirken.[32]

Gertruds Marienbild bietet eine zuverlässige Grundlage für eine echte ökumenisch-christliche Mariologie.

---

[31] Beispielsweise Legatus II, 16,5; IV, 3,6; IV, 9,8; IV, 12,2; IV, 48,5 u. IV, 48,21–23. Viele dieser Stellen sind als Klischees der religiösen Literatur der damaligen Zeit anzusehen.

[32] Vgl. auch DSp X, 422: »[...] la théologie mariale doit revenir à l'Ecriture pour trier les expressions que la piété traditionelle [...] lui fournit«.

»Du bist ein inniger Kuß meines Mundes«

Die Sprache der Mystik – Eine Sprache der Erotik.
Am Beispiel Mechthilds von Magdeburg

Hildegund Keul

Mechthild von Magdeburgs Werk »Das Fließende Licht der Gottheit« ist geprägt von der Erotik ihrer Sprache. Diese Tatsache springt schon beim ersten Lesen ins Auge. Die Vereinigung der Seele mit Gott, das höchste Ziel der Mystik, findet in erotischen Bildern ihren Ausdruck: »Er durchküßt sie mit seinem göttlichen Munde, wohl dir, ja mehr als wohl, ob der überherrlichen Stunde! Er liebt sie mit aller Macht auf dem Lager der Minne, so kommt sie in die höchste Wonne und in das innigste Weh, wird sie seiner recht inne.« (FL II, 23).[1] Die göttliche Minne[2] beschwört das Liebeslager, wo sie – die Seele, die Braut, die Frau – in die höchste Wonne gelangt, wo sie sich lieben läßt, bis ihr die Sinne vergehen.

Religiöse Erfahrungen authentisch und präzise zum Ausdruck zu bringen, ist im Mittelalter genauso wie heute eine schwierige Aufgabe. Wo sie gelingt, liegt eine große Leistung vor. Mechthild wird zu dieser Leistung fähig, indem sie auf die Sprache der Erotik zurückgreift. Die Mystikerinnen versichern nachdrücklich und überzeugend, daß sie selbst keine sexuellen Beziehungen mit anderen Menschen pflegen. Sie greifen nicht auf eigene sexuelle Erfahrungen zurück, sondern auf eine bereits vorhandene erotische Sprache. Dies macht

---

[1] *Mechthild von Magdeburg*, Das fließende Licht der Gottheit. Zweite, neubearbeitete Übersetzung mit Einführung und Kommentar von *Margot Schmidt* (MyGG I/11). Stuttgart 1995. (Im folgenden: FL; wobei das Buch in römischer, das Kapitel in arabischer Ziffer angegeben wird.)

[2] »Minne« ist im Mittelalter das gebräuchliche Wort für Liebe; erst im 15. Jahrhundert setzt sich das zuvor seltenere Wort »Liebe« durch. Vgl. den Artikel zur Minne in: *Otfrid Ehrismann*, Ehre und Mut, Aventiure und Minne. Höfische Wortgeschichten aus dem Mittelalter. München 1995, 136–147

aber die Mystik nicht hinfällig, sondern um so interessanter. Denn wenn die Sprache eines Bereichs übertragen werden kann, um Erfahrungen in einem anderen Bereich auszudrükken, dann muß es zwischen beiden Bereichen einen strukturellen Zusammenhang geben, eine Gemeinsamkeit, die diese Übertragung ermöglicht. Wenn also mystische Erfahrungen in einer erotischen Sprache ausgedrückt werden können oder gar müssen, dann offenbart die Mystik einen inneren Zusammenhang von Religion und Erotik.[3]

In der theologischen Forschung über Mechthild von Magdeburg besteht die Tendenz, die Frage nach der Erotik auszublenden.[4] Damit stellt sich die Frage nach dem Zusammenhang zwischen Religion und Erotik erst gar nicht. Ihr nachzugehen ist aber entscheidend. Denn das Erotische ist ein Wesensmerkmal der Sprache, das nicht nur Mechthilds Werk, sondern die Mystik insgesamt neu erschließt. Nicht aus Zufall, sondern aus Notwendigkeit greift Mechthild auf die erotische Sprache zurück, um ihre mystischen Erfahrungen auszudrücken.

---

[3] Theologisch liegt hier ein Problem der Idiomenkommunikation vor, einem zentralen Thema der Christologie, bei dem es um das Regelwerk der korrekten Übertragung von Eigenschaften der göttlichen und menschlichen Natur in Jesus Christus, aber auch bei Maria und der Menschheit insgesamt, geht.

[4] Margot Schmidt fragt zwar nach dem Eros der göttlichen Dreifaltigkeit, aber nicht nach der Erotik der Menschen, von der Mechthild ihre Sprache nimmt. Vgl. *Margot Schmidt*, »die spilende minnivlut«. Der Eros als Sein und Wirkkraft in der Trinität bei Mechthild von Magdeburg. In: *Margot Schmidt* u. *Dieter R. Bauer*, »Eine Höhe, über die nichts geht« (MyGG I/4). Stuttgart 1986,71–135. Marianne Heimbach verdrängt die Frage nach der Erotik ganz, indem sie die göttliche Minne unter dem Stichwort »Einsicht des Menschen in seine Kreatürlichkeit« verhandelt. Vgl. *Marianne Heimbach*, »Der ungelehrte Mund« als Autorität (MyGG I/6). Stuttgart 1989, 19–32.

I. Das Hohelied der Minne:
Eine Entfesselung des weiblichen Begehrens

Die erotische Sprache Mechthilds bezieht sich auf zwei Traditionen. Zum einen schöpft sie aus der Minnelyrik ihrer Zeit, die ihr von ihrem Elternhaus vertraut ist – sie stammt aus einer adeligen Familie und hat die ersten zwanzig Lebensjahre wahrscheinlich auf einer Burg verbracht. Daß Mechthild die Minnelyrik als Quelle verwendet, ist bemerkenswert. Denn zu ihrer Zeit entwickelt sich die Theologie als Wissenschaft, und an den Universitäten setzt sich eine streng rationale Sprache durch. Mechthild aber bezieht sich nicht auf Aristoteles, sondern auf die höfische Minnelyrik, um ihre Erfahrungen mit Gott und Mensch auszudrücken. Dies ist ein kühnes Unterfangen. Denn mit der Minnelyrik begibt sie sich auf das schwierige Feld der Erotik, das nicht nur in der christlichen Tradition eine Provokation darstellt.

Wie aber kommt sie zu diesem mutigen Unternehmen? Die Antwort auf diese Frage führt zu der zweiten Tradition, auf die sich Mechthild bezieht: das Hohelied im Alten Testament. Es ist die sogenannte »Braut« im Lied der Lieder, die sie zu diesem Wagnis ermutigt. Das Hohelied der Liebe hat für Mechthilds Werk prinzipielle Bedeutung.[5] Denn es ist wie die höfische Minnelyrik ursprünglich ein erotischer Text, eine Poesie der Liebe zwischen zwei Menschen, die leidenschaftlich umeinander werben. Auf den ersten Blick hat dieser Text nichts mit Religion zu tun, denn hier werden keine religiösen Begriffe verwendet. Aber schon diejenigen, die den Text in den jüdischen Kanon aufnehmen, sehen ihre eigenen Erfahrungen mit dem Heiligen hier angemessen ausgedrückt. Dieser Umstand ermöglicht es Mechthild wiederum, auch die Minnelyrik für ihre Mystik heranzuziehen. Das Hohelied

---

[5] Vgl. *Hildegund Keul*, »Eia, Liebe, nun laß dich wecken!« Das Hohelied und die Anrufung des weiblichen Begehrens in Mechthild von Magdeburgs »Fließendem Licht der Gottheit«. In: Bibel und Liturgie 70/2, 1997, 105–114.

weist ihr den Weg, es gibt ihr die Methode zur Verwendung der Minnelyrik. Denn es zeigt, daß es möglich und notwendig ist, religiöse Erfahrungen in einer erotischen Sprache auszudrücken.

Aber das Hohelied hat nicht nur methodische, sondern damit verbunden auch inhaltliche Bedeutung für die Mystikerin. Mechthild bewundert die »trunkene Kühnheit« (vgl. FL III, 20) der Braut. In Buch III, Kapitel 3 tritt die Braut des Hoheliedes persönlich auf als Lehrerin und Meisterin der Minne. Sie lockt mit den Verheißungen der Liebe und spricht die programmatischen Worte: »denn die Liebe [minne] gebietet mir, und was sie will, das muß geschehen, und worauf Gott seine Hoffnung setzt, das wage ich.« Die Braut des Hoheliedes besingt die Sehnsucht und Lust, die Hoffnung und Gefahr, die Freude und den Schmerz einer Liebesbeziehung, die alles zu überwältigen droht. Sie steht für das weibliche Begehren, das die Grenzen von Sitte und Anstand überschreitet, das auch Verbote hinter sich läßt und der Leidenschaft Raum gibt. Sie ist nicht schüchtern und zurückhaltend, sondern selbstbewußt fordernd. Sie drückt ihr sehnliches Verlangen mit Nachdruck aus und klagt seine Erfüllung ein. Es gibt keinen anderen Ort in der Bibel, an dem eine Frau ihr weibliches erotisches Begehren so klar zur Sprache bringt wie im Hohelied.

Für die Mystikerinnen ist diese trunkene Kühnheit der Braut eine Herausforderung besonderer Art. Denn im Mittelalter ist das weibliche Begehren keineswegs frei. In der Ehe hat der Mann rechtlich verbrieft die Herrschaft über die Frau. Und auch der theologische Diskurs der Männer versucht, ihnen Fesseln anzulegen. Gelehrte Herren diskutieren an den Universitäten darüber, ob Frauen wirklich nach dem Bild Gottes geschaffen sind, und ob sie überhaupt eine Seele haben.[6] Einige Theologen bejahen diese Fragen durchaus. Aber

---

[6] Vgl. die Arbeiten von Elisabeth Gössmann, z.B. ihren Artikel zum Stichwort »Gottebenbildlichkeit«. In: *Elisabeth Gössmann / Elisabeth Moltmann-Wendel* u.a. (Hrsg.), Wörterbuch der Feministischen Theologie. Gütersloh 1991, 177–181.

allein die Tatsache, daß diese Frage diskutiert wird, steckt den Rahmen der Geschlechterhierarchie ab, wie sie die Scholastik konstituiert. In Mechthilds Werk sieht dies jedoch anders aus. Hier ist die Seele der Mystikerin zusammen mit der Minne die Hauptakteurin des Werks, und mit größter Selbstverständlichkeit werden Frauen die höchsten himmlischen Ehren erwiesen (vgl. z.B. FL II, 20). Die Mystik Mechthilds verkörpert die Würde der Frau und verleiht ihr unübersehbaren Ausdruck – und das, obwohl sie selbst mit der Angst zu kämpfen hat, als Frau der Sprache nicht mächtig zu sein. Daß sie zu einem solch kühnen Unterfangen fähig ist, verdankt sie der Ermutigung, die sie von ihrer Lehrerin der Minne erfährt.

Die Braut des Hoheliedes verkörpert eine Genealogie weiblicher Autorität, denn sie entfesselt das weibliche Begehren der Mystikerin. Sie öffnet ihr das Tor zu einer neuen Sprache und einem neuen Lebensraum. Getrieben von der Sehnsucht nach Liebe bis in den Tod, aufgewühlt in Entzückung, hingegeben in Ekstase, versunken im Kuß – so ist die Frau im Hohelied genauso wie die mystische Seele. Mechthilds Buch »Das Fließende Licht der Gottheit« singt »das Hohe Lied der Minne«, denn es bezieht sich sowohl auf die Minnelyrik ihrer Zeit als auch auf das Hohelied des Alten Testaments. Mechthild verbindet in ihrer Mystik die beiden Bezugspunkte im weiblichen Begehren, das sich mit der erotischen Sprache religiösen Raum erobert.

II. Die Mystik der Minne:
Lebensverheißung und Todesdrohung

Was aber ist das Anliegen dieser Mystik, die eine erotische Sprache der Minne spricht? Die Mystikerin beschreibt Erfahrungen, in denen sie Freude und Schmerz, Hoffnung und Trauer, Glück und Angst in ekstatischer Form erlebt. Mystik ist eine äußerste Möglichkeit des Seins. Sie hat ihre Wurzel in der Minne, der Stimme Gottes, die die Seele zum Leben in höchster Intensität aufruft. Besonders eindrücklich stellt dies ein Dialog zwischen der trägen, törichten Seele und der ekstatischen Minne in Buch II, 23 dar. Die Minne will die träge Seele wecken und sie in das Minnebett Gottes führen, das höchste Wonne verheißt. Die Seele weigert sich jedoch und verweist auf die Regeln und Vorschriften, die sie bereits erfüllt: »Ich bin in einem heiligen Orden, ich faste und wache und bin ohne Hauptsünden. Ich bin genug gebunden.« Sie will sich nicht auf das Ekstatische des Lebens einlassen, das die Regeln und die Gleichförmigkeit des Alltags überschreitet. Die Minne jedoch lockt beharrlich, denn sie will die enttäuschte, verbitterte Seele aus ihrer Verhärtung herauslocken: »Eia, Liebe, nun laß dich wecken. [...] Eia, Liebe, nun laß dich minnen, und wehre dich nicht mit finsteren Sinnen!« (FL II, 23).

Die Minne Gottes ist die Verführerin zum Leben. Aus diesem Grund sprudeln die Texte Mechthilds über von Bildern des Lebens und der Liebe, der Zärtlichkeit und Wonne. Sie bezeichnen die Verführung zum Leben, zur grenzenlosen Intensität einer Liebe, in der sich das Leben selbst verkörpert. Das Überschwenglich-Ekstatische, die taumelnde Trunkenheit machen das Erotische der Sprache Mechthilds aus. Nachdem Gott die Seele zum Tanz aufgefordert hat, spricht er zur Seele: »Ihr sollt nackt sein!« (FL I, 44). Dies ist sowohl im profanen als auch im religiösen Zusammenhang eine Provokation, die Provokation der Nacktheit. Sie steht für die unwiderstehliche Verlockung des Lebens in der Liebe Gottes, die die Grenze der Sicherheit, der schützenden Kleidung, das Gleichmaß der Regeln und Gebote überschreitet auf das Leben selbst hin, das die Minne verheißt.

Wer aber das Leben in seiner göttlichen Fülle erfahren will, wird zwangsläufig mit Vergänglichkeit und Tod konfrontiert. »Das Fließende Licht der Gottheit« ist ein Aufschrei gegen die Vergänglichkeit des Menschen. Es entsteht aus der Konfrontation mit dem Tod, mit Krankheit und Verfall des Leibes – und mit Verwundung und Einsamkeit der Seele. So schreit die Seele zu Gott: »Wenn meine Augen in Verlassenheit trauern und mein Mund einfältig schweigt und meine Zunge in Sehnsucht gebunden, und meine Sinne mich fragen Stunden um Stunden, was mir sei, dann steht alles in mir,

Herr, gänzlich nach dir. Wenn mein Fleisch mir verfällt [entvallet] und mein Blut vertrocknet, mein Gebein erfriert, meine Adern sich verkrampfen und mein Herz zerschmilzt nach deiner Minne und meine Seele schreit mit eines hungrigen Löwen Stimme: Wie mir da ist? Und wo du dann bist? Viellieber, das sage mir!« (FL II, 25).

Die Bilder der Vergänglichkeit machen diesen Text so eindrücklich: das Fleisch, das vom Körper abfällt, das vertrocknete Blut, das kein Leben mehr trägt, das erfrierende Gebein, das die Totenstarre herbeiführt. Der Text führt die Verwesung des Leibes vor Augen, den Zerfall des Körpers, der dem Leben ein Ende setzt. Mechthild spricht vom »Aschenkuchen meiner Gebrechlichkeit« (FL II, 25) und erinnert damit an den schmerzlichen Prozeß des Alterns, in dem die überschäumende Jugend endet. Krankheit und Verfall sind in der Mystik ein durchgängiges Thema, denn sie sind Botinnen des Todes. Bei den Todesmetaphern Mechthilds fließen eigene Erfahrungen mit dem Körper ein (Krankheit, Selbstgeißelung), aber auch Erfahrungen mit ihrer täglichen Arbeit. Als Begine ist Mechthild immer wieder mit dem Tod konfrontiert, denn Sterbebegleitung und Totenwache gehören zu ihren wesentlichen Aufgaben.[7] Erstaunlich ist jedoch die Tatsache, daß es die Minne selbst ist, von der die Drohung von Gewalt und Tod ausgeht. Die Minne Gottes erscheint im gesamten »Fließenden Licht« als gewaltsame, todbringende Macht. Schon im ersten Kapitel, also programmatisch, macht die Seele der Minne den Vorwurf: »Frau Minne, Ihr seid eine Räuberin« (FL I, 1). Sie hat der Seele alles genommen, was ihr wert ist: ihre Jugend, ihre Verwandten und Freunde, ja ihre Gesundheit. »Du hast mich gejagt, gefangen, gebunden und mich versehrt mit tiefen Wunden, daß ich nimmer kann gesunden.« (FL I, 3). Feuer und brennende Glut sind Hauptmetaphern im »Fließenden Licht«, die sowohl die Wärme und

---

[7] Eine Literaturliste zur Beginenbewegung findet sich bei *Barbara Henze*, Menschwerden im Verstehen der Vergangenheit. Eine kirchengeschichtliche Perspektive, erläutert am Fall der Beginen. In: *Dies.* (Hrsg.), Studium der Katholischen Theologie. Paderborn 1995, 128f.

Helligkeit, aber auch die Bedrohung und Gewaltsamkeit des Feuers bezeichnen.[8] »Ich bin verwundet auf den Tod von deinem feurigen Liebesstrahl.« (FL II, 25).

Die Minne Gottes zeigt ein Doppelgesicht. Sie macht die Fülle des Lebens erfahrbar, stürzt aber zugleich in die Angst vor dem Tod. Die Mystikerin erfährt die Minne als Verlockung, die sie rückhaltlos zu überwältigen droht. Sie reißt die Liebende in einen ekstatischen Rausch, der die tiefste Einigung mit dem Geliebten schenkt. Um so härter aber konfrontiert sie mit der Endlichkeit, macht Einsamkeit und Verzweiflung spürbar. Sie ist eine unwiderstehliche Verlockung, zugleich aber auch etwas äußerst Bedrohliches. Die Minne kann die Frau an den Abgrund des Lebens führen und sie hinabstürzen in den Tod. Wer dem Ruf dieser leidenschaftlichen Liebe folgt, läuft Gefahr, unter die Räuber zu fallen und von der »Gewalt der nackten Minne« (FL II, 23) erschlagen zu werden. Die Liebe verheißt Wonne und Zärtlichkeit. Wer sich auf sie einläßt, steht aber zugleich unter der Drohung von Gewalt und Tod.

III. Das Wesen der Erotik: Die Überschreitung

Das Doppelgesicht der Minne in Lebensverheißung und Todesdrohung, wie es sich im »Fließenden Licht« zeigt, ist nicht nur für die Mystik, sondern auch für die Erotik wesentlich. Sie ist das, was Mystik und Erotik verbindet. Die Feststellung, daß es in der Erotik um die Konfrontation von Leben und Tod geht, stammt von dem französischen Philosophen Georges Bataille, der 1957 sein Hauptwerk »Erotisme« (»Die Erotik«) herausgegeben hat.[9] Zu Beginn der Erotik steht nach

---

[8] Diese Todesdrohung stellt auch das Hohelied heraus: »Stark wie der Tod ist die Liebe, die Leidenschaft ist hart wie die Unterwelt. Ihre Gluten sind Feuergluten, gewaltige Flammen.« (Hld 8, 6).

[9] *Georges Bataille*, Die Erotik. Neuübers. v. *Gerd Bergfleth*. München 1994. G. Bataille (1897–1962) ist umstritten, weil er sich hemmungslos der Frage nach der Gewalt und dem blutigen Opfer, Obszönität und Pornographie, nach dem Verfall der Körper und dem Ekel in der Erotik

Bataille das Wissen des Menschen, daß er sterblich ist. Er ist aufgerüttelt von der Endlichkeit und Beschränktheit seines Daseins, von der Einsamkeit und Isoliertheit seines Lebens. »Zwischen dem einen und dem anderen Wesen liegt ein Abgrund, erstreckt sich die Diskontinuität.« (Bataille, 15) Der Mensch ist ein diskontinuierliches Wesen, das sich nach Kontinuität sehnt. Er ist ein vereinzeltes Wesen, das nach Vereinigung mit dem anderen strebt. Er ist ein vergängliches Wesen, das nach der Unendlichkeit greift. Er ist zerbrechlich, zielt aber auf die kosmische Erfahrung, die ihn aus der Vereinzelung herausführt und mit allem verschmelzen läßt, was es auf der Welt gibt. Das Tragische aber ist, daß nur der Tod solche Kontinuität verheißt. Der Mensch weiß um diese Tatsache, und er leidet an ihr. Er wird immer wieder dazu gezwungen, dem Tod ins Auge zu sehen. Der Tod ist eine ambivalente Angelegenheit: Er gibt Hoffnung auf Kontinuität – daher die Todessehnsucht; aber diese Hoffnung wird nur erfüllt um den Preis des Lebens, der Individualität, des Ich – daher die Angst vor dem Tod: »der Tod ist schwindelerregend, er ist faszinierend« (Bataille, 15). Dies ist das Spannungsfeld, das die Erotik entstehen läßt. Denn die Erotik ist ein Versuch, die erhoffte Kontinuität zu erreichen, und sei es auch nur für einen Augenblick.

Erotik strebt nach der beglückenden Erfahrung des Einsseins. Diese ist jedoch nur zu erlangen in der Überschreitung (transgression) der Grenzen, die das Ich von anderen trennt. Erotik ist Ekstase, ein Außersichgeraten. Sie zeichnet sich durch die Erfahrung aus, über sich selbst hinausgerissen zu werden im Taumel des kosmischen Lebens. Dieses Ereignis ist nach Bataille gewaltsam, weil es »immer höchst gewaltsam ist, das Wesen aus der Diskontinuität herauszureißen« (Bataille, 19). Sie ist Überschwang des Lebens, ein trunkener

---

stellt. Unbestreitbar ist die Frauenfeindlichkeit seiner Äußerungen, denn er verdammt Frauen zur Passivität und macht sie zum Opfer männlicher Begierde. Trotzdem muß ich Bataille zugestehen, daß er die Erotik in einer Grundstruktur beschreibt, die die Frage nach dem Zusammenhang von Religion und Erotik beantworten hilft.

Taumel, der den Boden unter den Füßen verliert. Sie ist »sonnenhafte Zustimmung zum Augenblick«, ekstatische Hingabe an das Hier und Jetzt. Sie will die pure Gegenwart in höchstmöglicher Intensität, ohne sich darum zu scheren, welche Folgen dies haben wird. Hemmungslos überschreitet sie das Gebot, mit den eigenen Kräften zu haushalten. Sie ist darauf aus, alle vorhandene Energie in einem Akt, in einem Augenblick zu verschwenden. Die Erotik überschreitet alle Reflexe der Vorsicht und Zurückhaltung und schreckt vor Gefahren nicht zurück. Aus diesem Grund hängt sie innerlich mit dem Verbot zusammen. Erotik ist die Überschreitung von Verboten, seien sie gesellschaftlicher oder persönlicher Art – meist ist es beides zugleich. Sie entsteht im Konflikt mit Grenzen, mit Verboten, die aller Gefahr zum Trotz überschritten werden.[10]

Weil die Erotik das Leben in seiner höchsten Intensität will, geht sie bis an die Grenze des Lebens – und begegnet dort dem Tod. »Die Erotik kann man bestimmen als das Jasagen zum Leben bis in den Tod.« (Bataille, 13) Dieser ist der stärkste Feind und zugleich der größte Freund, an dem sich das Leben zu messen hat. In der ekstatischen Überschreitung stellt sich die Erotik dem Tod. »Die Erotik erreicht erst ihre Fülle, schöpft die ihr eröffneten Möglichkeiten erst aus, wenn sie zu einem Sturz führt, dessen Schrecken den schlichten zeitlichen Tod beschwört.« (Bataille, 229) Sie steuert auf ihn zu, nicht weil sie sterben, sondern weil sie leben will, weil sie die Vergänglichkeit in der Ekstase überwindet. Erotik ist »das Aufleuchten eines Augenblicks, der dem Tode Trotz bietet.« (Bataille, 229) Sie will sich dem Tod nicht unterwerfen, sondern widersetzt sich seiner Macht, indem sie grenzenlos, nämlich ekstatisch, liebt und damit wirklich lebt. Sie wird getrieben von der Sehnsucht danach, so lange, leidenschaftlich und exzessiv zu lieben, bis der Atem vergeht und das Le-

---

[10] Zentral ist das Verbot der Nacktheit, die Scham davor, sich ohne Schutz preiszugeben. Die Spannung der Erotik entsteht in der Überschreitung des Verbots der Nacktheit, das mit der Überschreitung zugleich anerkannt und gefestigt wird.

ben im Keim erstickt. Sie ist grenzenloses Begehren, das dem Tod die Stirn bietet.

IV. Die Metamorphosen des Heiligen – ein Feuertanz der Freiheit

Genauso wie die Erotik entsteht die Mystik aus der Konfrontation von Leben und Tod, die in der Überschreitung zum ekstatischen Taumel führt.[11] Dieser Zusammenhang macht es notwendig, religiöse Erfahrungen in einer erotischen Sprache auszudrücken. Wie die Erotik, so ist auch die Mystik getrieben von dem Verlangen, die Endlichkeit in der Vereinigung zu überwinden. »Ich bin in dir, du bist in mir, wir können einander nicht näher sein, denn wir sind beide in eins geflossen und sind in eine Form gegossen und verbleiben so ewig unverdrossen.« (FL III, 5). Die Mystikerin will mit größter Intensität leben, sie will das ewige Leben, das die Grenzen des Möglichen überschreitet. »Eia, Herr, liebe mich innig, und liebe mich häufig und lange!« (FL I, 23). Sie will eine Intensität, die alles umfaßt, eine Flut, die alles mit sich reißt. Sie geht bis zum Äußersten, bis sie dem Tod ins Auge blickt. Die Mystikerin liefert sich dem Tod jedoch nicht aus, sondern sie widersteht ihm gerade dadurch, daß sie seiner Drohung zum Trotz alle Grenzen überschreitet. Ihre Leidenschaft, ihre hemmungslose Verausgabung ist ein Aufbegehren gegen die Vergänglichkeit des Lebens. Die Mystikerin ersehnt es, »tödlich zu lieben, maßlos ohne Unterlaß« (FL I, 28). Sie erstrebt die Entgrenzung, die sich nicht von dem Wunsch nach Sicherheit zurückhalten läßt, sondern sich der überwältigenden Macht Gottes hingibt. In der Ekstase verliert die Mystikerin den Boden unter den Füßen, sie riskiert alles, um das göttliche

---

[11] Auf den inneren Zusammenhang von Religion und Erotik verweisen bereits die Worte »Transzendenz« und »Ekstase«, die beide ein Prozeß der Überschreitung sind. Die Erfahrung der Transzendenz ist immer eine ekstatische Erfahrung, denn sie ist eine Überschreitung (Transzendenz), die die Mystikerin über sich selbst hinaustreibt (Ekstase, Außersichgeraten).

Leben zu erlangen – und lebt nur um so heftiger, je mehr sie sich dem Tod aussetzt. Mechthild wünscht, »daß du sterben könntest für ihn; dann brennst du immerdar unauslöschlich wie ein lebender Funke im großen Feuer der erhabenen Majestät« (FL I, 28). Sie will leben, unbedingt, auch der Krankheit und dem Alter zum Trotz, die das Leben bedrohen.

Erotik und Mystik können zwar nicht voneinander getrennt, aber sie müssen klar voneinander unterschieden werden. Das Problem der Erotik – zumindest der Erotik der Körper – besteht darin, daß es den Menschen zwar für einen Augenblick der Diskontinuität entreißt, ihn aber anschließend um so heftiger in seine Endlichkeit zurückwirft. Der rasende Flug durch den Sternenhimmel endet in einem harten Fall, der den Körper in Schmerz, die Seele in Traurigkeit und Verzweiflung zurückläßt. Die Mystik jedoch entsteht zwar aus der Konfrontation mit der Einsamkeit, führt aber aus ihr heraus.[12] Denn ihre Erfahrung des Heiligen führt zur Verwandlung, zur Metamorphose, die das Individuum neu konstituiert.

Mystik ist ein Überschreitungsphänomen. Nach Mechthild ist der Tanz der Seele vor Gott erst möglich: »Wenn du hinauskommst über den Schmerz der Reue und über die Härte der Beichte und über die Mühe der Buße und über die Liebe der Welt und über die Versuchung des Teufels und über die Lockungen des Fleisches und über den verwünschten Eigenwillen« (FL I, 44). Die Mystikerin leidet an dem Abgrund, der sie von anderen und von Gott zugleich trennt. In dem oben bereits zitierten Dialog in Buch II, 25 fragt die Seele verzweifelt, wo Gott in ihrer Einsamkeit ist. Und Gott antwortet: »Ich bin in mir selbst, an allen Stätten und in allen Dingen, wie ich je war vor allem Beginn. Und ich warte dein im Baumgarten der Minne und breche dir die Blumen der süßen Einung und bereite dir da ein Bett aus dem erquickenden Grase der heiligen Erkenntnis« (FL II, 25). Die Minne lockt dazu, sich minnen zu lassen von der Stimme, dem Atem Got-

---

[12] Bataille behauptet, daß Mystik aus der Einsamkeit herausführt, aber er sagt leider nicht, warum dies so ist.

tes in den Dingen. Die Mystikerin gelangt zur Entgrenzung, wenn sie Gott »in allen Stätten und in allen Dingen« sucht und sich so mitreißen läßt von der lustvollen Minne. Sie entdeckt Gott in den Brüchen ihres Alltags, wo die Ordnung der Dinge durcheinander gerät und die Seele in ihren Grundfesten erschüttert wird.

Die Entgrenzung reißt die Mystikerin aus der Tiefe ihrer Einsamkeit über sich selbst hinaus und schleudert sie in einen Taumel rückhaltlosen Lebens. Diese Ekstase, das Außersichgeraten, ist schmerzlich und gewaltsam, denn es macht die Person zunichte. »Diese göttliche Anrede kann und darf niemand empfangen, er sei denn über sich hinaus gekommen und zunichte geworden. In dieser Gottesgnade will ich lebendig sterben« (FL I, 2). Will die Mystikerin nicht in der Einsamkeit zugrunde gehen, muß sie sich der Gotteserfahrung hingeben, die sie aber überwältigt. Sie vollzieht sich als schmerzliche Verwandlung, denn sie ist eine Metamorphose des Heiligen. Das Gebet, sagt Mechthild, macht »ein bitteres Herz süß, ein trauriges Herz froh, ein armes Herz reich, ein törichtes Herz weise, ein zaghaftes Herz kühn, ein schwaches Herz stark, ein blindes Herz sehend, eine kalte Seele brennend.« (FL V, 13). Die Erfahrung des Heiligen ist eine Metamorphose vom Tod zum Leben; deswegen ist sie zugleich erschreckend und beglückend. Die Seele preist Gott: »Du bist [...] ein Verlust meiner selbst, ein Sturm meines Herzens, ein Fall und Untergang meiner Kraft, meine höchste Sicherheit.« (FL I, 20). Die Mystikerin überwindet ihr verbittertes Leben, das sich in der gleichgültigen Endlichkeit der Geschöpfe verliert. Sie wird aus ihren Fesseln der Verzweiflung befreit zu einem Feuertanz, der sich grenzenlos dem göttlichen Leben hingibt. Folgt sie der Aufforderung Gottes zum Tanz, dann findet sie ihre Freiheit.[13] Denn das Geheimnis der Mystik liegt in der

---

13 Die Mailänder Philosophinnen des »Sottosopra« sagen, daß Freiheit aus der »Fähigkeit zur Selbstveränderung entsteht« (Libreria delle donne di Milano, Das Patriarchat ist zu Ende. Rüsselsheim. 1996, 53f). Auch hier geht es um die Metamorphose, die aber nach Mechthild durch die Aufforderung Gottes zum Tanz erfolgt.

Verwandlung, im Feuertanz der Freiheit, der dem Tod widersteht und das Leben in seinen leuchtenden Farben feiert.

V. »Feuerworte« – die flammende Stimme der Sprachlosigkeit im weiblichen Diskurs der Überschreitung

Danielle Régnier-Bohler beschreibt in ihrem Artikel über die Frauenmystik deren Sprache mit dem Begriff »Feuerworte«.[14] Dies ist für Mechthild von Magdeburg eine treffende Bezeichnung. »Das Fließende Licht der Gottheit« ist ein Strom der Feuerworte. Es ist der Versuch, die mystische Erfahrung der Überschreitung in Worte zu fassen. Eigentlich ist der Versuch eine Überforderung: »Wohl spräche sie gern, doch kann sie es nicht. Denn in hoher Vereinigung ist sie ganz überwältigt in der wunderbaren Dreifaltigkeit.« (FL I,5). Wenn die Mystikerin ihrem weiblichen Begehren folgt, wird sie über herrschende Grenzen hinausgeschleudert. Die vorgegebene Sprache hält dem nicht stand. Sie muß neu erschaffen werden. An vielen Stellen spricht Mechthild über die Unmöglichkeit, den Taumel an der Grenze des Todes zu beschreiben. Die Minne ist »die unaussprechliche Stimme« (FL II, 24). Trotzdem wird die Mystikerin dazu getrieben, dem Unaussprechlichen eine Stimme zu verleihen. Das Wort will gesprochen sein, sonst erstickt es die Mystikerin. In der Sprache gewinnt die Metamorphose ihre Gestalt. Sie bietet der Gewalt Einhalt, die in der ekstatischen Überschreitung lauert. »Ich fürchte aber Gott, wenn ich schweige, und fürchte aber unverständige Menschen, wenn ich schreibe.« (FL III, 1).

Mechthild hat allen Grund, sich mit ihrer Schrift vor den Menschen zu fürchten. Denn mit dem »Fließenden Licht« mischt sie sich in einen theologischen und kirchenpolitischen Streit ein, der tiefgreifende Konsequenzen hat. Seit Mitte des 13. Jahrhunderts stehen die Beginen von Magdeburg im

---

[14] *Danielle Régnier-Bohler*, Literarische Stimmen, mystische Stimmen. In: *Georges Duby / Michelle Perrot*, Geschichte der Frauen. Bd. 2: Mittelalter. Hrsg. v. *Christiane Klapisch-Zuber*. Frankfurt a.M. 1993, 435–494.

Kreuzfeuer der Kritik, die in der Diözesansynode von 1260 einen Höhepunkt findet.[15] Die Synode versucht, die Beginen zu disziplinieren, indem sie die Frauen dem Pfarrklerus unterordnet. In diesem Streit geht es um die geistliche Autorität von Frauen. Bisher hatten die Beginen selbst die geistliche Leitung ihrer Gemeinschaften inne, und sie konnten sich ihren Beichtvater frei wählen. Die Diözesansynode bestreitet jedoch die geistliche Autorität der Frauen, die sich in diesen Freiheiten verkörpert, und versucht, sie zum Objekt der Seelsorge zu machen.

Mit dem »Fließenden Licht« mischt sich Mechthild unüberhörbar in diesen Konflikt ein. Gegen die Übermacht der Herrschenden setzt sie ihr Werk als Zeichen der geistlichen Autorität einer Frau, einer Begine. Nicht nur ihre offene Kritik an der Kirchenleitung, sondern ihr Werk insgesamt ist Widerstand gegen das Lebensbedrohliche, das in der Beginenverfolgung liegt. Die Mystikerin setzt ihr Leben aufs Spiel, um dieser Bedrohung zu widerstehen.[16] Der Frauenverachtung, die auch von Klerikern vertreten und religiös legitimiert wird, setzt sie ihre überwältigende Erfahrung der Minne entgegen. Denn Gott spricht zu ihr: »Du bist ein inniger Kuß meines Mundes« (FL III, 5). Die Frau ist nicht ein aufgrund feuchter Südwinde mißratener Mann, wie es Thomas von Aquin vermutet[17], sondern sie ist der innige Kuß des göttlichen Mundes. Sie ist nicht das Einfallstor für den Teufel und deswegen dem Mann unterworfen, sondern »edel geboren und frei« (FL II, 19). Denn sie hat ihren Ursprung in der göttlichen Dreifaltigkeit selbst: »mich erschuf die Liebe [minne] an demselben Ort« (FL I, 22).

Mystik ist die Abkehr von der Welt als Welt der Dinge – und Hinwendung zur Welt als Ort Gottes. Mechthilds kir-

---

15 Ursula Peters behauptet zwar, daß die Beginenbewegung für das »Fließende Licht« unbedeutend sei, aber das kann sie nur, weil sie diesen Konflikt samt Diözesansynode gar nicht erst erwähnt. Vgl. *Ursula Peters*, Religiöse Erfahrung als literarisches Faktum. Tübingen 1988.
16 Hier findet sich die Grundstruktur der Erotik in der Mystik wieder.
17 Vgl. STh I, 99, 2 ad 1 und 2 sowie I, 92, 1 ad 1.

chenpolitisches Engagement ist eine Frucht ihrer Mystik. Aber dies gilt auch umgekehrt: Ihre Mystik ist Frucht ihres konfliktreichen Lebens in der Kirche. Die Auseinandersetzung um die Beginen erzwingt eine radikale Verwandlung, eine Metamorphose ihrer Person. Denn Mechthild wollte in Magdeburg ein zurückgezogenes Leben führen, fernab vom Rampenlicht der Öffentlichkeit. Nun aber wird sie herausgefordert, ihre Grenzen zu überschreiten und sich der »Gewalt der nackten Minne« zu stellen. Die Feuerworte zu finden, ja sie zu erfinden, ist eine Herausforderung der Mystik. Denn die Feuerworte sind eine Überschreitung, die das Feuer der Minne beschreiben und es zugleich beschwören. »Das Fließende Licht« ist ein Akt des Widerstandes gegen den Tod, der als mystischer Prozeß zugleich ein politischer Akt ist. Denn die Feuerworte begründen einen weiblichen Diskurs, der im mittelalterlichen Zusammenhang »gefährlich und verdammenswürdig« ist: »Das Terrain des Schreibens zu besetzen, war für die Frau des Mittelalters ein kühnes Unterfangen in dem Bewußtsein, eine Überschreitung, ein Wagnis zu begehen, außerdem fürchtete sie, von Geschlechts wegen unfähig zu sein.«[18] Auch Mechthild kämpft gegen die innere Überzeugung, daß sie als Frau unfähig ist zu schreiben. Sie hadert mit Gott wegen ihrer Berufung, ein prophetisches Werk zu verfassen. Am Ende ihres 2. Buchs fragt sie Gott, warum er ihr, einem »unflätigen Pfuhl«, solche Wahrheiten mitteile. Darauf antwortet Gott: »Man findet manchen weisen Meister der Schrift, der vor meinen Augen dennoch ein Tor ist. Und ich sage dir noch mehr: Es ist mir vor ihnen eine große Ehr und stärkt die heilige Kirche gar sehr, daß der ungelehrte Mund die gelehrte Zunge aus meinem Heiligen Geist belehrt.« (FL II, 26). Mechthild hat tiefsitzende Zweifel an ihrer Fähigkeit als Schreiberin. Deswegen nimmt sie Zuflucht zur Minne Gottes, die ihre Schrift autorisiert. Sie hält ihr vor Augen: »O weh, das tut mancher Mann nicht, der hervorragt durch Bildung und kluge natürliche Sinne, daß er sich je zu

---

[18] Régnier-Bohler, wie Anm. 14, hier 442.

legen wagt in die Gewalt der nackten Minne.« (FL II, 23). Die Mystikerin aber legt sich in die Gewalt der nackten Minne und läßt sich über die herrschenden Grenzen reißen. Damit überschreitet sie das angebliche Defizit, eine Frau zu sein, auf die göttliche Autorität ihrer Worte hin. Der »ungelehrte Mund«[19] der Frau wird zum besonderen Ort der Offenbarung, weil sie in der Metamorphose fähig wird, die Feuerworte des Lebens zu gebären.

Mit ihren Feuerworten begründet Mechthild einen neuen weiblichen Diskurs der Überschreitung. Es ist ein mystischer Diskurs, der sich in der Konfrontation mit dem Tod konstituiert und behauptet. Als Mechthild in Magdeburg heftige Konflikte ausgetragen hat, geht die etwa Sechzigjährige in das Zisterzienserinnenkloster von Helfta und verbringt dort ihren Lebensabend. Ihr Werk ist noch nicht vollendet, sondern es muß sich nun im Lebensraum des Klosters bewähren. Ihr göttlicher Auftrag lautet: »Du sollst sie [deine Mitschwestern] erleuchten und lehren und sollst mit ihnen verbleiben in großen Ehren.« (FL VII, 8). Die Begine aus Magdeburg wird zur Lehrerin der Mystikerinnen Mechthild von Hackeborn und Gertrud der Großen.[20] Sie begründet die Mystik von Helfta, indem sie ihre Mitschwestern zum Wort befreit. Dies gelingt ihr, weil sie – besonders im 7. Buch – ihre eigene Mystik auf das Kloster hin überschreitet. In dieser Überschreitung wird die Mystik von Helfta zu einem neuen Ort weiblicher Freiheit und geistlicher Autorität von Frauen.

---

[19] Vgl. den Buchtitel von Marianne Heimbach, »Der ungelehrte Mund« als Autorität (wie Anm. 4).

[20] Als Lehrerin ist sie den Nonnen von Helfta eine symbolische Mutter in dem Sinn, wie es die Mailänder Philosophinnen des »affidamento« beschreiben. Vgl. Libreria delle donne di Milano, Wie weibliche Freiheit entsteht. Berlin 1991, bes. 182.

Die Kraft des Herzens

Aspekte einer Anthropologie der Mystik bei Mechthild von Magdeburg und Mechthild von Hackeborn

Margot Schmidt

Vom 12. Jahrhundert an kennen wir in Deutschland nach authentischen Zeugnissen eine Reihe bemerkenswerter Mystikerinnen, die mit ihren Werken weit über ihren engeren Lebenskreis hinaus wirkten. Im 12. Jahrhundert sind es die Schriften der Hildegard von Bingen, im 13. Jahrhundert jene der gottbegnadeten Frauen aus Helfta. Mechthild von Magdeburg, Mechthild von Hackeborn und die hl. Gertrud die Große begründeten den Ruf Helftas als Höhepunkt deutscher Frauenbildung und -mystik. Hier sollen die Schriften Mechthilds von Magdeburg und Mechthilds von Hackeborn unter obigem Thema beleuchtet werden.

I. Mechthild von Magdeburg

Das Buch Mechthilds von Magdeburg »Das fließende Licht der Gottheit«[1] besteht in seinem Wesenskern in nichts anderem als in der bewegenden Geschichte zwischen dem Herzen Gottes und dem menschlichen Herzen, zwischen deren Beziehung sich immer wieder Luzifers Herz intrigierend einmischt. Diese in ihrer Mächtigkeit ganz ungleichen Ebenen lösen begreiflicherweise einen höchst dramatischen Kampf auf Leben und Tod aus. Im Taumel zwischen beseligenden Ekstasen und hartem Aufschlag der irdischen Wirklichkeit wird Mechthild hin- und hergerissen zwischen der unfaßlichen Gotteserfahrung einerseits und der Unsicherheit und

---

[1] *Mechthild von Magdeburg*, Das fließende Licht der Gottheit. Zweite, neubearbeitete Übersetzung mit Einführung und Kommentar von *Margot Schmidt* (MyGG I/11). Stuttgart 1995. (Im folgenden: FL)

dem Schrecken andererseits, sich durch ihre Aufzeichnung in eine ungeschützte Exponiertheit hineinzubegeben. In dieser Unsicherheit erhält sie durch ihren Beichtvater Stütze. Über ihn vernahm sie die Legitimation, »aus Gottes Herzen und Mund dieses Buch zu schreiben«. Und schlußfolgert dann: »Also ist dies Buch aus innigster Liebe von Gott gekommen, und es ist nicht aus menschlichem Sinnen und Trachten genommen«.[2] Etwas früher bereits hatte Mechthild auf die Verwunderung mancher Leute über ihre ungewöhnlichen Mitteilungen mit göttlicher Legitimation geantwortet. »Hätte dies Gott nicht vor sieben Jahren mit außerordentlicher Gnade in meinem Herzen angeregt, ich schwiege noch immer und hätte es nie getan«.[3] Als redaktioneller Abschluß von Buch VI heißt es dann abermals wiederholend:

»*Was in diesem Buche geschrieben steht, ist von der lebendigen Gottheit ausgeflossen in Schwester Mechthilds Herz und ist so getreu hier wiedergegeben, wie es Gott ihrem Herzen gegeben hat [...]«.*[4]

Ihre mystischen Erfahrungen in der Faszination unmittelbaren Erlebens erhalten Botenfunktion für den Aufbau der menschlichen Person und zur Stärkung der Kirche. Zu ihrer Verkündigungsaufgabe vernimmt sie die Worte Christi: »Ich sage dir wahrlich, in diesem Buche steht mein Herzblut geschrieben«[5], eine Redeweise, die den existentiellen Einsatz ihres Schreibens bis zum letzten Blutstropfen suggeriert.

Zunächst möchte ich einige Bemerkungen zur Vorstellung von »Herz« vorausschicken.[6] Das Wort »Herz« gleitet leicht in sentimentalen Sprachgebrauch ab. Dabei verbindet der bi-

---

2
3 FL IV 2, 125,6–9.
4 FL III 1, 83,19–22.
   FL VI 43, 259,18–21. Dieser Abschluß jedoch dürfte ein redaktioneller
5 Zusatz sein.
6 FL V 34, 205,19f.
   Vgl. *Paul Hofmann / Karl Rahner*, Art. »Herz«. In: *Heinrich Fries* (Hrsg.), Handbuch theologischer Grundbegriffe. München 1962, Bd. I, 668–697.

blische Sprachgebrauch mit »Herz« auch bestimmte Funktionen des Verstandes. Es ist der Ursprung des Planens und Entschließens. Daher werden dem Herzen nicht nur die Affekte zugeschrieben, sondern auch das Denken und Wollen. So heißt es in Ps 73,7: »Die bösen wie guten Gedanken wohnen im Herzen.« Das Herz ist hier auch die Mitte des Menschen in seiner körperlich-geistigen ursprünglichen Einheit, aus welcher das ganze Verhalten des Menschen entspringt. In dieser seiner Wesensmitte ist der Mensch gefordert, wenn er sich entscheidet und verantwortlich handelt. Das Herz ist ferner der Ort, »wo der Mensch im eigenen Ursprung an das Geheimnis Gottes grenzt«.[7] Es ist das Prinzip und Zentrum des menschlichen Personenlebens. Der neutestamentliche Gebrauch entspricht dem des Alten Testament. Es ist der Ort der Begegnung des Menschen mit Gott. So heißt es zum Beispiel in Mt 13,19 und Lk 8,12.15: »Gottes Wort ist in das Herz gesät«, das heißt, hier fällt die Entscheidung für oder gegen das Gebot des Wortes. Nach Karl Rahner ist »Herz« ein Urwort im Sinne der Unableitbarkeit, da es nicht den physiologischen Herzmuskel als solchen bezeichnet, sondern die ursprüngliche Mitte der einen leib-geistigen Person, und zwar noch vor der Scheidung von Körper und Seele. Diese Personenmitte ist wesentlich auf andere Personen und auf Gott hin offen. Diese Bedeutungen sind zu berücksichtigen, wenn Mechthild vom Herzen des Menschen, aber auch vom Herzen Gottes und vom Herzen Luzifers spricht.

I.1. Das Herz Gottes

Die Gotteserfahrung wird bei Mechthild von Magdeburg zu einem lebendigen Wechselverhältnis zwischen dem Herzen Gottes und dem menschlichen Herzen, wobei erstaunlicherweise das Verlangen in Gott selbst liegt:

---

[7] Ebd.

»Seele: Herr, du bist allzeit krank nach mir,
das hast du wohl bewiesen an dir.
Du hast mich geschrieben in dein Buch der Gottheit,
Du hast mich gemalt in deine Menschheit,
Du hast mich in die heilige Wunde deines
Herzens eingegraben [...].
Eia, Viellieber, erlaube mir, daß ich dich
salben darf.
Gott: Ja, Herzliebe, wo willst du die Salbe hernehmen?
Seele: Herr, ich wollte meiner Seele Herz zerreißen, um
dich hineinzulegen.«[8]

Das Neue bei Mechthild ist, daß das alte Christus-Arzt-Motiv nicht allein in der traditionellen Bedeutung – nämlich Erlösung und Heil der Seele – steht, sondern sich in der Bedeutung wandelt als Ausdruck der unio mystica, wo die liebeskranke Seele ihre Erfüllung durch Christus, den Arzt, erhält wie in VII 58. Hier nun sehen wir die Umkehrung des Motivs: Der Herr ist liebeskrank nach der Seele, und sie möchte mit höchstem emotionalem Einsatz seine Ärztin sein.[9] Der Eros zwingt nicht allein den Menschen unter sein Joch, sondern Gott selbst, da er den Menschen aus Liebe erschaffen hat und seinen Sohn zur Erlösung Mensch werden ließ. Hieraus folgert Mechthild: »Die gleiche Natur zwingt Gott immer noch, uns hier anzusprechen [...] mit heiliger Innigkeit«.[10] Diese aber ist nur ein Vorgeschmack der ewigen Gott-Mensch-Vereinigung, die Mechthild als personenhaftes Geschehen verlebendigt:

»Da leuchtet Aug in Auge,
und da fließt Geist in Geist,
und da greifet Hand zu Hand,
und da redet Mund zu Mund,
und da grüßet Herz zu Herz«.[11]

---

[8] FL III 2, 84,25–85,7.
[9] FL Anmerkung 296, S. 399f.
[10] FL IV 15, 141,3f.
[11] FL IV 15, 141,11–15.

Gelegentlich ist die Angleichung des menschlichen Herzens an das Göttliche unter Zurücklassung alles Irdischen so intensiv, daß die Seele bekennt:

> *Weil ich, Herr, keinen irdischen Schatz habe, besitze ich auch kein irdisches Herz, weil du, Herr, mein Schatz bist, so bist du auch mein Herz und allein mein Gott«.*[12]

Trotz dieser Höhe gottmenschlicher Vereinigung in der Herzensangleichung steht der Übermacht des Göttlichen nur die Schwäche des menschlichen Herzens gegenüber: »Wer sich ganz der Entrückung Gottes überließe, [...] der käme in so große Wonne und in so heilige Erkenntnisse, daß kein Herz sie aushalten könnte«.[13] In vorgerückten Jahren reflektiert Mechthild im VI. Buch rückblickend über die Anlockung und Spannung zwischen göttlichem und menschlichem Herzen, um dabei klarzustellen, daß zwar die Anziehung Gottes, die Lockung des göttlichen Herzens, immer der erste Schritt ist, aber ohne die Reaktion des menschlichen Herzens sich eine Weiterentwicklung nicht entfalten kann. Wie ein erotisches Spiel schildert Mechthild die Werbung des göttlichen Herzens:

> *Wenn es geschieht, daß sein göttliches Herz aus Minne zur seligen Seele so intensiv hinschaut, daß ein kleiner Funke in die kalte Seele fliegt, und sie soviel empfängt, daß das Herz des Menschen zu brennen anfängt und seine Seele zu schmelzen und seine Augen zu fließen, dann möchte unser Herr aus einem irdischen Menschen einen himmlischen machen, so daß man Gott wahrhaft folgen, minnen und erkennen möchte. Aber dann sprechen menschliche Sinne und Verstand: Nein, ich kann auch sehr nützlich sein in äußeren Dingen. So sprechen beson-*

---

[12] FL IV 7, 132,24–27.
[13] FL V 29, 197,25–27.

ders geistliche Menschen, wenn sie sich für besonders weise halten«.[14]

Mechthild kritisiert hier die Vernachlässigung der inneren religiösen Bildung, die mit der Wachheit und Formung des Herzens beginnt. In einer Allegorie über das göttliche Feuer, die etwas über Größe und Wirkmächtigkeit Gottes aussagen soll, bricht sie plötzlich ab und stammelt:

»Wer hiervon mehr sprechen will,
der lege sich in das Feuer
und sehe und koste, wie die Gottheit fließt,
wie die Menschheit gießt,
wie der Heilige Geist ringt
und manches Herz bezwingt,
daß es Gott unvorstellbar minnt«.[15]

Der zentrale Bezugspunkt ist stets das Herz, das Göttliches und Menschliches bezwingt und verbindet. Ja, aufgrund ihrer Gotteserfahrungen behauptet sie eine Gottesverwandtschaft. Sie selbst entstammt »geistlicher Weise aus dem Herzen des Vaters, leiblicher Weise aus dem Herzen des Sohnes« und wurde durch »beider Geist gereinigt«. So durch göttliche Gnade erhöht, versteht sich Mechthild lebendig ins trinitarische Leben mit hineingenommen und ruft zur Dreifaltigkeit:

»Herr, himmlischer Vater, du bist mein Herz!
Herr, Jesus Christus, du bist mein Leib!
Herr, Heiliger Geist, du bist mein Atem!«[16]

Es scheint ihr, als dehne sich der Pulsschlag der drei göttlichen Personen auf verborgene Weise von Herz zu Herz aus und vibriere in ihr. Die theologische Aussage dieses blutvollen Bildes verknüpft die trinitarischen Appropriationen mit der seinshaf-

---

[14] FL VI 13, 230,1–3.
[15] FL VI 29, 248,25–30.
[16] FL V 6, 170,6–19. Von der Gottesverwandtschaft spricht Mechthild schon in I 44.

ten Gottbezogenheit des menschlichen Wesens bis in das Innerste der Person. Auf die unergründliche Schöpferkraft des Vaters reagiert die Zuwendung der schöpferischen Kraft menschlichen Herzens. Die Menschwerdung des Sohnes wird zur informierenden, gestaltenden Kraft des irdischen Lebens bis in den Leib hinein. Aus der Kraft des Heiligen Geistes als Lebensspender atmet der ganze Mensch und wirkt selbst inspirierend. Unter den nicht wenigen und oft schwierigen Trinitätsbildern bei Mechthild ist dieses wohl in seiner Gerafftheit und Tiefe hinsichtlich der engen Verwandtschaft mit Gott eines der eindrücklichsten für den Aufweis der trinitarischen Spur im Menschen und ihrer menschlichen Umsetzung. Eine derartige Lebensgestaltung schließt von sich aus das Gefühl der Leere und Heimatlosigkeit aus, im Gegenteil, sie wird zur Sicherheit des menschlichen Herzens. Denn Gott hat es »in sein glühendes Herz hineingelegt«, da er in seinem ewigen Liebesdrang »weder zu noch abnimmt«, so »wie (er) es von jeher war«.[17] Eine abermalige Bestätigung dafür, daß der Eros in Gott selbst liegt.

I.2. Die Bestimmung des menschlichen Herzens

Die grundlegende Aussage über das menschliche Herz ist das unstillbare Gottesverlangen. Es kommt zum Durchbruch in dem sich eröffnenden unendlichen Verhältnis, denn der Mensch als endliches Sein streckt sich nach dem unendlichen Sein Gottes aus und mündet bei Mechthild in eine von heftigen Bewegungen erschütterte unendliche Lebensbeziehung von Höhen und Tiefen. Nur dem lauteren Verlangen öffnet sich Gott und spricht:

»Wenn ich scheine, mußt du gluten,
wenn ich fließe, mußt du fluten.

---

[17] FL II 4, 14,17–22.

Wenn du seufzt, ziehst du mein göttliches Herz in dich hinein [...], nur ein wonniges Harren wohnt (dann) zwischen uns beiden«.[18]

Der Zustand zwischen dem göttlichen und menschlichen Herzen wird als ein »wonniges Harren«, ein seliges Aufeinander-Warten beschrieben, dessen Erfüllung ein Zurücklassen alles Irdischen voraussetzt. Aus einem geradezu vitalen Lebensbedürfnis heraus antwortet die Seele in emphatischer, gefühlsgeladener Rede, die zugleich in aristokratischer Form die Grenze der Zurückhaltung zieht:

»Herr, ich harre dein mit Hunger und mit Durst,
mit Jagen und mit Lust,
bis an die spielende Stunde,
da aus deinem göttlichen Munde
die erwählten Worte strömen hervor.
Sie dringen in kein Ohr,
nur die Seele allein,
die sich von der Erde entkleidet,
und ihr Ohr legt an deinen Mund,
ja, die begreift der Minne Fund«.[19]

Nach den verschiedenen Entrückungen und beseligenden Ekstasen empfindet die Seele den Entzug Gottes um so härter, und das Verlangen steigert sich:

»Ich rufe nach dir in großem Verlangen,
mit klagender Stimme.
Ich harre dein in Herzensbangen;
Ich kann nicht ruhen, ich brenne
unauslöschlich in der Glut deiner Minne«.[20]

---

[18] FL II 6, 48,19–28.
[19] FL II 6, 48,29–49,4.
[20] FL II 25, 67,7–11.

Das Verlangen steigert sich bis zu dem Paradox, daß bei allen oder über allen Stufen der Entrückungen und Gotteseinigung es noch lange nicht am Ziel sei und als höchste Stufe in diesem Leben schließlich nur das Hungern und Dürsten nach Gott als »seliges Verlangen« dem menschlichen Herzen als letzte Geste verbleibe, wie es der Schluß eines Liebesgespräches gleichsam als Hilferuf ausstößt:

> »Ich habe nach dem himmlischen Vater einen Hunger,
> in ihm vergesse ich allen Kummer.
> Ich habe nach seinem Sohn einen Durst,
> der benimmt mir alle irdische Lust.
> Ich habe von ihrer beider Geist soviel Liebesnot,
> die geht über des Vaters Weisheit, die ich nicht begreifen kann,
> und über des Sohnes Leid, das ich nicht ertragen kann,
> und über des Heiligen Geistes Trost, der mir nicht geschehen kann.
> Wer sich in dieser Not verfängt, bleibt immer ungelöst selig in Gott versenkt«.[21]

Dieses antithetische Paradox ist der sprachliche Ausdruck für eine undurchschaubare, hohe Stufe der Gotteserfahrung. Deshalb heißt es: »Die sehnende Liebe schafft dem reinen Herzen sehr viel süße Not«.[22] Denn der Herzenswunsch nach vollendeter Gotteinigung und Schau bleibt auf Erden versagt, trotz allen Vorgeschmacks und aller herzzerreißenden Klage:

> »Herr, könnte mir das einmal geschehen, dich nach Herzenslust zu sehen und mit Armen zu umfangen:
> Deine göttliche Liebeslust müßte meine Seele durchdringen, soweit es Menschen auf Erden erringen.
> Was ich dafür leiden wollte:
> Kein Menschenauge hat es je gesehen.
> Ja tausend Tode wären mir nicht zu schwer [...].

---

21 FL III 3, 87,6–19.
22 FL III 24, 116,17.

Vermagst du, Herr, es zu ertragen,
dann laß mich lange in Sehnsucht nach dir gehn«.[23]

Am Ende ihres Lebens schreibt sie in Helfta im Rahmen einer Betrachtung der sieben Bußpsalmen, in der sie über den Tod reflektiert:

»Bedächten wir häufig jene Stunde,
ginge unser Hochmut gänzlich zugrunde.
Wenn Gott mir dann sein hehres Antlitz zeigen will,
dann hat meine Seele ihr erwünschtes Spiel,
nach dem ich jetzt schmerzlich verlange; es kann auf Erden nie nach meinem Herzen geschehen«.[24]

Was dem Herzen bis zum Ende verbleibt, ist die Kraft des sehnenden Verlangens. Daher bittet sie an gleicher Stelle: »Herr, bedecke mich mit dem Mantel deines großen Verlangens«.[25]

I.3. Macht und Ohnmacht des Herzens

Aus dem Bisherigen zeigt sich, daß die Annahme der Gottesliebe allein starken Herzen zu eigen ist, da in dem Sich-Öffnen gegenüber dem unergründlichen Urgrund Gottes die Abgründigkeit des eigenen Herzens bloßgelegt wird. Zunächst ist es die Übermacht der Gottesliebe, die unsägliche Leiden verursacht: »Die herrliche Liebe aus spielender Flut, sie tötet (das Herz) auch ohne Tod«.[26] Die Qualen dieser Liebe werden sehr differenziert mit dem Passionsleiden Christi parallelisiert, so daß sich die Passionsfrömmigkeit in eine Leidensmystik verwandelt, in der die Schmerzen ihren bitteren Charakter im Gedenken an die Nachfolge Christi und sei-

---

[23] FL III 23, 115,8–19.
[24] FL VII 35, 305,10–15.
[25] FL VII 35, 305,8.
[26] FL III 13, 99,18f.

nes erlösenden Sühneleidens verlieren, dies um so stärker, wenn das Herz selbst getroffen ist:

»Ihre Seele durchsticht ein Blinder,
der unwissend ist in der Minne,
mit einem süßen Speere,
da entfließt ihrem Herzen manch heilige Lehre«.[27]

Die Kompetenz und Macht der Lehre entspringt hier nicht irgendeiner Buchgelehrsamkeit, sondern ihre »Lehre« entspringt der Leidenskraft ihres Herzens, von dem Gott total Besitz ergriffen hat, was der spekulativen Vernunft verschlossen bleibt. Daher grenzt sie sich später von den theologisch gebildeten Mitschwestern in Helfta ab: »Ihr wollt von mir Lehre haben, und ich bin doch selber ungelehrt. Alles, was ihr von mir verlangt, findet ihr tausendfach in euern Büchern«.[28] Irdische Weisheit steht gegenüber übernatürlicher, himmlischer Weisheit. Verstärkt wird dieser Vorrang durch eine Christusvision in FL VI 24. Mechthild sieht visionär die blutende Wunde des Herzens Jesu und wird von Christus über die Heilsnotwendigkeit des göttlichen Blutvergießens belehrt:

»Alle Marter und Verachtung ist nichts weiter als ein
Klopfen an der Himmelspforte bis zur Stunde, da mein
Herzblut sich über die Erde ergoß; dann erst wurde das
Himmelreich aufgeschlossen«.[29]

Die Vision besagt: Christi Herzblut, nämlich sein ganzes Passionsleiden, ruft bis ans Ende der Zeiten wegen der Schwäche des Menschen die Barmherzigkeit des Vaters für diese an. In diesem Sühneleiden ist jedes menschliche Leiden mit aufge-

---

[27] FL III 10, 96,13–16. Vgl. auch *Margot Schmidt*, »Frau Pein, ihr seid mein nächstes Kleid.« Zur Leidensmystik im Fließenden Licht der Gottheit der Mechthild von Magdeburg. In: *Gotthard Fuchs* (Hrsg.), Die dunkle Nacht der Sinne. Düsseldorf 1989, 63–107.

[28] FL VII 21, 291,3f.

[29] FL VI 24,244,6–16. Vgl. *Marianne Heimbach*, »Der ungelehrte Mund« als Autorität (MyGG I/6). Stuttgart 1989, 74f.

122

hoben. Christus befreit Mechthild nicht von ihrem Leiden, sondern er stärkt sie in seiner Nachfolge als einer Form von Liebesüberschuß und als ein Sühneleiden mit der Verheißung auf die endgültige Herrlichkeit. Von eben dieser zukünftigen Herrlichkeit hat Mechthild ein erfahrungsmäßiges Vorausverkosten als Sicherheit. Aus dieser Spannung im sehnsüchtigen Hoffen wächst die Herzkraft und kann daher sagen: »Die liebreiche Liebe aus offensichtlicher Gnade vertilgt des bittern Herzens Klage«.[30] Dem Herzen wächst nach Mechthilds Worten eine ungeahnte Kraft von Stärke zu, »daß der Mensch gegenüber allen irdischen Dingen ein so fremdes Herz hat, daß es ganz leicht und seine Seele völlig frei und unbekümmert wird, wenn es etwas Irdisches verliert«.[31] Bei einem so hohen Grad von Gelassenheit, der schon an die Lehre Meister Eckharts erinnert, heißt es dann doch ergänzend:

»Niemand hat ein ganzes Himmelreich in seinem Herzen als jener allein, der sich allen Trostes und aller Gaben dieser Welt entäußert hat [...]. Doch Gott kann es nicht lassen, und wir können dessen nicht entbehren, daß er uns zu allen Zeiten [...] seine Fülle und seine Gnade schenkt«.[32]

Bei aller Leidensfreudigkeit obsiegt das Vertrauen in Gottes Barmherzigkeit. Es ist so groß, daß selbst die menschliche Schwäche, wenn es nicht anders geht, demütig vor Gottes Antlitz getragen wird und auch in dieser Form zu einem Lobgesang wird:

»[...] daß des Menschen Ohnmacht im Sange
vor Gott gar herrlich klingt,
daß Gott die Noten minnt,
die tief im Herzen singen [...]
dann fließt ihr Herz in die selige Gottesgnade«.[33]

---

[30] FL III 13, 99,15.
[31] FL VI 4, 220,25.
[32] FL VI 20, 241,33–35.
[33] FL VII 36, 306,33–37.

Es sind aber auch ständig Gegenkräfte am Werk, die das menschliche Herz von seiner Bestimmung ablenken und in rein endliche Ziele verstricken und herniederziehen können. Teuflische Einflüsterungen unter dem verführerischen Deckmantel restloser Preisgabe als Zeichen der Heiligkeit, wo es aber um die Bewahrung der Grenze und Keuschheit geht, können ein leidgestähltes und infolgedessen mit Urteilsvermögen ausgestattetes Herz nicht irritieren. In einem Teufelsgespräch antwortet Mechthild auf dessen Einredungen:

>*Soll ich allen Menschen das Geheimnis meines Herzens sagen,*
würde es mir wohl eine kurze Weile behagen.
Dann aber wärest du mit Fleiß danach bestrebt,
daß sich das ganze Spiel zerschlägt.
Du beharrtest deswegen auf diesem Ziele,
damit ich in Verzweiflung und Traurigkeit fiele
und in Unglauben und in Unkeuschheit
und danach in ewiges Herzeleid.
Auch darum verstelltest du dich,
daß ich wähne, ich sei ganz heilig«.[34]

Aus der gleichen Herzenssicherheit urteilt sie:

>*In aller Empfindung meines Herzens,*
in aller Erkenntnis meiner Sinne
und bei allem Adel meiner Seele,
es ist teuflisch, daß man sündigt«.[35]

Denn aus Luzifer fließt »ohne Unterlaß aus seinem feurigen Herzen [...] alle Sünde und Schande«.[36] Desgleichen sieht sie das Leid »aus Luzifers Herzen geboren«.[37] Und der tiefste Grund der Hölle, die Falschheit »ist gezeugt in Luzifers

---

[34] FL IV 2, 122,9–16.
[35] FL V 16, 177,22–26.
[36] FL III 23, 108,8ff.
[37] FL IV 12, 139,11–13.

Herz«.[38] Gegen all diese zerstörerischen Mächte kämpft sie an, wenngleich ihr großes Anliegen der Friede des Herzens ist, aber nicht um jeden Preis. Der »[...] allerheiligste Friede des Herzens [...] kommt daher, daß der Mensch wahrhaftig ist in allem Tun«.[39] Die Wahrheitsfrage steht vor jedem falschen Frieden. Da Mechthild keinen Stolz der Begnadung kennt und sich selbst immer wieder zurücknimmt, bekennt sie trotz all ihrer Mitteilungen über ihre inneren Gotteserfahrungen:

»Alles, was ich über die Liebe verkünde,
darf ich mir leider nicht selber zusprechen.
Vielmehr will Gott damit jene finden,
die er in seinem Herzen auserwählt hat«.[40]

Wenn Mechthild hier von auserwählten Herzen spricht als Parallele oder Anleihe an die auserwählten »edelen herzen« der höfischen Dichtung, die in besonderer Weise als Kultur des Herzens die hohe Minne pflegen, dann verdankt sich der hierfür beanspruchte Adel der Seele bei Mechthild göttlichem Ursprung. Dieser wird unter Ausschluß aller Kräfte in der Tiefe des Herzens wahrgenommen, worüber sie nur wieder mit Zurückhaltung redet: »Göttliche Süße wird in der Einöde eines Herzens verkostet«.[41]

II. Mechthild von Hackeborn

Einen ganz anderen Charakter hat das Buch Mechthilds von Hackeborn (1241–1299), eine jüngere Mitschwester der Magdeburgerin in Helfta. Als Mechthild von Magdeburg etwa um 1270 in Helfta Aufnahme fand, hatte sie bereits sechs Bücher des Fließenden Lichts vollendet und fügte in Helfta das siebte hinzu. Bis zu diesem Zeitpunkt hatte Mechthild von

---

[38] FL II 26, 73,4.
[39] FL V 22, 181,15f.
[40] FL IV 19, 148,9–12.
[41] FL VI 2, 218,18f.

Hackeborn noch nichts geschrieben. Ihre früh beginnenden inneren Erfahrungen verschwieg sie bis zu ihrem 50. Lebensjahr, als ein immerwährendes Siechtum sie für den Rest ihres Lebens ans Bett fesselte. Während dieser letzten sieben Jahre begann sie von ihren Erfahrungen zu erzählen. Auf Weisung der neuen Äbtissin, Sophie von Querfurt, zeichneten Gertrud die Große und eine oder mehrere ihrer befreundeten Mitschwestern diese Berichte ab 1293 auf, ohne daß Mechthild von Hackeborn zunächst davon wußte. Nachträglich bestätigte sie die Richtigkeit des Inhalts. Die endgültige Fassung des so entstandenen »Liber Specialis Gratiae« (Buch der besonderen Gnade) muß bezüglich des redaktionellen Aspektes mehr oder weniger als Werk Gertruds der Großen betrachtet werden. Das Vorwort berichtet, daß sie »nicht allein mit geistlichen und inneren Gnaden reichlich beschenkt war, sondern auch mit natürlichen und äußeren Gaben, wie mit Kunsttalent, mit Verständnis der Schriften und einer wohlklingenden Stimme – sie war Vorsängerin im Konvent –, so daß man im Kloster meinte, Gott habe an ihr keine seiner Gaben vergessen«. Ferner: »Jeder, der sich an sie wandte, ging getröstet von ihr«, so daß sie bald ohne jeden förmlichen Kanonisationsprozeß wie eine Heilige verehrt wurde. Da Mechthild von Hackeborn ab dem siebten Lebensjahre die Klosterschule von Helfta besuchte und später dort als Nonne eintrat, erhielt sie eine geregelte Ausbildung in den Fächern des Quadrivium und Trivium, konnte also gut Latein und Schriften der Kirchenväter lesen. Die ihr leicht zufließenden Bilder dienen einer symbolischen Veranschaulichung ihres Menschenbildes. Wenngleich die allegorischen Ausmalungen auf den heutigen Leser teilweise fremd bis abstrus wirken, enthüllen sie unter Abzug des historisch Bedingten eine klare zielgerichtete Persönlichkeit von Tiefe und Weitblick, die weiß, daß es ein von den Herzkräften gespeistes geistiges Leben gibt, das mehr trägt und weiter führt als ein Leben bloß nach der reinen Vernunft.

Im Gegensatz zu Mechthild von Magdeburg, die bis ca. zu ihrem 20. Lebensjahr in ihrer hochadligen Familie lebte und eine höfische Bildung erfahren hat, ist die Darstellungsart

Mechthilds von Hackeborn fast vorwiegend an Texten der Liturgie, an Schrift und Väterlektüre gebildet. Ihre Visionen geschehen fast ausschließlich während liturgischer Tagzeiten, während des Chorgebetes oder während der Meßfeier mit auslösenden Schriftzitaten oder initiierenden Handlungen wie dem Empfang der Eucharistie. Ähnlich wie Mechthild von Magdeburg versteht sie ihr Sprechen als göttlichen Auftrag, dessen Legitimation verschiedentlich erklärt wird. Den inspiratorischen Charakter ihrer Wahrheit von Gott dem Dreifaltigen veranschaulicht eine Vision:

>*Aus dem Herzen Gottes fließen drei Strahlen*
in die Herzen der beiden Schreiberinnen«.[42]

Die trinitarische Einbettung ihres Buches wird durch den christologischen Akzent ergänzt, wenn Christus ihr sagt: »Alles, was in diesem Buche steht, strömt aus meinem göttlichen Herzen und wird in dasselbe zurückfließen. Fürchte dich nicht, ich selbst habe alles gemacht«.[43] Mit einer solchen Abstützung erhält ihre Schrift zum Schluß den Titel »Lumen Ecclesiae« (Licht für die Kirche): Es überschreitet auf diese Weise den Bereich des persönlichen Verhältnisses der Seele zu Gott und erhält Sendungscharakter.

Dennoch sind es zunächst die persönlichen Einsprechungen und Erfahrungen, die vermittelt werden. Die fast naturhafte Gottverbundenheit, wie sie auch Mechthild von Magdeburg in der ihr urtümlichen poetischen Bildmächtigkeit vertritt, erklärt die Hackebornerin in Anlehnung an Augustinus, wenn der Herr zu ihr spricht: »Daß ich tiefer in dir unten (im Herzen) liege als dein Innerstes in dir selbst«.[44] Die eingepflanzte Ebenbildlichkeit »im hohen weiten Hause des göttlichen Herzens«[45] erzeugt zugleich die unendliche Spannung zwischen »irdisch« und »himmlisch« des für Gott auf-

---

[42] Liber specialis gratiae V 22.
[43] Liber specialis gratiae II 43 u. V 31.
[44] *Augustinus*, Confessiones II 3, 6,11.
[45] Liber specialis gratiae III 26.

nahmefähigen Herzens. Bei aller Ursprungsnähe, erklärt ihr der Herr, »ist dennoch mein göttliches Herz so unendlich erhaben und hoch über deiner Seele, daß ich von dir nicht berührt werden kann. Dies bedeutet die Höhe und Weite des Hauses«.[46] Dieses Bild beleuchtet die Paradoxie von Gottesnähe und Gottesferne. Aus dieser Spannung von »schon« und »noch nicht« entsteht die dauernde Sehnsucht und das sich ausstreckende Verlangen. Aus menschlicher Schwäche erlahmt es mitunter, obwohl es des Menschen Herz ist, nach dem sich der Herr so sehnt:

> »Kein Ding erfreut mich so hoch als das Herz des Menschen, das ich doch so selten zu Dienst gewinne. An allen Gütern bin ich überreich, ausgenommen am Herzen des Menschen, das mir so oft entgleitet«.[47]

Auffallend ist die das ganze Buch durchziehende Herzsymbolik, die sich aus der zentralen Stellung der Liebe Gottes erklärt. Mechthild entwirft mit ihr eine Anthropologie, nach welcher der Seinsgrund des Menschen in Gott verwurzelt ist. Das Herz Gottes symbolisiert einen Urgrund, aus dem die emotionalen und geistigen Kräfte gespeist und geformt werden und ihr Recht und ihre Berechtigung haben, wie dies vor allem Gregor der Große in seinen Schriften lehrte. Von daher versteht sich bei Mechthild das betonte Hineinnehmen aller Sinneskräfte, von daher die ausgeprägte Liebe und Verehrung des göttlichen Herzens Jesu. Sie ist nicht Ausdruck sentimentaler Frömmigkeit, sondern Wesensaussage über die Liebe und Freundschaft zwischen Gott und Mensch. Das Herz Christi ist nicht allein der Ort innerer Erfahrung und Ausdruck der Brautmystik, sondern Sinnbild der Liebe von Ursprung und Rettung des Menschen und des ganzen Universums. Es hat kosmische Bedeutung. Die Rettung erscheint so stark, daß Mechthild von Hackeborn die Todesstunde in einen

---

[46] Liber specialis gratiae I 19.
[47] Liber specialis gratiae IV 54. Vgl. *Sabine Spitzlei*, Erfahrungsraum Herz (MyGG I/9). Stuttgart 1991, 154.

Liebesaugenblick verwandelt, wie es im Dialog zwischen ihr und dem Herrn deutlich wird:

»Warum fürchten die Menschen zu sterben?
Auch ich erschrecke davor.
Die Furcht kommt vom Leib, die Bitterkeit des Todes zu erleiden. Aber warum fürchtest du dich? Wenn du mein Herz zur immerwährenden Vereinigung empfängst, zur ewigen Wohnung? Und die Süße göttlicher Liebe wird in dir fließen, so daß alle Leiden und Bitternisse des Todes dir aus Liebe süß werden«.[48]

In einer Schau fragt Mechthild von Hackeborn die Gottesmutter Maria: »Was ist der Mund der Seele?« Die Antwort lautet: »Der Mund der Seele ist ein für Gott offenes Herz, das in dem Maße seines Verlangens von Gottes Liebe erfüllt wird«.[49] In dem letzten Satz hört man die Worte Richards von St. Viktor, der über die Möglichkeit der Gottesschau sagt: »In dem Maße des Verlangens verleiht Gott Offenbarung oder Gottesschau«. Die Kraft des Willens, zu der das Verlangen gehört und die ihren Sitz im Herzen hat, führt weiter als die bloße Intellektualität. Eine besondere Stärke des Herzens, die Geduld im Leiden, zieht Mechthild von Hackeborn aus der umwandelnden Kraft Christi, der ihr sagt: »Alle deine Schmerzen will ich in mich ziehen und durch meine Leiden heiligen«. Aber realistisch stellt sie fest: »Niemand kann das Leiden unseres Herrn lieben ohne die eingegossene Gnade Gottes«.[50] Über aller Askese und Eigenleistung steht die Wirkung der Gnade. Die Erfahrung des eigenen Leidens lehrte Mechthild von Hackeborn die unübersteigbare physische Grenze des Menschen, das dauernde Zurückbleiben und damit seine Schwäche, so daß der Mensch für seine Rechtfertigung ganz der Gnade ausgeliefert ist. Sie erhebt damit das Leiden in die Ordnung der Gnade, wie vor ihr Mechthild von Mag-

---

[48] Liber specialis gratiae I 20.
[49] Liber specialis gratiae I 16.
[50] Liber specialis gratiae II 31.

deburg und nach ihr die hl. Gertrud. So wird hier jede übertriebene Leidensmystik, wie sie das 14. Jahrhundert einführt und nachher viele andere zelebrieren, vermieden, sondern eine gesunde Einstellung zu den Forderungen der Gottesliebe ohne Exaltationen vorgegeben. Die Mystikerinnen von Helfta bezeugen aus ihren Erfahrungen, daß die Gnade als Zeugnis der Liebe kostbarer ist als eigenmächtige Selbstverwirklichung. Sie wissen, daß neben einem starken Herzen auch mit der Schwäche des Herzens zu rechnen ist. In einer Vision, in der sich der Herr an sie wendet, erkennt Mechthild den Vorrang der Gnade:

>*Wenn dir die Wahl gegeben würde, entweder daß du alle Güter, welche ich dir verliehen habe, durch dich selbst mit Werken und Tugenden erworben hättest, oder daß ich sie dir alle umsonst gegeben hätte, was würdest du wählen?*
Die Seele antwortete: Mein Herr, die geringste Gnade, die mir von dir umsonst verliehen wurde, schätze ich höher und nehme sie lieber an, als wenn ich die Verdienste aller Heiligen mit den größten Tugenden und Arbeiten verdienen könnte«.[51]

III. Schlußbemerkung

Was können diese zwei mystisch begnadeten Frauen mit ihren Schriften vor ca. 700 Jahren uns heute noch sagen? Trotz aller historischen Einkleidung vermitteln sie uns eine hohe Kultur des Herzens. Eine deutsche Zeitung schrieb am 15. II. 1997: »Wir brauchen notwendigerweise neue Eliten des Herzens«. Wobei festgehalten wurde: »Erstklassige Leistungen sind nun einmal nicht ein ausreichendes Kriterium für Eliten«. Dazu gehört etwas mehr. Aber was ist es dann? Mit bestmöglicher Qualifikation Einsatz für den Menschen, Verantwortung für das Allgemeinwohl zu übernehmen im Sinne des Dienens und nicht einem selbstzerstörerischen Hedonismus frönen, der

---

[51] Liber specialis gratiae IV 15.

früher schon den Untergang ganzer Weltreiche verursachte. Diesem wie dem rücksichtslosen Streben nach Geld, Ämtern und Ruhm muß der Kampf angesagt werden, um den Fortschritt für alle, vor allem den geistigen Fortschritt zu stimulieren. Denn wo der Respekt und die Achtung vor der absoluten Einzigartigkeit des Einzelnen als Gottes Ebenbild verlorengeht, vor Geborenen wie Ungeborenen, vor Gesunden und Kranken, gibt es keinen hinreichenden Grund mehr, für andere Verantwortung zu übernehmen, das heißt, anderen zu dienen. Wo diese Fähigkeit wegen des Achtungsverlustes des Individuums ausfällt, öffnet sich der Abgrund des Totalitarismus. Nur eine Kultur des Herzens mit dem Urteilsvermögen des richtigen Maßes und der Grenze kann dieser zerstörerischen Tendenz entgegenwirken.

früher sehen den Untergang naher. Wie alle... schützen.
Diesen, wie dem nicht sichtbaren Sterben nach Geld, Arbeit,
in Reichtum muß der Kampf angesagt werden, um den Fort-
schritt in allen vor allem den geistigen Geschäft zu sichern.
Da- Drill wie der Kampf und die Achtung vor der göttlichen
Ehrauffassung des Einzelnen als Groß-... Prinzip... werden
muß, vor Geborenen, wie Ungeborenen, vor Gesunden und
Kranken... gebunden... Individualisten... Ordnung, muß die außer-
ste Grenzordnung zu überwachen, das heißt, jeder vor dienen, Was diese Pflichten wegen des Arbeitsverhältnis, ja
Individuums... gestalte richtet sich der Abbruch des... Rechte.
Freud. Nur eine Lehre des Wesens, nämlich des Urteils wie
sei, das richtige Maßen und der Grenze kann das entstehen
mußten Tendenz entgegenwirken

III.

Die Frauen von Helfta.
Die Wirkung ihrer geistlichen Autorität

Die Rezeption Gertruds von Helfta im Bereich süddeutscher Frauenklöster

Siegfried Ringler

I.

Der Arbeitstitel meines Vortrags hieß »Die Rezeption der Helftaer Mystik in den Schwesternbüchern«. Und das erste und wohl nicht unwichtigste Ergebnis meiner Untersuchungen ist, daß der Arbeitstitel nicht beibehalten werden kann.

Ich ging von der handschriftlichen Überlieferung des »Legatus divinae pietatis« Gertruds von Helfta aus.[1] Der Befund[2] ist zwar nicht beweiskräftig – weil vieles verlorengegangen ist –, aber doch zumindest auffallend: Die Überlieferung ist ausgesprochen dürftig. In Helfta und Umgebung ist überhaupt nichts erhalten, und aus dem ganzen 14. Jahrhundert liegt kein einziges Textzeugnis vor. Die ersten datierbaren Texte stammen aus der Mitte des 15. Jahrhunderts und sind bweitab von Helfta geschrieben. So stellt sich die Frage, auch wenn sie nicht endgültig zu beantworten ist: War es wirklich erst die Reformation, die in Mitteldeutschland die Überlieferung mystischer Literatur vernichtete? Wie wurde bis dahin in Helfta die mystische Tradition gepflegt?

Traditionspflege ist gewissermaßen schon die Originalfassung des »Legatus«. Bekanntlich ist nur das zweite Buch

---

[1] Die zugrundeliegenden Textausgaben sind: *Gertrud von Helfta*, Œuvres Spirituelles. Bd. II–V: Le Héraut. Hrsg. v. *Pierre Doyère* u.a. Paris 1968–1986 (Sources Chrétiennes 139; 143; 255; 331. Im folgenden: SC); *Gertrud von Helfta*, Ein botte der götlichen miltekeit. Hrsg. v. *Otmar Wieland*. Ottobeuren 1973 (Im folgenden: W); *Gertrud d. Gr. von Helfta*, Gesandter der göttlichen Liebe. Übers. v. *Johanna Lanczkowski*. Heidelberg 1989 (Im folgenden: L). Methodisch grundlegend soll sein, zuerst nicht nach der Aussage der Texte, sondern nach der handschriftlichen Überlieferung und nach der Strukturierung dieser Werke zu fragen.

[2] SC II,99 mit 58–77.

von Gertrud selbst geschrieben. Die anderen Bücher sind Offenbarungen aus zweiter und dritter Hand: Niederschriften von Gertruds Berichten oder von Berichten über Gertrud. In ihnen sind zwar die mystischen Erfahrungen Gertruds noch greifbar, zum Teil sogar fast unmittelbar, insgesamt aber hat sich doch die Grundtendenz verändert: Es geht nicht mehr so sehr darum, das, was die Seele in der Gottbegegnung erfahren hat, spürbar zu machen und dadurch zum hymnischen Aufschwung des Gotteslobs mitzureißen, sondern es geht immer mehr darum, liturgische Geschehnisse zu deuten und Fragen der religiösen Lebensgestaltung zu beantworten. Die aus der Mystik vertrauten Sprachformen sollten nicht darüber hinwegtäuschen: Es geht hier sehr oft um Theologie und seelsorgerische Belehrung.

»Die wonnevolle Stunde war gekommen, die jener himmlische Bräutigam [...] vorgesehen hatte, seine Geliebte [...] zu sich in das Brautgemach der Liebe aufzunehmen. [...] (Er spricht zu ihr:) Durch den Kuß von einwirkender Süße erwerbe ich dich für mich, und in der innigsten Umarmung meines göttlichen Herzens werde ich dich Gott dem Herrn, meinem himmlischen Vater, vorstellen. [...] (Und dann wurde sie) in das allersüßeste Herz Jesu aufgenommen.« (SC V,1, S. 42–44). Das ist die Sprache, in der mystisches Erleben geschildert wird: Kuß, Umarmung, Unio. Tatsächlich wird hier jedoch kein mystisches Erleben geschildert, sondern die Aufnahme der Äbtissin Gertrud von Hackeborn in den Himmel; diese galt zwar als eine sehr fromme Frau, aber doch nicht als Mystikerin.

Was ist hier geschehen? Mit Hilfe von Bildvorstellungen, wie sie der Brautmystik genuin sind, wird hier eine theologische Aussage ins Bild gesetzt: Selig Verstorbene werden nach ihrem irdischen Tod in das göttliche Leben hineingenommen. Solche Theologie wird dann mit seelsorgerischer Belehrung verbunden, wenn etwa in den folgenden Kapiteln beim Tod anderer Nonnen des Klosters davon berichtet wird, was in der Seele einer Sterbenden noch gereinigt werden mußte, bevor sie aus dem Körper schied. Man muß sich wirklich fragen, ob hier – und an vielen anderen Stellen ähnlich belehrender Tendenz – noch von Mystik zu sprechen ist. Wieviel haben diejenigen, die Gertruds Aussagen in Schriftform brachten und veröffentlichten, von Mystik verstanden? Ging es nicht schon bei dieser ersten Rezeption um ganz anderes: nicht um die Hinführung zur personalen Gottbegegnung, sondern um die Erbauung einer klösterlichen Gemeinschaft im Sinne einer vertieften persönlichen Religiosität?

Deshalb ist sogar zu fragen, ob man überhaupt von einer »Helftaer Mystik« sprechen sollte. Außer Gertrud von Helfta, Mechthild von Hackeborn und Schwester »N«[3] treten im Kloster keine anderen mystisch begabten Personen hervor; Mechthild von Magdeburg kam von außen. Man muß nicht gleich an Schilderungen denken, wie wir sie aus Engelthal kennen, wo in einer besonderen Gnadenzeit die gesamte Klostergemeinschaft in Verzückung geriet; aber z. B. in Klöstern der Schweiz lebten etwa zur gleichen Zeit zahlreiche Nonnen, die besondere Gnadenerlebnisse hatten und davon sprachen, und im Diskurs mit ihnen entwickelten dann später Meister Eckhart, Tauler und Seuse ihre Mystik. Nichts davon in Helfta.

Wir sehen dann auch schon nach der ersten Generation der Rezipienten keine sorgsame Pflege und Verbreitung der mystischen Werke durch Helfta.[4] Wenn etwa 200 Jahre später Frau Zedena, Herzogin von Meißen, die Werke Gertruds von Helfta und Mechthilds von Hackeborn drucken läßt[5], so ist das kein Beweis für eine lebendige Überlieferung. Die Drucklegung könnte vielmehr der gleichen Verquickung von religiösem Empfinden und dynastischem Interesse entstammen, aus der heraus zur gleichen Zeit Friedrich der Weise sei-

---

[3]   *Kurt Ruh*, Geschichte der abendländischen Mystik. Bd. II: Frauenmystik und Franziskanische Mystik der Frühzeit. München 1993, 296–337, bes. 296 u. 316–318.

[4]   Zwar hat dies zuvorderst äußere Gründe – die Zerstörung des Klosters im Jahre 1343 –, aber wenn etwas so rasch und gründlich zerstört werden konnte, weist dies über das konkrete Faktum hinaus.

[5]   Vgl. W S. 9. Vgl. auch *Mechthild von Hackeborn*, Liber Specialis Gratiae. Ed. Solesmensium OSB monachorum cura et opera. Paris 1877, XI.

ne Reliquiensammlungen anhäufte, nur mit dem – allerdings nicht unerheblichen – Unterschied, daß bei Zedena sich durchaus ein geistiges Interesse zeigte, während Friedrichs kapitalistisch-kommerzielle Interessen in der Verwertung seiner Reliquien allbekannt sind. So bleiben aber letztlich, wenn man von »Helftaer Mystik« spricht, gerade drei Nonnen und ein Zeitraum von 20 Jahren, in dem sie Gnaden erfahren und darüber schreiben oder schreiben lassen. Hier läßt sich höchstens noch von »Mystik in Helfta« sprechen; der Name des Klosters wird allerdings auch weiterhin zu nennen sein, denn ohne die spezifische Situation, wie sie durch die Äbtissin Gertrud von Hackeborn geschaffen war, wäre die Mystik ihrer Nonnen nicht denkbar.

Der zweite Teil meines Arbeitstitels »Die Rezeption der Helftaer Mystik in den Schwesternbüchern« führt noch mehr ins Abseits. Man kann es kurz machen: Eine solche Rezeption ist nicht nachweisbar. Das liegt nicht nur an der schlechten Überlieferungslage. Zum ersten machen schon chronologische Fakten eine Rezeption wenig wahrscheinlich: Wie sollten die süddeutschen Dominikanerinnen, die zum Teil zur gleichen Zeit wie die Helftaer Visionärinnen lebten, so rasch von ihnen erfahren? Die etwas später vorgenommene Redaktion der Schwesternbücher dürfte inhaltlich nicht mehr auf neue Einflüsse reagiert haben, und in der formalen Gestaltung, in der ein Einfluß von außen am ehesten noch möglich gewesen wäre, folgte man sowieso den Gesetzen einer eigenen, von den Helftaer Werken gänzlich abweichenden Gattung. Und auch in soziologischer und ökonomischer Hinsicht sowie in Hinblick auf den kulturellen Hintergrund unterschied sich Helfta so sehr von den Klöstern der Bettelorden, daß auch ein direkter geistiger Austausch gänzlich unwahrscheinlich ist: Hier stehen die Helftaer Nonnen einer Hildegard von Bingen näher als den gleichzeitig lebenden Dominikanerinnen. Wenn im Spätwerk der Christine Ebner – also um 1340 – und bei Adelheid Langmann Bezüge zu Helfta erkennbar werden, dann ist das unbedingt ein Sonderfall und mit dem Wirken Heinrichs von Nördlingen zu erklären. Eine Rezeption dürfte auch prinzipiell kaum nachweisbar sein. Nimmt man etwa eine der auffälligsten Motiv-Parallelen, nämlich die Verehrung des Johannes Evangelista: Dieses Motiv hat, wie so viele andere Motive, eine Tradition, die weit in frühchristliche Zeiten zurückreicht, und so ist eine je eigenständige Aufnahme des Motivs in Helfta und am Oberrhein nicht nur denkbar, sondern nahezu mit Sicherheit anzunehmen.

Wir sind heute geneigt, unter dem Begriff »Frauenmystik« Textzeugnisse unterschiedlichster Herkunft nebeneinanderzustellen. Was damals örtlich und zeitlich doch sehr weit auseinanderliegen konnte, rückt, aus der Entfernung von über 600 Jahren gesehen, zumal mit den Augen des Philologen oder Theologen, sehr nahe zusammen. So haben wir dann das Bild einer eindrucksvollen Frauenbewegung vor uns, die neue Formen der Religiosität und auch des Menschseins – und speziell des Frau-Seins – herauführte. Eine genaue historische Analyse macht skeptisch. Die religiös erregten Massen der Armutsbewegung, wie sie uns H. Grundmann[6] beschrieben hat, sind doch vor allem eine Erscheinung der ersten Hälfte des 13. Jahrhunderts; damals entstanden die Konvente und Klöster, die kaum mehr die Menge der Eintretenden fassen konnten. Eine Christine Ebner oder eine Adelheid Langmann: sie traten um und nach 1300 längst nicht mehr mit den Motiven der Armutsbewegung ins Kloster ein, von den Helftaer Nonnen in der zweiten Hälfte des 13. Jahrhunderts ganz zu schweigen. Als Mechthild von Magdeburg nach Helfta kam, da kam nicht Gleiches zu Gleichem, sondern da standen sich Welten gegenüber, wenn auch ein Zusammenprall durch eine kluge und tolerante Klosterführung vermieden werden konnte. Zwar gab es dann auch um 1300 noch religiös bewegte »Massen« (zumindest relativ gesehen), aber hier handelte es sich doch schon nicht mehr um die geistig führenden Vertreter der Gesellschaft, sondern oft eher um gesellschaftliche Außenseiter. Die Nonnen von Helfta sowieso, aber auch die inzwischen ordinierten Dominikanerinnen standen ihnen fern; wenn Christine Ebner dann, wieder ein halbes Jahrhundert

---

[6] *Herbert Grundmann*, Religiöse Bewegungen im Mittelalter. Berlin 1935.

später, zu den Geißlern spricht, ist sie Autorität und nicht eine der ihren.

So war dann auch die Breitenwirkung dieser Mystikerinnen gering; ihre Klöster standen unter Protektion des Adels oder des städtischen Patriziats, und sie betreuten mit ihrer Seelsorge das umliegende, großteils bäuerliche Gebiet; darüber hinaus reichten höchstens Verbindungen innerhalb ihres Ordens, die speziell bei Helfta nicht einmal institutionell vorgegeben waren.

Die geringe Überlieferung unserer Texte der Frauenmystik findet hier eine einleuchtende (allerdings nicht die einzige) Erklärung: Es fehlte in Deutschland schlichtweg eine breite Schicht von Rezipienten, selbst innerhalb der Orden. Und sogar innerhalb der vom mystischen Geist erfaßten Klöster überdauerte die Rezeption kaum die erste Generation der Rezipienten; danach verstaubten die Bücher in den Bibliotheken und waren erst 100 Jahre später wieder gefragt, nun aber von außen her, und zwar nicht mehr von mystisch Ergriffenen, sondern von Kirchenreformern. Dagegen ließe sich einwenden, daß sich doch in durchaus vielen Handschriften Texte Gertruds und Mechthilds finden; doch das sind bezeichnenderweise fast nur Exzerpte mit erbaulichen Inhalten; gefragt waren nicht ihre mystischen Werke als solche, und somit finden wir in der Art der Überlieferung unsere These nicht widerlegt, sondern bestätigt. Die Breitenwirkung Gertruds setzte erst im 16. Jahrhundert ein. Wenn sie als Mystikerin heute bekannt ist und sogar zur Ehre der Altäre gelangte, dann verdankt sie das nicht ihren Nachfahren in ihrem Kloster, sondern den großen Seelsorgern der Gegenreformation, besser: der katholischen Erneuerung des 16. Jahrhunderts, und dann vor allem den Spaniern und Franzosen des 16. und 17. Jahrhunderts.

Die Möglichkeit einer anderen Entwicklung, nämlich daß schon im 14. Jahrhundert breite Schichten, in den Städten angesiedelt, sich der neuen Art der Religiosität zuwenden, ist nicht nur denkbar, sondern wurde auch versucht. Einerseits von Frauenseelsorgern: Ich nenne hier nur Heinrich von Nördlingen. Das Bemühen dieses Weltpriesters, ausgerichtet

auf ein städtisches Publikum, ist ebenso kennzeichnend wie
sein Scheitern. Andererseits von Frauen selbst: In Kürze wird
die Vita der Gertrud von Offenburg gedruckt vorliegen –
hrsg. von Hans Derkits –, die schildert, wie zu Beginn des 14.
Jahrhunderts eine adelige Witwe in die Stadt zieht, sich ihre
Seelsorger unter den Bettelorden sucht, sich als Begine der
Armutsbewegung anschließt und mystische Erfahrungen
macht; zeitweise zieht sie nach Straßburg, um dort Meister
Eckhart zu hören. Armutsbewegung, Unabhängigkeitsstreben
von Frauen, Leben in der Stadt, Seelsorge durch die Bettelorden und Mystik verbinden sich hier zu einer Konstellation,
wie sie in Deutschland selten, in den Niederlanden aber ty-
pisch ist und die dortige Breitenwirkung von »Mystik« erklären kann, der ja auch ein Großteil der deutschsprachigen
Überlieferung Mechthilds von Hackeborn zu verdanken ist.
Eine ähnliche Konstellation ist dann im 14. Jahrhundert auch
in Italien, z. B. bei Katharina von Siena, zu beobachten. In
Deutschland sollte dann Elsbeth Achler in diesem Sinne zur
Wirkung kommen; allerdings war sie nicht die selbständig
handelnde Frau, sondern wurde eher von ihrem Seelenführer
geradezu »aufgebaut«; immerhin ist sie unter den deutschen
Mystikerinnen des 13.–15. Jahrhunderts die einzige, die zur
Volksheiligen wurde.[7] Während zur Feier der »Guten Beth«
im letzten Jahrhundert Zehntausende von Gläubigen zusam-
menströmten, war Mechthild von Magdeburg nur einigen
Spezialisten bekannt. Offensichtlich hatten im Deutschland
des 14. und 15. Jahrhunderts die Voraussetzungen gefehlt, um
die von Frauen entwickelten Formen der Religiosität zur
Breitenwirkung kommen zu lassen. Und wenn der Philologe
oder Theologe die Werke der deutschen Frauenmystik als
höchst bedeutsame Zeugnisse ihrer Zeit schätzt, so erscheinen
sie dem kritischen Historiker fast als eine unbedeutende Rand-

---

[7] Vgl. *Siegfried Ringler*, Kügelin Konrad. In: *Kurt Ruh* (Hrsg.), Die deutsche Literatur des Mittelalters –Verfasserlexikon. Bd. 5. Berlin u.a.
1985, 426–429; *Werner Williams-Krapp*, Frauenmystik und Ordensre-
form im 15. Jahrhundert. In: *Joachim Heinzle* (Hrsg.), Literarische Inter-
essenbildung im Mittelalter. Stuttgart u.a. 1993, 301–313, hier 308–310.

erscheinung – man vergleiche etwa die Breitenwirkung des Passionals.

So das Ergebnis meiner ersten Versuche mit meinem Thema: Es läßt sich kaum von einer Helftaer Mystik sprechen, höchstens von einer Mystik in Helfta, die im Werk nur dreier Personen besteht. Selbst in diesem Werk liegt schon eine Rezeption vor, die eher auf Theologie und Seelsorge zielt als auf Mystik. Eine Rezeption in den Schwesternbüchern fand wahrscheinlich gar nicht statt, und überhaupt ist zu fragen, ob Helfta und auch die dominikanischen Frauenklöster – und somit die deutsche Frauenmystik des 13. und 14. Jahrhunderts insgesamt – historisch gesehen eine zur damaligen Zeit unbedeutende Randerscheinung waren: Die Frauenmystik, eine Angelegenheit einiger elitärer Klöster ohne Breitenwirkung?

II.

Der »botte der goetlichen miltekeit«, die deutschsprachige Übersetzung von Gertruds »Legatus divinae pietatis«, kann nun zwar auch nicht eine Rezeption in den Schwesternbüchern belegen, aber er ist doch wenigstens ein Beweis für eine deutschsprachige Rezeption Gertruds, noch dazu in Handschriften, die zum Teil älter sind als die erhaltenen Abschriften des lateinischen Originals.

Ein Blick auf die Überlieferung[8] bestätigt sogleich unsere bisherigen Ergebnisse: Nur in einer einzigen und zwar späten Handschrift (Heidelberg, 1516/17, südrheinfrk.?) ist der »botte« in Zusammenhang mit mystischer Literatur im eigentlichen Sinne (Seuse, Mechthild von Hackeborn) überliefert; ansonsten steht er jeweils zusammen mit Texten, die man gemeinhin als »erbaulich« bezeichnet: Exempel (z.B. Hostienwunder), traktatartige Lehren (z.B. Johannes Chrysostomus: Über die üble Nachrede), Gebete und Betrach-

---

[8] W S. 3–52.

tungen, besonders in Bezug auf die Passion Christi, und Anleitungen zu einem guten Sterben. Zwei Handschriften allerdings, und zwar gerade zwei sehr sachkundig zusammengestellte, enthalten neben dem »botten«-Text hauptsächlich Vitenliteratur. Die heute in Brüssel aufbewahrte Handschrift aus dem Straßburger Kloster St. Nicolaus in undis bringt neben dem »botten« die Vita gerade der Katharina von Siena und, bis vor kurzem völlig unbeachtet, die vorhin erwähnte Vita der Gertrud von Offenburg (eine Gnadenvita par excellence). Die andere Handschrift, aus Inzigkofen (heute Wien, Schottenkloster), bringt Gnadenviten und Schwesternbücher aus Engelthal und Kirchberg. Gertruds Werk wird also offensichtlich von den Rezipienten nicht als »mystische« Literatur, sondern als erbauliche Lektüre im Sinne der Vitenliteratur aufgefaßt. Sehen wir hier nicht die berühmte »Verflachung« der Mystik in der Hand mittelmäßig begabter, auf kirchlich fromme Erbauung bedachter Bearbeiter?

Ich denke, nein. Zu reflektieren ist zuerst einmal die eigene Begrifflichkeit. Was ich bisher dargelegt habe, sind Ergebnisse, die mit einer Begrifflichkeit gewonnen wurden, die dem Denken des 19. und 20. Jahrhunderts entspricht. In Hinblick auf »Mystik« erscheint uns »echt« und »ursprünglich«, was von unmittelbarem Erleben und individueller Sprache zeugt, und unsere Einordnung basiert auf einem entwicklungsgeschichtlichen Denken, dem Kategorien wie »Höhepunkt« und »Verfall« zugrundeliegen. Die handschriftliche Überlieferung zeigt ebenso wie die Texte aus Helfta selbst ein ganz anderes Denken. Erbauliche Ermahnungen, traktatartige Behandlung theologischer Fragen, Gebete und Gebetsanleitungen, Betrachtungen, Vorbereitung auf die Todesstunde sowie Elemente der Vitenliteratur – das alles findet sich ja nicht nur in den Handschriften, die den »botten« überliefern, sondern schon im »Legatus« selbst! Zwar nur in den Teilen, die Gertrud nicht selbst geschrieben hat, aber doch in solchen, die sie legitimiert hat (vgl. Prolog des »Legatus«, SC II, S. 112). Der Befund der Textzeugen ist somit eindeutig: Die Verfasser des »Legatus« selbst wie auch die späteren Rezipienten kennen keinen Gegensatz von mystischem Erleben, gelehrter theologischer Reflexion und seelsorgerischer Erbauung. Sie postulieren im Gegenteil durch Inhalt, Form und Struktur ihrer Texte geradezu eine Einheit von mystischem Erleben, Theologie und Seelsorge; eine Einheit, die sich in der realen Vita des Mystikers bestätigt. Die Mitlebenden haben die Freiheit, bei der Lektüre dort anzusetzen, wo sie mit ihren geistigen und seelischen Bedürfnissen selbst sind; es wird ihnen immer zum Heile gereichen. Der Zugang zu Gertrud konnte somit durchaus unterschiedlichen Intentionen entspringen: kirchengebundenem Bemühen um das Seelenheil, theologischem Interesse oder eben auch dem Streben nach personaler Gottbegegnung. »Mystik« erscheint im Befund der handschriftlichen Überlieferung dann nicht als das Erleben einiger hochbegnadeter Einzelner, sondern als eine für viele zumindest in Ansätzen zugängliche Denkweise und religiöse Erfahrung. Hier löst sich der »Mystik«-Begriff allerdings nahezu auf, aber das ist unser Problem und nicht das Problem der religiösen Menschen des Mittelalters. »Mystik« ist ihnen nicht ein Begriff, sondern eine Form des Lebens, und dieses ist bekanntlich vielschichtig und nicht auf einen Begriff zu bringen.

Von hier aus ist dann auch nochmals über die Breitenwirkung dieser nun anders zu verstehenden »Mystik« nachzudenken. Zwar kann auch der »botte« keine literarischen Bezüge zu den Schwesternbüchern belegen – allein schon aus chronologischen Gründen –, aber auch hier bietet die Überlieferung einen auffallenden und zugleich eindeutigen Befund: Sie findet nahezu ausschließlich in demjenigen klösterlichen Bereich statt, in dem auch die Schwesternbücher entstanden und überliefert worden sind, mit Ausnahme der Schweizer Klöster, die ja auch in ihrer Mystik deutlich andere Akzentsetzungen kennen. Alle feststellbaren Schreiborte sind, mit einer einzigen Ausnahme, Frauenklöster, und bei den nicht lokalisierbaren Handschriften ist eine solche Zuordnung naheliegend, zum Teil geradezu zwingend. Die einzige Ausnahme ist das Karthäuserkloster Buxheim, aus dem nun gerade auch eine der wenigen erhaltenen lateinischen »Legatus«-Handschriften stammt. So wird der Raum, in dem diese Mystik rezipiert wurde, klar erkennbar: Es sind die süddeutschen Frauenklöster von der Gegend um Nürnberg und Eichstätt hin über Schwaben bis zum Oberrhein, die die Gertrud-Überlieferung im 14. und 15. Jahrhundert weiterführen, wo sie dann auch auf Männerklöster übergreift, wobei Karthäusern eine besonders wichtige Vermittlerrolle zukommt.

Die Streuüberlieferung, zu der gewiß noch viele Textstücke zu entdecken sind, sollte dann auch nicht so verstanden werden, als ob das ursprüngliche Werk verstümmelt wurde; vielmehr fand es zu weitflächiger und vielfältiger Verbreitung. Wir sehen dann zwar – und das ist nicht wegzudiskutieren – immer noch keinen breiten Strom der Überlieferung, aber wir sehen doch zumindest, daß der Erhalt von Gertruds Werk, in welcher Form auch immer, nicht dem Zufall zu verdanken ist, sondern einer ganz spezifischen, religiösen und literarischen frauenklösterlichen Kultur, in der auch die Mystik des 14. Jahrhunderts, also die auf Helfta folgende Mystik, entstanden ist und tradiert wurde.

Die deutschsprachige Fassung des »Legatus« mit dem Titel »ein botte der goetlichen miltekeit« übersetzt den Text Gertruds sehr genau ins Deutsche; so genau, daß man sie durchaus für eine Rekonstruktion des lateinischen Originals heranziehen kann. Und doch kann man das Werk als ganzes keine Übersetzung nennen; man muß es als Bearbeitung bezeichnen. Durch Auswahl der Kapitel und Konzentration innerhalb der Kapitel – d.h. durch Weglassung ganzer Kapitel oder innerhalb der Kapitel ganzer Abschnitte –, vor allem aber durch eine Neukomposition der ausgewählten Teile ist ein Werk durchaus eigenen Charakters entstanden. Man kann dem Bearbeiter nun durchaus sehr vieles vorwerfen, und zwar nicht nur, daß er Wichtiges ausgelassen hat, sondern sogar, daß die Intention seines Werks nicht mehr den Intentionen des Originals entspricht. Man kann ihm aber mit Gewißheit nicht vorwerfen, daß diese Änderungen aus Unverständnis heraus erfolgt sind.

Schon der einzelne Satz zeigt nicht nur eine sehr präzise Arbeit am lateinischen Text, sondern auch eine souveräne Beherrschung der deutschen Sprache. »Amor proprii cordis facit quod amici verba sunt suavia.« (SC III,18, S. 96). Die neuhochdeutsche Übersetzung gibt dies sehr prosaisch wieder: »Die Liebe in meinem Herzen bewirkt, daß die Worte meines Freundes mich erfreuen!« (L 98). Und so der »botte«: »die minne des hertzen machet das die wort des lieben fründes suesse duncken.« (W c.108,5f, S. 175). Eine solche Formulierung trifft nicht nur genauestens den Inhalt des lateinischen Satzes, sondern ist ihm auch in der Poesie der Sprache gleichwertig (lateinisch, ausgehend von »amor«, der Grundton a – o, kontrastiert von i; deutsch, ausgehend von »minne«, der Grundton i – ü, kontrastiert von a – o – u). Der Verfasser des »botten« hatte offensichtlich erfaßt, daß die Texte Gertruds nicht informative Berichte sind, sondern hochpoetische Offenbarungen, und er war fähig, dies auch in deutscher Sprache durch Rhythmus, Lautgebung und Wortwahl hörbar zu machen.

Warum läßt nun jemand, der so genau auf seine Vorlage hören kann, ganze Teile aus? Wir wissen: Wie und wo sie auch immer vorkommen, – solche Auslassungen sind höchst problematisch. Geschehen sie im »botten«, um das doch sehr ausführliche Original lesbarer zu machen, indem man es kürzt? Die Offenbarungen des Sonntags Invocavit etwa umfassen in der neuesten Edition 113 Zeilen (SC IV,17, S. 184–190); im »botten« haben wir nur 22 Zeilen vor uns (W c.79, S. 145f). Anderes hingegen wird fast vollständig übersetzt (z.B. SC III,79, S. 328–330; W c.16, S. 95). Wer auf diese Weise mit seiner Vorlage umgeht, will nicht Kürzungen vornehmen, sondern Akzente setzen. Am Sonntag Invocavit etwa soll gezeigt werden, wie Christus alles, was er auf Erden getan und erlitten hat, seinem Vater aufopfert zum Heile des sündigen Menschen; alles andere, so eindrucksvoll die folgenden allegorischen und theologisierenden Szenen auch sein mögen, wird weggelassen. Umgekehrt kann dann ein einziges Kapitel der Vorlage (SC III,30, S. 132–164) in eine Vielzahl einzelner Kapitel aufgeteilt werden, die jeweils einem bestimmten Teilthema gewidmet sind (W c.29–37, S.101–105). Hier wird erkennbar: Dem Bearbeiter geht es nicht um visionäre Szenen in all ihrer Komplexheit, sondern es geht ihm um

Themen, die er aus der Vorlage auswählt und je für sich herausstellt. Dabei wird ihm nun keiner eine hervorragende Kenntnis des gesamten Werks absprechen können. Wer mit Texten aus dem 5. Buch anfängt, dann zu c.1 des ersten Buchs kommt, über c.11 und 16 des gleichen Buchs weitergeht und daraufhin aus c. 1, 2 und 8 des zweiten Buchs ein eigenes Kapitel formt (vgl. W S. 54f), der weiß schon sehr genau, wo was steht. Und er weiß nicht nur sehr genau, was die Vorlage enthält, sondern auch, was er selbst davon bringen will.

Was er bringen will, folgt einer ganz eigenen Konzeption, die wir am klarsten in der Strukturierung des Werks sehen, welche im »Legatus« kein Vorbild hat. Während dort, im »Legatus«, das ganze erste Buch in ausführlicher Weise über die Person Gertruds und über die Beglaubigung ihres Werks spricht, formt der Autor des »botten« – wir müssen ihn hier Autor[9] und nicht mehr nur Übersetzer nennen – einen kurz gefaßten Einleitungsabschnitt, wie er sinnvoller nicht sein kann. Er beginnt (c.1) mit der Aufzählung all der gelehrten Meister, die die Wahrheit des Buchs beglaubigen können, um dann aber (in c.2) sofort auf den göttlichen Ursprung des Buchs überzugehen: Die »miltekeit« (c.2,12; 3,6.21) und »minne« Gottes (c.3,19.22.23.35) sind es, die, leitmotivisch vielfach genannt, die Worte des Buchs dem Leser fruchtbar (c.3,37) machen zum ewigen Heil, denn das Buch ist gedrückt in das göttliche Herz (c.3,4). Das 4. Kapitel faßt die Leitmotive »miltekeit, minne, hertz« zusammen, um dann den Namen des Buchs zu verkünden: »ein bot der goetlichen miltikeit« (c.4,18). Behandeln die Kapitel 1 bis 4 auf den ersten Blick also in steigernder Folge das Thema »menschliche und göttliche Beglaubigung des Buchs«, so zeigt sich nun, daß ihr eigentliches Thema Gott ist: Gott, aus dem die Bäche seiner

---

[9] Die Frage, ob der »botte« von einem männlichen Autor oder einer weiblichen Autorin stammt, soll mit dieser Formulierung nicht entschieden sein; solange nicht Gegenbeweise vorliegen, schließe ich mich der Vermutung von Gertrud Jaron Lewis (wie Anm. 11, hier 70) an, der »botte« sei wahrscheinlich von einem Kleriker abgefaßt.

Barmherzigkeit in seine Erwählten fließen (c.2,6–8), dessen Atem den Menschen erneuert (c.4,8–10) und dessen Minnepfeil die Wollust der göttlichen Süssigkeit in der Seele des Menschen erregt (c.4,11–13). Am Anfang des »botten« steht diese neue und überwältigende Erfahrung von Gott, die die Mitte, die Grundlage und das Ziel aller Erfahrungen Gertruds ist.

Auf diese Weise ließe sich das Werk folgendermaßen betrachten und strukturieren:

– c.5–12: die Nähe Gertruds zu Gott und der Beginn ihres Heilswegs. Gott nimmt sie an die Hand (c.7).

– c.13–28: das Tätigwerden des begnadeten Menschen für andere, vor allem durch Gebet, aber auch durch Vorbild und Mahnung.

– c.29–38: der Beginn der entschiedenen Nachfolge Christi. Der Mensch richtet sich ganz auf Gott, bis er zuletzt, als ein »betruebter und versmehter moensch«, ihm »allerglichest und allerheimlichest« wird (c.37).

– c.39–47: gute Werke und Gnade. Der Mensch übt sich in guten Werken, erkennt aber, daß er nicht vollkommen werden kann (c.42,4f); das göttliche Herz jedoch »volbringt und erfúllt« das, was dem Menschen nicht gelingt (c.42,24); der Teufel mit seinen Störversuchen ist demgegenüber machtlos.

– c.48–61 (in Fortführung der Themen von c.39–47): unbedingtes Vertrauen auf Gott. Alle Situationen müssen von Gott her gesehen werden (c.59,45f; zentral: c.54). Es gilt, sich ihm mit Leib und Leben zu ergeben, um seinen Willen zu vollbringen (c.61).

Wer Gertruds Werk kennt, sieht, wie hier dessen zentrale Themen angesprochen sind!

Darauf folgt nun (in c.62 und 63) der Höhepunkt des gesamten Werks (wobei c.62 allein schon durch seinen Umfang eine Sonderstellung einnimmt). Am Sonntag Gaudete kommt es, im Verlauf der Messe, zur Entrückung und zur mystischen Vereinigung mit Gott. Das folgende Kapitel zeigt, in dem für Gertrud so wesentlichen Bild der Röhre, die Hingabe des eigenen Willens an den göttlichen Willen und die Vereinigung des Herzens mit dem göttlichen Herzen. Mag da im einzelnen manches noch zu modifizieren und vielleicht begrifflich noch genauer zu fassen sein: Unzweifelhaft liegt hier ein Werk vor, das mit großer Könnerschaft komponiert ist, und zwar mit dem Ziel, einen mystischen Weg aufzuzeigen.

Die gleiche Könnerschaft zeigt sich auch innerhalb der einzelnen Themenkomplexe. Wie der mystische Weg am Sonntag Purificacio (c.7) beginnt und an Gaudete (c.62) gipfelt, so haben auch die einzelnen Abschnitte dieses Wegs ihren deutlichen Anfangs- und Endpunkt und ihre zentralen Bilder. Der Abschnitt über die Nachfolge etwa (c.29–38) beginnt mit dem Bibelzitat »Wer mir nachfolgen will, verleugne sich selbst« und endet »du bist ein Leben meiner Seele, sollte ich dich denn lassen und meine Begierde zu einem anderen richten?«; zentriert ist er um die Bilder vom Kreuz, das den Weg durch die Dornen öffnet, und vom Himmelsgarten, der da ist voller Blumen. Zuvor beginnen zehn aufeinander folgende Kapitel (c.14–23) jeweils mit der Aussage »sú bat« und machen so das Thema »Tätigwerden für andere durch Gebet« unmittelbar hörbar. Der Abschnitt, in dem Gertruds Heilsweg beginnt, gipfelt in einem Hymnus (c.7) und endet mit einem Dankgebet (c.11) – beides die für Gertruds Religiosität kennzeichnenden Aussageformen. Der Abschnitt über das unbedingte Vertrauen zu Gott ist zentriert um das hochpoetische Bild vom Rosengarten (c.54), in dem die Liebende es ihrem Gespons überläßt, welche Rosen er ihr zu einem Kranze bricht; die beiden Schlußkapitel fassen dann alle Themen der vorhergehenden Kapitel dieses Abschnitts zusammen.

Hat man einmal den Blick für solche Strukturen entwickelt, liest man das Werk geradezu mit Spannung, wie das jeweilige Thema von Kapitel zu Kapitel entwickelt und ausgeführt wird. Ab c.64 allerdings weicht die Reihenfolge der Kapitel immer weniger von der Vorlage ab; es wird dann auch zunehmend schwerer, die Strukturierung begrifflich zu erfassen. Gleiches kennen wir jedoch auch von Gnadenviten: Der Weg verläuft geradlinig zum Höhepunkt; ist dieser erreicht, entfaltet sich das Leben in die Breite und in die Tiefe; hier wird dann eher der Lebensraum als der Lebensweg gezeigt. (Schon viele mittelalterliche Schreiber hatten nicht mehr die Geduld, hier noch zu folgen, und ließen das Werk mit Kapitel 91 enden oder ließen viele der folgenden Kapitel weg; es gab zu wenig »Besonderes«.) All dies entspricht eigentlich genau noch unserer heutigen Lebenserfahrung. Ein heutiger Lebenslauf etwa zeigt bis zum Alter von 30 Jahren hin eine klar erkennbare Entwicklung, in deutlich unterschiedliche Phasen gegliedert; danach nur noch wenige auffallende Stationen, ohne daß das Leben jedoch ereignisloser oder gar ärmer geworden wäre. Der Schluß des Lebens wird dann allerdings, ist das Leben nicht »im Sande verlaufen«, wieder klar herausgehoben. So auch im »botten«.

Kann nun ein so hervorragend strukturiertes Werk mit folgendem Satz enden: »die entpfingen keinen nutz von dem lichnam Cristi« (c.172,23f) oder »das würcket er mit der guete des heilgen geistes« (c.171,13f) oder gar mit dem Kapitel von der seligen Rumela (c.173), wie die Edition gemäß der Handschrift B vorgibt? Das alles ist Streugut[10], von dem Schreiber der Handschrift B aus purem Unverstand dem Werk einverleibt und leider auch vom modernen Editor nicht kritisch ausgesondert. Lesen wir den »botten« mit seinem richtigen Ende – und das kann nur c.170 sein –, dann finden wir als letzten Satz des Werks: »Also umbgap er sú und durchfuor sú gentzlich, also das sú im glich wart und ein ding wart mit im, reht also sich das ysen verkert in dem fúr.« (c.170,95–97). Der »botte« endet so mit einer Unio, wie sie gültiger in Sprache nicht mehr auszudrücken ist. Sein letztes Wort ist »Feuer«.

Im »Legatus« folgen auf dieses c.32 des fünften Buchs noch mehrere Kapitel, die das Buch Gertruds den Lesern empfehlen und mit einem Gebet enden. Wer hat nun mehr von Mystik, und zwar Mystik im engen Sinn, verstanden: die Mitschwestern Gertruds, die so deren Werk herausgaben, oder der Verfasser des »botten«? Bei einer Edition des »Gesandten der göttlichen Liebe«, die nicht nur wissenschaftlichen Zwecken dient, sondern auch Gertruds Wort wirken lassen will, und das hatte schon die Erstredaktion in

---

[10] Vgl. Hs. D, Nr. 6 (W S. 8) und Druck L, Nr. 8 (W S. 10).

Helfta im Sinn, ist es bis heute umstritten, in welcher Reihenfolge die einzelnen Bücher anzuordnen sind. Der Verfasser des »botten« hat zweifellos die im mystischen Sinn überzeugendste Lösung gefunden. Und somit ist das Ergebnis meiner kritischen Analyse: Der »botte der goetlichen miltekeit«, die für süddeutsche Frauenklöster geschriebene Neufassung von Gertruds »Legatus«, ist im Hinblick auf sprachliche Form, Inhalt und Struktur ein Meisterwerk mystischer Literatur.

Allerdings, es ist nicht Gertruds Mystik, die hier zur Niederschrift gelangt. Zwar stammt – mit ganz geringen Ausnahmen – alles, was hier geschrieben ist, von Gertrud und der Redaktorin ihres Werks, und doch ist etwas sehr anderes daraus geworden. Schon Gertrud Jaron Lewis[11] hat nachgewiesen, wie gerade die für Gertruds Werk zentralen Themen »Eucharistie, Jesu Herz, Weiblichkeit des Göttlichen« im »botten« mit anderer Akzentsetzung abgehandelt werden und das Symbol, das alle drei Themen verbindet, der Pelikan, sogar ganz vermieden wird. Gänzlich fehlen zwei für Gertrud sehr wichtige Themen: ihre priesterliche Autorität und das Thema von Preis und Danksagung im hymnischen Ton. Dies ließe sich fortsetzen. Ich selbst vermisse nicht nur diesen mitreißenden hymnischen Ton, eine Sprachform, die selbst schon wesentlich Aussage ist, und zwar mehr noch als die Worte selbst. Ich vermisse ebenso die Stellen, die mich bei Gertrud besonders ansprechen: wo sie nicht mehr in hieratischen Bildern spricht, sondern realistische Szenen des Alltags zeichnet: Wie der Mehlarbeiter weiß bestäubt wird (SC III,41, S. 192); wie ein Kammerdiener den König, den er stützen soll, fallen läßt, weil er ihm pflichtgemäß Speisen bringen will (SC III,44, S. 200); wie eine Mutter ihr Kind, das mit Gleichaltrigen spielen möchte, durch Schreckfiguren dazu bringen will, in ihren Schoß zurückzufliehen (SC III,63, S. 250); wie eine

---

[11] *Gertrud Jaron Lewis*, Gertrud of Helfta´s Legatus divinae pietatis and ein botte der götlichen miltekeit. A Comparative Study of Major Themes. In: *Valerie M. Largorio* (Hrsg.), Mysticism: Medieval & Modern. Salzburg 1986, 58–71, bes. 63 u. 67.

Tochter ihrer Mutter so nahe sein will, daß sie sich auf den gleichen Stuhl setzt, und dann beide unbequemer sitzen und sie von der Mutter nicht angeschaut werden kann (SC III,71, S. 288–290). Für all diese Kabinettstückchen mit ihrem manchmal geradezu grotesken Witz hat der Verfasser des »botten« keinen Sinn.

Dann fehlen auch noch ganze Kapitel, die für Gertrud doch sehr wichtig sind. Wenn vom 5. Buch jedes Kapitel berücksichtigt ist und (außer dem in unserem Zusammenhang unbedeutenden c.V, 35) nur ein einziges fehlt (c.V,25), das über den Liebespfeil, dann ist das zumindest auffallend. Ebenso weggelassen ist aus dem 4. Buch das Motiv vom Brautbett und dem Baum der Liebe (SC IV,35, S. 294; vgl. W c.97 u. 98). Auffallen mag dann auch, wenn vom 4. Buch alle Kapitel von IV, 49–56 berücksichtigt sind und nur c.IV,51 fehlt, das über die Geburt Marias. Das mag noch hingehen, denn Maria wird im »botten« oft an anderer Stelle genannt und im zentralen Kapitel 62 als Abbild der Dreifaltigkeit herausgestellt.[12] Wenn dann allerdings vom 4. Buch auch c. IV, 48 fehlt, das über die »Assumptio Mariae« handelt, dann ist dies im Sinne Gertruds wohl nicht mehr vertretbar, denn dieser geradezu überwältigende Marienpreis, in engster Anlehnung an das Hohelied, ist nicht nur eines der umfangreichsten Kapitel des »Legatus«, sondern auch nach Inhalt und Form eines der großartigsten. Am Fest der Dreifaltigkeit dann schaut Gertrud, wie nach dem Vers des Hohenliedes »Osculetur me – er küsse mich« der Sohn Gottes die unerfaßliche Gottheit küßt; danach bietet er auch seiner süßesten (»dulcissima«) Mutter den Kuß – doch auch diese Marienstelle ist geradezu klinisch sauber aus dem übrigen Text herausgetrennt und weggelassen (SC IV,41, S. 328–330).[13]

Gewiß, es war bei sehr vielen Mystikerinnen ein Problem, und auch Gertrud kennt und thematisiert es sogar (in SC III,

---

12 Vgl. auch noch bes. c.69: Die Gottheit durchscheint sie; sie hat alle Menschen aus der Minne geboren.
13 Vgl. W c.105, S. 172f; der Kuß W c.69,27f ist damit nicht zu vergleichen.

20, S. 110–112): Wenn sie nach Art der Liebenden alles auf ihren Geliebten bezieht, wie kann sie es dann ertragen, wenn Lob und Preis Maria gelten? Und so mißfällt ihr eine Marienpredigt, in der Jesus nicht gewürdigt wird. Als Jesus ihr dann aber erklärt, sie solle statt seines Bildes das Bild Marias grüßen, weigert sie sich entschieden; doch er versichert ihr liebreich, das Lob Marias werde er annehmen, als gelte es ihm. Der »botte« (c.38) bringt dieses Kapitel nahezu wortwörtlich, doch, wir können es schon ahnen: den Schluß läßt er weg, und dann endet der Text im »botten« auf die Zumutung, Marias Bild zu grüßen: »Nein, herre, das mag min hertze nit getuon, wenn du bist der, an dem do lyt alles min heil. Du bist ein leben miner selen, solte ich dich denn lossen und min begirde zuo einem anderen rihten?« (c.38,20–23).

Dies ist nicht mehr eine Kürzung der Vorlage, dies ist eine Verfälschung. Und der Verfasser des »botten« wußte, was er damit wollte, denn zuvor hatte er einen der ganz wenigen Sätze, die nicht der Vorlage entstammen, hinzugesetzt: Christus sprach zu ihr wie »einer, der von siner lieben gemahel gern hoeret, das sú in vor allen dingen liep het.« (c.38,19f). Die differenzierte Lösung, die Gertrud anbietet, ist hier durch die radikale Ausrichtung auf Christus als den einzig Geliebten ersetzt.

Wir wissen nun allerdings, daß für eine solche Sehweise schon in der Mystik der süddeutschen Dominikanerinnen Hinweise gegeben sind. Zwar ist für sie durchaus, wie ja auch für den Verfasser des »botten«, die kirchliche Marienverehrung selbstverständlich, doch: Maria wird von ihnen verehrt, geliebt wird von ihnen einzig Christus. Maria wird für sie nicht zur Identifikationsfigur. Liest man die Schwesternbücher sinngemäß, so sind es nicht die Visionen von Mutter und Kind, die im Mittelpunkt stehen. Diese Frauen wollen im eigentlichen nicht Mutter sein, sie wollen auch nicht, wie Maria Magdalena oder Martha, Jesus zu Füßen liegen oder ihn bedienen, auch wenn sie diese Rollen durchaus kennen. Ihre Liebe zu Gott ist nicht die zu einem Kind und nicht die zu einem Herrn, sondern sie ist die zu einem Partner, zu einem »eben gnos«[14]: Sie wollen ihm zur Seite liegen. Und wenn es denn eine Identifikationsfigur gibt, dann ist es Johannes, der Jünger, den Jesus liebte und der ihm an der Seite lag, der an seinem Herzen ruhte.

Diese partnerschaftliche Liebe wollte auch Gertrud, und so ist tatsächlich Johannes nach Maria die herausragende Heiligengestalt ihrer Offenbarungen; ihm sind mehrere Kapitel des »Legatus« gewidmet. Und in der schon erwähnten Marienoffenbarung werden Maria und Johannes aufs engste miteinander in Bezug gesetzt. Und nun das Überraschende: Gerade auch diese Kapitel fehlen im »botten« (SC IV,4; IV,34; IV,48; Schlußabschnitt von IV,16). Dann aber überrascht es schließlich nicht mehr, wenn auch die Vision über Katharina, eine Lieblingsheilige Gertruds von Kindheit an, ausgelassen wird (SC IV,57). Es scheint offensichtlich: Der »botten«-Autor läßt gerade diejenigen Heiligen aus, zu denen am ehesten eine persönliche Zuneigung entstehen konnte. Auch Gertrud selbst soll ja ausdrücklich nicht um ihrer Person willen, sondern nur um Gottes willen geliebt werden (c.6). Und so wird nur der Text über Gertruds andere Lieblingsheilige, Agnes, gebracht: Sie ist die Jungfrau, die nur Christus als ihren Gemahl haben wollte (c.113). Ganz übernommen wird auch der Text zum Fest der hl. Elisabeth (c.126), denn Elisabeth versichert in dieser Vision, daß es ihr angenehm sei, wenn Gertrud an ihrem Fest nicht zu Elisabeths Ehre, sondern allein zu Gottes Ehre gesungen hat. Und hier übernimmt der »botten«-Autor auch einen der von ihm sonst wenig geschätzten drastischen Vergleiche Gertruds, in dem das Lob, das den Heiligen gilt, mit dem Blöken von Schafen und dem Brüllen von Ochsen verglichen wird, das Lob aber, das Gott gilt, mit Saitenspiel. Und vor Gertruds Tod, als sie fürchtet, sie habe die Heiligen nicht genügend geehrt, antwortet ihr der Herr, die

---

[14] Formulierung Christine Ebners, Stuttgarter Hs. f.137v; zit. bei *Siegfried Ringler*, Christine Ebner. In: *Johannes Thiele* (Hrsg.), Mein Herz schmilzt wie Eis am Feuer. Stuttgart 1986, 146–159, hier 151.

Heiligen würden ihr mit umso größerer Begierde dienen, wenn Gertrud, wie es recht und billig sei, Gott vor ihnen allen geliebt hatte (c.155). Und so kennt der »botte« schließlich doch noch zwei besonders herausragende Heilige, deren Fußstapfen zu folgen sei (c.120,95f). Es sind Bernhard und Augustinus, die von glühender Gottesliebe erfüllt waren (c.118,9) und mit feurigen Worten die Menschen zur Gottesliebe begeisterten (c.119,11f); »minne« und »hertz« sind die zentralen Wörter dieser Kapitel. Die im »Legatus« gleichzeitig vorgestellten Heiligen Dominikus und Franziskus werden nicht erwähnt.

Wenn wir so den »botten« lesen, befinden wir uns mitten in einem spannenden theologischen Diskurs auf hohem Niveau. Hier versucht jemand, der Gertruds Religiosität voll verstanden hat, ihr Werk vor Fehldeutungen zu schützen und auf seinen eigentlichen Kern zurückzuführen. Als Gefahren sieht er – vielleicht 100 Jahre nach Gertrud – eine übersteigerte Marien- und Heiligenverehrung ebenso wie eine allzu sinnliche Minnemetaphorik. Dagegen führt er selbst nun Gertruds Botschaft auf die Autoritäten Bernhard von Clairvaux und Augustinus von Hippo zurück. Den wesentlichen Kern des »Legatus« sieht er in einer entschiedenen Christozentrik. Davon abgeleitet tritt im »botten« deutlich eine Rechtfertigungslehre hervor: Der Mensch, der sich gänzlich dem Willen Gottes überläßt – dies ist die zentrale Forderung des Werks –, kann auf Gott vertrauen, denn dieser sieht nicht auf die Schwäche des Menschen, sondern allein auf dessen guten Willen. Sünden lassen sich, wenn kein Priester zur Stelle ist, im eigenen Herzen Gott beichten und sind dann für immer vergeben (c.116).

III.

In der Lutherstadt Eisleben mag es naheliegen, hier die Gedanken schweifen zu lassen, etwa auch über die »Freiheit des

Herzens«[15] oder soll man sagen »die Freiheit eines Christenmenschen«, wie sie im »Legatus« ebenso wie auch im »botten« aufgezeigt wird, oder darüber, daß der »botte« das Zitat des »Legatus«: »Sehet das Zelt Gottes bei den Menschen« (SC IV,58, S. 474) über seine Vorlage hinaus, aber bibelgemäß weiterführt: »und sú werdent noch sin volk, und got wurt mit in sin« (c.128,49f). Aber das sind Spekulationen, denn zumindest als großer Marienverehrer, der er ja war, wäre Luther vielleicht doch nicht mit allem einverstanden gewesen, was der »botten«-Autor mit seiner Vorlage gemacht hatte. In einem aber wäre er mit dem Autor des »botten« ebenso wie mit Gertrud einig gewesen: Sie wollten keine neue Art der Religion, sondern den katholischen Glauben von seinen eigentlichen Grundlagen her erneuern. In welchem Sinne dies geschehen soll, sagt im »botten« Bernhard, wenn er Augustinus rühmend über sich selbst stellt: Er »meinet die goetliche minne und darzuo meinet er das heil sines nehsten. Und das het er von synem eigen synne ertrahtet« (c.119,28f).[16] In dieser Meinung schrieb dann auch Gertrud ihr Werk und rezipierte es der »botten«-Autor. Wir sehen, die »Rezeption Gertruds von Helfta im Bereich süddeutscher Frauenklöster« weist uns nicht in historische Fernen, sondern führt uns in einen Diskurs, den es heute mit neuer Aktualität wieder aufzunehmen und weiterzuführen gilt. Das Frauenkloster Helfta dürfte dafür ein rechter Ort sein.

---

[15] Die »libertas cordis« ist diejenige Tugend, die Gott bei Gertrud am meisten gefällt; sie ist Gnadengeschenk Gottes (»gratia libertatis«). Vgl. SC II, Buch I,11, S. 176. Vgl. auch Gertrud Jaron Lewis, wie Anm. 11, hier 70.

[16] Bei Gertrud von Helfta: »propriae experientiae casibus«: »durch die Wechselfälle eigener Erfahrung«, SC IV,50, S. 404.

»Über die Wahrheit dieses Buches«

Die Entstehung des »Liber Specialis Gratiae«
Mechthilds von Hackeborn zwischen
Wirklichkeit und Fiktion

Claudia Kolletzki

»Aus den schweigenden Quellen das Sprechen der Frauen wiedererwecken ... «[1] »Die Stimmen der Frauen sind nur gedämpft zu vernehmen. Von einer Moral geknebelt, die weibliche Geschwätzigkeit als Wegbereiterin aller anderen Laster betrachtete.«[2]

Den Ausgangspunkt dieser Untersuchung bildet ein Text aus dem späten 13. Jahrhundert, »Liber Specialis Gratiae« genannt[3], der in lateinischer Sprache Offenbarungen und Leben der Helftaer Nonne Mechthild von Hackeborn erzählt. Das Schweigen über ihn dauert bis heute an – weder das anhaltende Interesse an Mittelalter und Mystik, das uns in den letzten Jahren einen wahren Boom an Veröffentlichungen bescherte, noch die neuere feministische Forschung, die ein großes Interesse an religiösen Artikulationsmöglichkeiten von

---

[1] *Danielle Réginer-Bohler*, Literarische Stimmen. In: *Georges Duby / Michelle Perrot* (Hrsg.), Geschichte der Frauen. Bd. 2: Mittelalter. Hrsg. v. *Christiane Klapisch-Zuber*. Frankfurt a.M. 1993, 435–494, hier 435.

[2] *Christiane Klapisch-Zuber*, Die Stimme der Frauen. In: *Georges Duby / Michelle Perrot*, wie Anm. 1, hier 433.

[3] Die erste Edition haben 1877 die Benediktiner von Solesmes besorgt: Revelationes Gertrudianae et Mechtildianae I–II. Paris/Poitiers 1877. Weitere Editionen: *R. L. J. Bromberg*, Het Boek der bijzondere genade von Mechthild van Hackeborn. Zwolle 1965. *Th. A. Halligan*, The Book of Ghostly Grace by Mechthild of Hackeborn. Toronto 1979. Ich zitiere nach der deutschen Übersetzung aus dem Lateinischen von *Joseph Müller*, Mechthild von Hackeborn. Buch der besonderen Gnade. Aus dem Lateinischen nach der Ausgabe der Benediktiner von Solesmes. Bd. 1. Regensburg 1880. (Im folgenden: Müller; die Zahlenangaben beziehen sich auf Buch, Kapitel und Seite)

Frauen hat, waren imstande, dieses Werk aus seinem Schattendasein herauszureißen.

Wer war diese Frau, von deren Leben und Denken der Text erzählt? 1241 wird Mechthild geboren, Tochter des Grafen und der Gräfin von Hackeborn bei Halberstadt. Als siebenjähriges Mädchen, an der Hand ihrer Mutter, stattet sie erstmals der Zisterzienserinnengemeinschaft von Rodarsdorf, die später nach Helfta umsiedelte, einen Besuch ab. Aus der kurzen Einkehr wird ein lebenslanger Aufenthalt: Das kleine Mädchen begehrt gegen den Willen der Mutter zu bleiben. So berichten es uns jedenfalls die biographischen Passagen des »Liber Specialis Gratiae«.[4] Mechthilds ältere leibliche Schwester Gertrud (1232–1291) lebt dort bereits als Nonne. Sie wird 1251, erst neunzehnjährig, für einundvierzig Jahre die Leitung des Klosters übernehmen. Ihre Anwesenheit mag bei der Entscheidung der Jüngeren eine Rolle gespielt haben. Mechthild selber wirkt nach langer eigener Schulung als Lehrerin und Leiterin der Klosterschule und als Vorsängerin im Chor. Wir können Mechthild nicht isoliert von dem Milieu verstehen, in dem sie ihr ganzes Leben zugebracht hat: Es ist dies die geistliche Welt eines aufblühenden Zisterzienserinnenklosters, wo in der zweiten Hälfte des 13. Jahrhunderts eine Anzahl von Frauen höchster theologischer und literarischer Kompetenz lebten und wirkten und aus der Anonymität und der Stille der klösterlichen Klausur heraustraten. Der soziale Rahmen der Klostergemeinschaft, die oft bezeugte Schwesterlichkeit in Helfta, Freundschaft unter einzelnen Frauen, gemeinsames Ringen um Gotteserkenntnis, eine intensive, christologisch und inkarnatorisch ausgerichtete Spiritualität ist auch Rahmen und Programm der mystischen Theologie des »Liber Specialis Gratiae«.

Dieser überlieferte Text ist unser Ausgangspunkt. Wir haben nur ihn, um uns ein Bild von Mechthild zu machen, ihre Theologie nachzubuchstabieren. Wie sollen wir diese Quelle lesen? Nehmen wir sie als Beschreibung realer Ereignisse auf der Ebene der »vita exterior« der Autorin, oder gilt es bei ihrer

---

4   Müller I, Geschichtliche Vorbemerkung, 34 und Müller V, 29,355.

Interpretation methodische Postulate zu beachten? An dieser Stelle wird die Frage des Verhältnisses von authentischer religiöser Erfahrung und literarischer Verarbeitung sichtbar. Diese Spannung zwischen »Leben« und »Kunst«, zwischen Schöpfung und Text, zwischen autobiographischer Selbstoffenbarung und hagiographischer Konstruktion wird heute auch von feministischen Theologinnen und Historikerinnen diskutiert.[5]

I. Weibliche literarische Selbstdarstellung
Die Beziehung zwischen »Leben« und »Kunst«

Die methodologische Diskussion hat sich in der Vergangenheit als sehr begrenzt erwiesen, indem man in mystischen Texten oder den Nonnenviten in erster Linie Personengeschichte gesehen hat. Man las die Texte als Niederschriften realer Begebenheiten, als unmittelbaren Ausdruck echter Erfahrung und vernachlässigte literarische Strukturzusammenhänge vollkommen.[6] Man hat nicht sehen wollen, daß es sich bei den Nonnenviten (und diesem Genre ist auch der »Liber Specialis Gratiae« zuzuordnen) um legendenähnliche Texte handelt, die der hagiographischen Literatur angehören. Wir haben es hier mit Material zu tun, das streng formal und wenig individualisiert eine bestimmte Funktion erfüllt: Es erzählt von einem idealen Leben und bildet nicht das reale ab![7]

---

5   Vgl. *María-Milagros Rivera Garretas*, Orte und Worte von Frauen. Eine Spurensuche im europäischen Mittelalter. München 1997, 168ff; *Elisabeth Schüssler-Fiorenza*, Zu ihrem Gedächtnis ... Eine feministisch-theologische Rekonstruktion der christlichen Ursprünge. Mainz 1988; *Ursula Peters*, Religiöse Erfahrung als literarisches Faktum. Tübingen 1988; *Claudia Opitz*, Frauenalltag im Mittelalter. Basel-Weinheim 1985.

6   Vgl. Peters, wie Anm. 5, hier 3; Opitz, wie Anm. 5, hier 9ff. Und auch: *Siegfried Ringler*, Viten- und Offenbarungsliteratur in Frauenklöstern des Mittelalters. München 1980, 9ff.

7   Vgl. die Unterscheidung von Pierre Delooz in »saint réel« und »saint construit«: Konstruierte Angaben, die einen bestimmten Typ von Heiligkeit profilieren. Es handelt sich um eine meist zweckgerichtete Montage von Angaben, biographischem Material, thematischen Schwerpunkten. In: Sociologie et canonisation. Préface de Gabriel Le Bras. La Haye 1969, 7ff. Vgl. dazu auch die Arbeiten von Ringler, Peters, Opitz.

Erlebnismystische Texte sind keine Biographien oder Schauprotokolle außergewöhnlicher seelischer Erlebnisse, die, selbst wenn sie erfahren worden wären, nicht mehr verifiziert werden könnten[8], sondern sprachliche, schriftlich fixierte Artikulationen, nicht ohne den formbewußten Gebrauch einer literarischen Aussageweise.

Das postmoderne Denken, das sich gegen Souveränität und absolute Autonomie des Subjekts richtet, hat diese Perspektive erleichtert. Indem Michel Foucault und Roland Barthes, um nur zwei der wichtigsten Denker zu nennen, die totale Unabhängigkeit der AutorInnen kritisierten, gingen sie beinahe soweit, die traditionelle Beziehung zwischen AutorIn und Text umzukehren: AutorInnen benutzten den Prozeß des Texteschreibens dazu, die eigene Identität zu konstruieren. Der Text spiegle nicht die erlebte Geschichte wider, sondern stehe der Fiktion näher als der Wirklichkeit. Dieser »Tod des Subjekts« ermöglichte es den Texten von Frauen und anderen Marginalisierten oftmals erst, vom Rande des Geschehens ins Zentrum des Interesses zu rücken. Doch gerade von feministischer Seite wurde Kritik an dieser Dekonstruktion des Subjekts und dem strikten Vorrang des Textes vor der Autorin laut. Der Ersatz der Autorin durch den Text entkräfte die politischen Inhalte, die gelebten und oft leidvollen Erfahrungen

---

[8] Vgl. dazu *Paul Ricœur*, Die lebendige Metapher. München 1986; *Ders.*, Gott nennen. In: *Bernhard Casper* (Hrsg.), Gott nennen – Phänomenologische Zugänge. Freiburg 1981, 45–79; *Béatrice Acklin Zimmermann*, Einleitung. In: *Dies.* (Hrsg.), Denkmodelle von Frauen im Mittelalter. Fribourg 1994, 9–18, hier 10, Anm. 7. Peter Dinzelbacher betont demgegenüber den Begriff des Erlebnisberichtes sehr stark und siedelt Vision, Audition, Erscheinung als tatsächlich geschehene Ereignisse auf einer Ebene mit der vita exterior an. Dies ist m.E. eine naive und enthistorisierende Sicht der Dinge, die völlig übersieht, daß alle Literatur im Mittelalter eine stark didaktische und paränetische Funktion hatte und Literaturentstehung weniger individuell als heute stattfand, vielmehr eingebunden war in kollektiven und institutionellen Zusammenhängen. Vgl. dazu *Peter Dinzelbacher*, Zur Interpretation erlebnismystischer Texte des Mittelalters. In: *Ders.* (Hrsg.), Mittelalterliche Frauenmystik. Paderborn 1993, 305–331.

von Frauen.[9] Dieser Einwand mißversteht jedoch zumindest Foucault, dem die soziokulturellen Zusammenhänge der Textentstehung, das Geschlecht der AutorInnen und ihr Lebens- und Denkhorizont immer wichtig waren.

Ich plädiere für ein interdisziplinäres Vorgehen. Keine Auslegung kann für sich beanspruchen, die einzig wahre, ewige und historisch richtige zu sein! Jeder Text ist unendlich, weil die Möglichkeiten, ihn zu lesen, niemals ausgeschöpft werden können.[10] Als literarisches Werk verlangt der Text Aufmerksamkeit nicht nur für seine Form, seine ästhetische und künstlerische Qualität, sondern auch seine inhaltlichen Aussagen, seine Botschaft, seine Bilder-Welten und Welt-Bilder. Das »Unbewußte«, das, was zwischen den Zeilen zu lesen ist, fordert unsere Achtsamkeit. Sprache ist nie neutral: Texte lassen Rückschlüsse zu auf das Darunterliegende. Ich denke, daß diesen Texten, und so auch dem »Liber«, vielleicht ein besonderes seelisches Erlebnis vorausging oder/und zugrundelag, daß aber der Text, so wie er heute vor uns liegt, das Ergebnis eines äußerst komplizierten Zusammenspiels von diesem ursprünglichen Erleben, Redaktionsprozessen, theologischem Nachdenken und persönlicher Weiterentwicklung, Phantasie und Wunscherfüllung ist.[11]

Eine gute Auslegung eröffnet neue Lesemöglichkeiten. Sie verzichtet auf die ohnehin müßige Frage, was Mechthild von Hackeborn und ihre Mitschwestern wirklich gedacht und getan haben, und in welchen konkreten Schritten die Entste-

---

9 Rivera Garretas, wie Anm. 5, hier 168: »In Wirklichkeit sind wir als Autorinnen noch nicht vollständig geboren, so daß uns die Dekonstruktion neuerlich unsichtbar machen würde [...].« Vgl. zu dieser Diskussion auch: *Bella Brodzki* u. *Celeste Schenk*, Introduction. In: *Dies.* (Hrsg.), Life/Lines. Theorizing Women's Autobiography. London 1988, 12ff.

10 Vgl. Ilse Müllner zum »literary criticism«, dem neuen »Zauberwort« der Exegese: »Der Mensch ist zwei und Gott noch mehr«. In: Schlangenbrut 15, 1997, Nr. 58, 5–8.

11 Peters, wie Anm. 5, hier 190: »Für die frauenmystische Literatur scheint jedenfalls [...] in besonderer Weise die Frage des Verhältnisses von authentischer Erfahrung und literarischer Ausgestaltung, von autobiographischer Selbstoffenbarung und hagiographischer Konstruktion, d.h. die Opposition von historischer Wirklichkeit und literarischer Fiktion virulent zu sein.«

hung, das Diktat, die Niederschrift des »Liber« vor sich gegangen ist. Sie ist vielmehr ein Dialog zwischen AutorIn und
LeserIn, ein Gespräch, in dem beide Seiten zu ihrem Recht
kommen sollten, in dem meine eigene Welt sich mit der Welt
des Textes trifft, eine »fusion entre horizons«[12], wie Paul
Ricœur diese besondere Art der Beziehung nennt. Ich greife
an dieser Stelle sein hermeneutisches Modell auf, das mir am
geeignetsten scheint, die Lebendigkeit und Polyphonie metaphorischer Texte als Glieder einer Kommunikationskette zu
verdeutlichen. Etwas trennt uns von mystischen Texten, von
den »Revelationes« – eine Distanz räumlicher, zeitlicher, kul-
tureller Art. Ricœur betont demgegenüber aber auch die För-
derung, welche die Rede erfährt, wenn sie in Text übergeht:
Sie befreit sich von ihrem Autor, sie wird, wie »eine musika-
lische Partitur«[13], offen für die unbegrenzte Wiederverwer-
tung des Lesens, Hörens und Aktualisierens.[14] Auch Mechthilds Text läßt sich nur im Bereich des Ausgesagten fassen –
über das Geschehen Ende des 13. Jahrhunderts können wir
heute keine Aussagen mehr machen, die mit dem Erlebten
identisch wären oder seine Bedeutung präzise wiedergäben.
Damit gehört die Wahrheit des Textes nicht zu den Wahrheiten über die vorhandenen Fakten, sondern muß im Sinne einer
»vérité à faire« (Blumenberg) verstanden werden. Das erfüllt
sich aber erst in der Existenz des Hörers, der Hörerin.[15] Ich
werde im folgenden kurz den Text und seine Wirkgeschichte
vorstellen. Danach soll die erzählte Geschichte seiner Entste-

---

12 *Paul Ricœur*, Temps et récit. Tome III: Le temps raconté. Paris 1985,
    319.
13 Ricœur, wie Anm. 8, hier 73.
14 Ricœur, wie Anm. 8, hier 50: »Ein Text ist in erster Linie ein Glied in
    einer Kommunikationskette: Zuerst wird eine existentielle Erfahrung in
    die Sprache übertragen, sie wird Rede. Dann differenziert sich die Rede
    in Wort und Schrift [...] die Schrift ihrerseits wird wieder in das lebendi-
    ge Wort verwandelt durch das Mittel der verschiedenen Sprechakte, die
    den Text reaktualisieren.«
15 In eben diesem Sinne muß ein Zitat Gregors verstanden werden: »[...]
    quamvis omnem scientiam atque doctrinam scriptura sacra sin aliqua
    comparatione transcendat, ut taceam quod [...], quod aliquo modo cum
    legentibus crescit.« (Mor. in Iob, XX, 1). Zit. n. *Henri de Lubac*, Ex-
    egèse Médiévale. Vol. 2. Aubier 1959, 653ff.

hung und der Auftrag, der damit verbunden ist, im Zentrum
stehen.

II. Der »Liber Specialis Gratiae« – Das Werk

Lehrerin ihrer bekannten und vielgelesenen Mitschwester
Gertrud und Zeitgenossin der anderen Helftaer Mechthild
steht die Protagonistin des »Liber Specialis Gratiae« heute
eher im Schatten der zweiten Reihe. Das war nicht immer so.
Anfänglich findet das Werk starke Beachtung – es existieren
neun Ausgaben allein im 16. Jahrhundert. Dann geht sein Einfluß kontinuierlich zurück: Wir können auf keine moderne
kritische Edition zurückgreifen, auf keine wirklich sorgfältige
deutsche Übersetzung.[16] Bis heute ist nicht eine ernsthafte
Monographie über Mechthild von Hackeborn erschienen –
wenige verstreute Artikel zu speziellen Aspekten ihres Werks
und ihrer Theologie sind alles, was wir finden. Was sind
mögliche Gründe für diese Zurücksetzung? Das gewählte
Genre einer »Vita« partizipiert an einer kirchlich-mona-
stischen Tradition[17], einer gesellschaftlichen Programmatik
und weiblichen Rollenstereotypen, die heute zumindest stark
erklärungsbedürftig sind und nicht auf Anhieb paradigmatisch
wirken. Mechthilds Denken, die gewählten Metaphern, die
auf den ersten Blick wenig kühn und klösterlich eng, ja an
manchen Stellen geradezu sentimental und allzu beseligend
scheinen, erschließen sich den modernen LeserInnen offensichtlich nicht leicht. Die Dramaturgie läßt außer dem Fort-
gang der Liturgie keinen Faden erkennen, ohne Spannung und
ohne Höhepunkt plätschert die Handlung dahin, Wesentliches
und Unwesentliches gehen ineinander über und wirken ermü-
dend als die immer wieder gleiche Wiederholung des Grund-

---

[16] Vgl. dazu Anm. 3. Weitere Ausgaben und Sekundärliteratur zu Mechthild von Hackeborn vgl. *Gertrud Jaron Lewis*, Bibliographie zur deutschen Frauenmystik des Mittelalters. Berlin 1989.

[17] Vgl. zu den sogenannten Altväterleben Peters, wie Anm. 5, hier 366.

themas: Mystische Lehre dargestellt in Form eines begnadeten und beispielhaften Lebens.

Der »Liber Specialis Gratiae« gliedert sich in 7 Bücher unterschiedlicher Länge und Kapitelzahl und ist, inhaltlich betrachtet, nicht systematisch aufgebaut, sondern enthält in lockerer Folge Auditionen, Visionen, Dialoge, Berichte über Begebenheiten des Klosteralltags, des Lebens und Sterbens der Mechthild und anderer Mitschwestern.[18] Den Rahmen bilden Klostereintritt und Tod der Mechthild von Hackeborn. Isolierte Einzelszenen folgen einander, keiner Chronologie verpflichtet. Es ist heute allgemeiner Konsens der Forschung, daß der »Liber« eine kollektive Gemeinschaftsarbeit mehrerer Frauen ist. Mechthild von Hackeborn ist also nicht in einem modernen Sinn die Verfasserin dieses Werks, sondern ihre Mitschwester Gertrud die Große und eine unbekannte »Freundin« haben es nach ihren Erzählungen, ihrem »Diktat« und in Absprache mit ihr aufgezeichnet.

Mystik und ihre literarische Verarbeitung ist immer an bestimmte Orte und Zeiten gebunden. Sozialer Raum der Frauenmystik ist hier das Kloster Helfta. Es erweist sich in idealliterarischer Einbindung als Ort einer intensiv gelebten religiösen und schwesterlichen Gemeinschaft mit all ihren freudigen und leidvollen Aspekten. Das Werk ist stark eingebunden in der kirchlichen Liturgie: Es nimmt seinen Ausgang am Fest der Verkündigung des Herrn, folgt in seinem Lauf dem Gang des Jahreskreises, bewegt sich, irritierend für – zutiefst subjektive – mystische Erfahrung und Literatur, in einem objektiven Rahmen, individuelles Verhalten eingebunden in soziales.

---

[18] *Alois Maria Haas*, Mechthild von Hackeborn. Eine Form zisterziensischer Frauenfrömmigkeit. In: *Ders.*, Geistliches Mittelalter. Fribourg 1984, 221–239, hier 221, gliedert folgendermaßen in verschiedene Schwerpunkte: Das erste Buch enthält Betrachtungen aus dem Festkreis des Kirchenjahres über die Mysterien Christi; im zweiten wird der persönliche Umgang Mechthilds mit Christus dargestellt; das dritte und vierte präsentieren Anleitungen zur Gottesverehrung und zur Tugendübung; das fünfte orientiert über das Schicksal bereits Verstorbener im Jenseits; das sechste befaßt sich mit dem Leben und Tod der Äbtissin Gertrud, während das siebte über die letzten Tage, den Tod und die Verdienste Mechthilds berichtet.

Die soziale Signatur ist dem ganzen Werk eingeprägt: Visionen und Episoden flechten ein Beziehungsnetz, das enger und dichter nicht gedacht werden kann. Die Gruppe ihrerseits ist Keim und Nährboden mystischen Erlebens. Dies gilt in besonderem Maße für die Berichte über die Entstehung des »Liber«.

III. »Wie dies Buch verfaßt wurde [...]« – Die Entstehung

Ich werde folgendermaßen vorgehen: In einem ersten Schritt wende ich mich jeweils der Ausdrucksseite dieser an Bildern reichen Erzählung zu, wobei mein leitendes Interesse auf den Kommunikationszusammenhängen zwischen den beteiligten Personen liegen wird. Davon ausgehend untersuche ich die theologischen Strukturen dieses Entwurfs und seine innere Logik innerhalb inkarnatorischer Mystik.

III.1. Die erzählte Geschichte

Die »Vita« berichtet, Mechthild sei schon in jungen Jahren sehr mit Gott vertraut gewesen. Aber erst mit ihrem fünfzigsten Lebensjahr tritt sie in die entscheidende Phase ihres mystischen Lebens ein. Krankheit und körperliches Leiden – Migräne und Schlaflosigkeit – haben sie schon immer gequält, steigern sich aber im Advent 1291, kurz nachdem ihre leibliche Schwester Gertrud tödlich erkrankt ist, zu einem acht Jahre währenden Siechtum, das sie ans Bett fesselt und weitgehend zu einem Pflegefall macht. Der Signalcharakter dieser Beschwerden ist offensichtlich. Von diesem Zeitpunkt an beginnt Mechthild über ihre Offenbarungen zu sprechen. Eine Reihe von redaktionellen Hinweisen und metaphorischen Begründungen gibt Aufschluß über den komplizierten Vorgang, wie Mechthild allmählich Kunde von der geheimen Niederschrift ihrer Offenbarungen bekommt. Es geschieht eines Tages während der Messe[19], daß eine Stimme ihr die Namen der schreibenden Frauen enthüllt und sie fragt, was jene wohl für ein Verdienst für ihr Tun erlangen werden. Mechthild wendet sich, erstaunt darüber, daß Gertrud von Helfta all das aufschreibt, was sie ihr erzählt, an die Mitschwester, aber diese erwidert ihr: Frage Christus. Dieser – nach anfänglicher Weigerung – erscheint ihr, das Buch auf seinem Herzen haltend: »Alles, was in diesem Buch geschrieben steht, ist aus meinem göttlichen Herzen geflossen und wird in dasselbe zurückfließen« (Müller I, 43,204). Er nimmt das Buch und hängt es der Seele um die Schultern, damit ausdrückend, daß sie sich keine Sorgen mehr zu machen brauche, weil es nicht aus persönlicher Ruhmsucht und mit ihrem Wissen, sondern durch die Fügung Gottes geschrieben sei. Der damit verbundene Auftrag lautet: Auch in Zukunft soll sie ihn und seine Botschaft weitergeben. Mechthild kennt das Buch nun, ohne es je gesehen zu haben, äußerlich doch so gut, daß sie es der Freundin in allen Details beschreiben kann. Die Authentizitätsproblematik beschäftigt sie aber doch weiterhin:

»Woher kann ich aber wissen, ob alles wahr sei von den Dingen, welche jene Person aufgeschrieben hat, da ich ihr Buch noch nicht gelesen, noch auch bestätigt habe? Wenn aber und weil ich es wohl lesen muß, vertraue ich mir gleichwohl nicht gänzlich, selber zu urteilen« (Müller V, 22,347).

Die Antwort Christi ist von höchster Überzeugungskraft:

»Ich bin mit den Herzen derer, die welche von dir zu hören begehrten und erwecke in manchen dazu das Verlangen. Ich bin das Verständnis im Ohr der Hörenden, durch welches sie verstehen, was sie hören. Ich bin auch im Munde derer, die davon sprechen; ich bin in der Hand der Schreibenden; in allen bin ich ihr Mitwirkender und Helfer und so ist alles, was sie in mir und durch mich, die

---

[19] Müller I, 42,201ff.

Wahrheit, sprechen und schreiben, wahr. Ein Werkmeister hat gar viele Diener, welche zu seinem Werke helfen« (Müller V, 22,347).

Diese Versicherung wird in einem Bild visualisiert: Vom Herzen Gottes gehen drei Strahlen aus in die Herzen der beiden Schreiberinnen – sie werden direkt von Gott inspiriert.[20] Eine der Schreiberinnen, die Unbekannte, hat ihrerseits eine Traumvision, die auf die Wirkmächtigkeit des Buches hinweist.[21] Die Schreiberinnen bewahren das Buch sorgfältig auf und lesen manchmal heimlich darinnen. Sie bewegen sich im Rahmen ihres göttlichen und klösterlichen Auftrages: Es wird vermerkt, der »Liber« sei auf »Rat und Befehl ihrer Frau Äbtissin und mit Zustimmung ihrer Oberen«[22] veröffentlicht worden. Mechthild hat »ihr Werk« dagegen noch nicht gesehen. Die beiden anderen Frauen wollen es nicht herzeigen. Es bedarf eigens einer nächtlichen Vision und einer nochmaligen ausdrücklichen, göttlichen Beglaubigung, um Mechthild den Zugang zu eröffnen:

> *»Von diesem Tage an zeigten sie ihr das Buch, so oft sie wollte und lasen ihr alles vollständig vor mit Ausnahme des Vorwortes und des Schlusses. Und wenn sie in demselben etwas fanden, dessen Wahrheit sie bezweifelten, so befragte sie zur Stunde, sobald sie konnte, Gott, und so nahm der Herr durch ihre Vermittlung an der Verbesserung des Buches Anteil.«* (Müller V, 30,362).

Innerhalb dieser erzählten Geschichte der Entstehung erleben alle Beteiligten eine Entwicklung: Das heimlich und im Verborgenen aufgezeichnete Buch, in aller Stille gelesen nur von denen, die es aufzeichneten, wird schließlich benannt von Christus, in Visionen geoffenbart, sein äußeres Aussehen be-

---

[20] Müller V, 22,348.
[21] Müller V, 24,349f.
[22] Müller V, 30,361. Es ist hier die Rede von Sophie von Mansfeld, die von 1291 bis 1298 als Äbtissin in Helfta fungierte.

schrieben, schließlich auch von der Hauptdarstellerin gelesen und immer wieder korrigiert. Es wird quasi eine öffentliche Angelegenheit, über welche die Frauen im Gespräch bleiben. So kann es seinem didaktischen Auftrag, vielen ChristInnen ein beispielhaftes Leben nahezubringen, gerecht werden. Die inspirierten Schreiberinnen, die göttlichem und klösterlichem Befehl zuerst heimlich nachkommen, werden ebenfalls zu öffentlichen Personen, ihr Tun wird von Christus bekannt gemacht. Mechthild von Hackeborn, die Protagonistin, wandelt sich von der Seherin, die den Mitschwestern Erzählstoff liefert, von Christus eingeweiht wird, das Buch beschreiben kann, zur approbierten Verfasserin, die nun sogar Korrekturen vornehmen darf. Sie schreitet von der innersten Erfahrung nach außen in die Welt der erzählten und geschriebenen, vermittelbaren Sprache.

In den Berichten mischen sich auf subtile Weise menschliche und göttliche Legitimation, individuelle und soziale Kompetenz. Die Geschichten wiederholen sich teilweise, manchmal mit leicht veränderten Nuancen und Dialogen, folgen im Gesamttext keiner Chronologie und keiner offensichtlichen Logik. Sie spiegeln in quasi mimetischer Qualität sprachlich das, was sie ausdrücken wollen: Ein feines Gespinst lebendiger Kommunikation zwischen Menschen untereinander, zwischen himmlischen und irdischen Personen, die alle miteinander wie eine große und einige Familie dieses Kloster bewohnen.

III.2. Bilder und Symbole

Ich werde nun einige Bilder und Metaphern, welche die Entstehung des Buches illustrieren, näher untersuchen. Mechthild kennt den Drang, die »unaussprechlichen Erfahrungen« von Gott zur Sprache zu bringen und müht sich um das angemessene Verständnis. Sie verweist aber auch in einem Unsagbarkeitstopos auf ihre Unfähigkeit, zu vielem, was Gott ihr geoffenbart hat, etwas Präzises zu sagen.[23] Die Beziehung, in der Mystik und Sprache zueinander stehen, beinhaltet einen Widersinn, der darin besteht, daß der erfahrene Gott der Namenlose, Ungenannte jenseits aller Dinge bleibt, dem gegenüber das Schweigen der Menschen die angemessene Haltung wäre, und daß das Geheimnis doch genannt und angerufen werden muß, damit es für uns da sei. Mit Hilfe von Metaphern und Bildern gelingt es, die Intensität dieser Erlebnisse weiterzugeben.[24] Nicht Mystikerinnen, deren überwältigende Erfahrung nach außen drängte, schrieben dieses Werk, sondern Nonnen, die erbauen und sich und ihre Gemeinschaft in einer bestimmten, vorher festgelegten und schablonenhaften Weise darstellen und konstruieren wollten. So sind die aus einem kollektiven Fundus auftauchenden Bilder mit Bedacht und Intention gewählt. Dies merkt man der ästhetischen Ausgestaltung auch an: Im Gegensatz zu mystischen (Erlebnis-) Berichten, beispielsweise den »Revelations of Divine Love« der Juliana von Norwich oder dem Werk der Magdeburgerin wirken die visionären Ausgestaltungen größtenteils unsinnlich, ja zeremoniell erstarrt. Ein Bild, das mehrmals auftaucht, ist das der »goldenen Röhre«, die zwei oder mehrere Personen miteinander verbindet. Einmal begegnet es uns direkt am Anfang des »Liber«:

»Und sie sah von dem Herzen Gottes ausgehen eine goldene Röhre, durch welche sie Gott lobte [...] Auch die Seele für sich lobte aus ganzer Kraft den Herrn. Aber der Herr rief die Seele und legte seine Hände zu den Händen der Seele und gab ihr alle Arbeit und Übung der Werke, die er in seiner allerheiligsten Menschheit vollbracht hatte. Dann fügte er seine allergütigsten Augen zu den Augen der Seele und gab ihr die Übung seiner allergütigsten Augen. [...] Dann schmiegte er seine Ohren den Ohren der Seele an, und gab ihr die Übung seiner Ohren, und

---

[23] Müller I, 43,205.
[24] Vgl. dazu *Claudia Kolletzki*, Christus ist unsere wahre Mutter. Frankfurt a.M. 1997, 173–182.

drückte seinen rosenfarbenen Mund dem Munde der Seele
ein und gab ihr so die Übung seines Lobes, des Dankes,
des Gebetes und der Predigt zur Ergänzung seiner Säum-
nisse. Zuletzt vereinigte er sein süßes Herz dem Herzen
der Seele. [...] Also ward die Seele ganz mit Christus ver-
einigt und ward weich durch göttliche Liebe wie das
Wachs in der Nähe des Feuers [...]« (Müller I, 1,35).

Das Gold der Röhre steht für Kostbarkeit und den Einbruch
einer paradiesischen, transzendenten Welt. Das Rohr selbst ist
hohl und offen in beiden Richtungen, es ist Verbindung, ja ein
Verstärker, der das menschliche Lob fokussiert, von Herz zu
Mund, von der synästhetischen Mitte Christi zum antworten-
den Menschen. Es erinnert gleichzeitig an eine Nabelschnur,
die Ernährung, ständigen Austausch und Dialog ermöglicht,
in der mütterliches und kindliches Blut, Gott und Mensch sich
vermischen. Die menschlichen Sinne – die Hände, Augen,
Ohren, der Mund und das Herz – werden von Christus gewissermaßen überformt. Die goldene Röhre ist Gleichnis für das
Da-Sein Gottes unter den Menschen und Ermöglichung seines
Auftrags: ihn zu verkündigen. Dieses Bild kehrt noch einmal
wieder, nachdem Mechthild bereits gestorben ist; am Ende
des 7. Buches heißt es:

»Am folgenden Tage während der Messe wurde ihre Seele
gesehen, wie sie aus dem Herzen Gottes goldene Röhr-
chen zu allen hinleitete, welche eine besondere Andacht
oder Zuneigung zu ihr hatten; durch diese Röhrchen soll-
ten sie aus dem göttlichen Herzen an sich ziehen, was sie
wünschten. Jedes Röhrchen hatte ein goldenes Mundstück,
durch welches sie ziehen sollten mit nachfolgenden Wor-
ten, um alles zu erlangen, was sie wünschten [...]« (Müller
VII, 13,396).

Ihr Leben ist gelebt, die visionäre Erkenntnis Gottes erzählt
und verkündet, das Buch ist geschrieben: Nun erscheint
Mechthild nach ihrem Tode wie eine Mittlerin des Heils. Die
Schwestern, die eine besondere Nähe zu ihr hatten und ihr

wohlwollten, werden mit einer einzigartigen Relation zu Gott belohnt. Die exklusive Beziehung der Mystikerin wird eine kollektive, an der die ganze Gemeinschaft teilhaben kann, wenn sie ihrem Vorbild folgt.

Ein zweites zentrales Bild ist das Buch selber: Sein Werden, seinen Inhalt erzählt das uns vorliegende Werk, Text über einen Text, die sich verengende Perspektive zieht uns hinein in die Mitte des narrativen Geschehens. Dieses Buch entsteht heimlich im Verborgenen, wird erzählt, ohne daß die eigentliche Urheberin zunächst etwas von seiner Existenz ahnt. Dafür gibt es ein biblisches Vorbild: Auch in Apk 10,4 ist die Rede von einem Buch, das erst gar nicht geschrieben, beziehungsweise geheimgehalten werden soll. Aber Christus selber gibt Mechthild Kenntnis davon. Er nimmt das Buch, das auf seinem Herzen liegt, und »hängt es um die Schultern ihrer Seele«[25], wie eine priesterliche Stola oder ein Gewand. Die Botschaft kommt von Gott, und sie ist seine Botin, seine beauftragte Mittlerin. Sie ist, wie sie da-ist, ganz dieser Auftrag, ganz dieses Buch. Im Ersten und Zweiten Testament finden sich Textstellen, die vom »Einverleiben eines Buches« erzählen: Es sei im Munde süß wie Honig gewesen (Ez 3 und Apk 10,9ff). Eine variierte Bildfigur findet sich in der »Traumvision vom Honigkelch« im 5. Buch des »Liber«, eine Revelation, die eine der Schreiberinnen schon längere Zeit zuvor gehabt haben soll:

> »Es dünkte ihr, wie die gottinnige Person, von welcher die Rede ist, gar andächtig kommuniziere. Und da sie von der heiligen Kommunion wegging, hatte sie einen goldenen, über eine Elle hohen Becher, und fing an, mit hoher Stimme zu singen, sprechend: Herr, fünf Pfunde hast du mir gegeben, sieh, andere fünf habe ich gewonnen! und darnach sprach sie zu allen: Wer will von dem Honig des himmlischen Jerusalems trinken? Sie kredenzte nun allen Schwestern, welche in dem Chore waren, einer jeden Honigseim aus dem Becher. Die Person aber, welche dieses

---

[25] Müller I, 43,204.

Traumgesicht sah, ging auch hinzu, und die Dienerin
Gottes gab ihr einen Bissen Brotes in den Honig einge-
tunkt. Und während diese es in den Händen hielt, begann
das Stückchen Brot auf wunderbare Weise sammt dem
Honig zu wachsen, so daß es anwuchs zu einem ganzen
weichen und warmen Brote, der Honigseim aber, das Brot
inwendig und auswendig durchdringend, durch die Hände
derer, die das Brot hielt, gleich dem Oele niederträufelte,
so überflüssig, daß ihr Kleid und dann der Boden davon
besprengt und benetzt ward« (Müller V, 24,349).

Mechthild kredenzt hier der kommunizierenden Gemeinschaft
»den Honig des himmlischen Jerusalems«. Die Träumende –
vermutlich Gertrud die Große – erhält als einzige Brot und
Honig, miteinander vermischt. Der Text greift mit dieser
Metapher auf frühchristliche metaphorische und liturgische
Zusammenhänge zurück[26], um Glaubensüberzeugungen auszusagen und symbolisch darzustellen: Honig galt dem antiken
Menschen als Gipfel aller Köstlichkeiten. Die Taufe war in
der Frühzeit meist eine Taufe von Erwachsenen und verbunden mit dem eucharistischen Mahl, und bei diesem wurden
mancherorts neben dem regulären konsekrierten Weinkelch
auch ein Kelch mit einer Milch-und-Honig-Mischung benedi-
ziert und gereicht. Die Kongruenz mit der Eucharistie benennt
der Traum recht unverblümt: Mechthild sehen wir in quasi
priesterlicher Funktion als Mittlerin Christi, die – das vermeh-
rend, was sie selbst empfangen hat – ihn selbst in den Gestalten von Brot und Honig weitergibt und die Schreibende beauftragt. Gertrud sieht das Brot »in ihrer Hand« aufgehen,
»weich und warm«, ein schönes Bild, das wir mit Genährt-
werden, Geborgenheit assoziieren können, aber auch mit: Be-
fruchtende Erfahrungen machen dürfen, Leben geben, dem
Wachsen eines Kindes, dem Schreiben eines Buches. Die beauftragte Träumerin wird essend eins mit der Botschaft und

---

[26] Vgl. dazu *Johannes Betz*, Die Eucharistie als Gottes Milch in frühchrist-
licher Sicht. In: ZkTh 106, 1984, 1–26; 167–185; Kolletzki, wie Anm.
24, hier 301f.

ihrer Berufung. Mystische Wahrnehmung und die Verkündigung der Offenbarung Gottes werden hier theologisch und strukturell auf einer Ebene gesehen und beschrieben wie der priesterliche, eucharistische Dienst. Beides – mystisches Charisma und Amt – fallen in einer Person zusammen.

IV. »Zum Lobe Gottes und zum Nutzen der Menschen« Der Auftrag

Welchen Auftrag erhielt Mechthild von Hackeborn von Gott, und welche Rolle spielt sie in diesem ganzen komplizierten Geschehen von Verbergen, Offenbaren, Erzählen und Niederschreiben? Meine These ist, daß Mechthild ein quasi priesterliches Amt innerhalb der ganzen himmlisch-irdischen Kommunikationsgemeinschaft ausübt. Ich werde dies im folgenden begründen.

Der Auftrag lautet: Ein Buch zu verfassen »zum Lobe Gottes und zum Nutzen der Menschen«. Im Mittelalter war Literaturentstehung stets gebunden an Institutionen und diente didaktischen, erbaulichen Zwecken. Auch der »Liber Specialis Gratiae« versteht sich in diesem Sinne als Mystagogie und nicht als individueller Erlebnisbericht. In diesem kollektiven Sinnzusammenhang bekommt auch Mechthild ihren Platz zugewiesen: Sie ist die Personifizierung der idealen und mystisch begnadeten Schwester. Individuelle Züge werden nur übernommen, wenn sie ins vorgegebene Raster passen. Gelobt werden ihre Jungfräulichkeit und die Reinheit ihres Herzens, ihre Askese, ihre Demut und Entsagung, Armut und Gehorsam – schablonenhafte Wertungen, wie wir sie aus vielen Viten kennen, die, einem bestimmten Programm folgend, musterhaftes Frauenleben in typischen und klischeehaften weiblichen Tugenden darstellen, eine Konzeption von eminent (kirchen)politischer Bedeutung. Darüber hinaus findet sich in dieser Vita noch ein anderes, geradezu subversives Modell: Es ist nicht allein ihr Talent, daß sie reinen Herzens Visionen hat und »Christus schaut«, welches sie aus der Menge heraushebt – diese Gabe ist im Kloster Helfta manch Anderer auch verliehen.

Das Bemerkenswerte ist die theologische Bedeutung und die strukturelle Verknüpfung mit dem priesterlichen Amt, die ihrer Rolle als Verkünderin der göttlichen Offenbarung zugeschrieben wird. Neben den oben beschriebenen Bildern und Träumen ist hierfür das Kapitel 29 im 5. Buch aufschlußreich. Dort werden Mechthild neben den üblichen »Programmpunkten« eine Reihe außergewöhnlicher Attribute beigelegt. Sie wird als »Prophetin« bezeichnet [358], die in visionärer Ekstase Gott verkündete. Dieser Topos ist in der weiblichen mystischen Theologie noch weithin üblich. Die Frauen versuchen alle, diese alttestamentliche Tradition für sich aufzugreifen und dabei jeden Verdacht des Lehrens zu vermeiden. Das Charisma der Prophetin wurde Frauen immer und gerne von Männern zugestanden, die darin eine gespaltene Welt bestätigt fanden, in der Frauen für das Emotionale, das Irrationale, das Spirituelle zuständig sind. Darüber hinaus wird Mechthild als »Mittlerin« bezeichnet, die quasi christusförmig Menschen und Gott miteinander verbindet. Sie ist »Zuflucht und Trösterin« vieler Männer und Frauen, die von weit her kamen und wie einer Beichtmutter »die Geheimnisse ihres Herzens ihr kühnlich offenbarten und ihr viel gestanden, damit sie von ihrem Kummer befreit wurden«. (Müller V, 29,357). Die Menschen scharten sich um sie wie um einen »Prediger«, um das Wort Gottes zu hören. Es war (und ist) Frauen verboten zu predigen, also das Wort Gottes im eucharistischen Kontext der Messe auszulegen, weil sie, so lautet bis heute die Begründung, eben Frauen sind und die Männlichkeit Christi und der Apostel nicht repräsentieren könnten und es keine andere Tradition gäbe.[27] Über solche Biologismen setzen sich die Verfasserinnen des »Liber« hinweg: Mechthild wird auch mit den zwölf Aposteln verglichen, die den engsten Kreis um Christus bildeten. So wie sie ihm in historisch einzigartiger Weise nahe waren, schaut auch Mechthild Christus täglich »von Angesicht zu Angesicht« und ist exklusiv so mit dem Ursprung der Offenbarung und Lehre verbunden, etwas, das zu allen Zeiten in der katholischen Kirche

---

[27] Vgl. die Erklärung der Kongregation für die Glaubenslehre »Inter insigniores« v. 15. Oktober 1976. In: HK 31, 1977, 153ff.

als wesentliches Kriterium für die Rechtmäßigkeit der Lehre galt. Die Mittlerin Mechthild versteckt ihre besondere Gnadenfülle nicht, sondern läßt die Gemeinschaft daran teilhaben. Mechthild ist es, die von Christus offiziell beauftragt wird, indem er ihr das »Buch der besonderen Gnade« um die Schultern legt. Auch hier finden wir ein klares Bewußtsein davon, von Gott erwählt zu sein. Die materiellen Autorinnen empfinden ebenso: Sie sind bevorzugt und zum Schreiben ermächtigt.

In dem Traumbild vom Honigkelch wird der Zusammenhang mit der Eucharistie unverhohlen hergestellt: Mechthild ist es, die den Kelch von Christus empfängt und ihn weitergibt wie eine Priesterin. Dies ist keine leere Metapher, sondern kognitive Rede, die innere Zusammenhänge aufdecken will. Obgleich die eucharistische Frömmigkeit im hohen Mittelalter einen jähen Aufschwung genommen hatte und als zentrales Thema besonders die Visionen und Schriften der »mulieres religiosae« füllte[28], hatten Frauen faktisch keinerlei Berechtigung zum Altardienst. Alles, was mit der liturgischen Feier der Eucharistie zu tun hatte, war für sie das »Tabu« schlechthin! Die Frauen »gierten« geradezu nach dem häufigen Empfang der Eucharistie, und oft genug wurde sie ihnen vorenthalten. Zahlreiche Erscheinungen sind überliefert, in denen Christus der Visionärin direkt die Hostie reicht, unter Umgehung des institutionellen Amtes – auch im »Liber« wird eine ähnliche Episode berichtet[29], welche die Macht des Klerus relativiert. Dies sind sicher Wunschträume, aber auch

---

[28] Vgl. *Bardo Weiß*, Die Eucharistie in der Deutschen Mystik des Mittelalters. In: *J. Hilgenrath* u. *D. Sattler* (Hrsg.), Vorgeschmack. FS T. Schneider. Mainz 1997, 225–257; *Caroline Walker Bynum*, Fragmentierung und Erlösung. Frankfurt a.M. 1996, 109–147; *Christina von Braun*, Das Kloster im Kopf. In: *K. Flaake* u. *V. King* (Hrsg.), Weibliche Adoleszenz. Zur Sozialisation junger Frauen. Frankfurt a.M. u.a. 1992, 213–239.

[29] Weil sie krank in ihrer Zelle lag, konnte Mechthild nicht kommunizieren; Christus sprach tröstend zu ihr: »Komm mit dem Herzen zum Herz durch Liebe; komm mit dem Munde zum Munde durch Kuß, komm mit dem Geist zum Geist durch Vereinigung.« Vgl. Müller V, 3,317, dort reicht Christus einer Schwester, die oft krank und am Besuch der Messe gehindert war, die Kommunion.

Elemente weiblicher Autonomie. Der »Liber« untermauert dies auch theologisch, wenn konstatiert wird, die Verdienste des Priesters mehrten sich durch das Verteilen der Eucharistie (Müller V, 2,316)! Die Stellung der Laien, speziell die der Frauen, wird hier explizit aufgewertet, indem ihre Anliegen ernst genommen und das Priesteramt als Dienstamt spezifiziert wird.

Im Zentrum des ganzen Werks steht Mechthild: Sie ist als Teil der Gemeinschaft, in der sie lebt, Prophetin, Mittlerin, Apostelin, Visionärin – Attributionen, die priesterlichen Dienst bezeichnen, die sie in einzigartiger Weise herausheben und zu einer Autorität in geistlichen Fragen werden lassen. Sie steht dennoch der Gruppe nicht gegenüber, sondern ist zutiefst eingebunden in allen sozialen Prozessen. Ihr Priestertum besteht allein in der Anwesenheit Gottes in der Seele. Dies ist in den Augen der Helftaer Schwestern genug und die einzig nötige Voraussetzung, die sie qualifiziert.

Wir finden beides bei Mechthild von Hackeborn: Ganz traditionelle Rollenstereotypen, aber versteckt auch mutigere Bilder für Frauen von Frauen. Die kluge und strategische Weise des Schreibens mittelalterlicher Frauen, die von den Erwartungen an ihr Geschlecht bestimmt war, hilft ein Begriff zu verstehen, den die feministische Literaturtheorie geprägt hat, der des »double voiced discours«[30]. Die gleichsam verborgene Stimme, die Neuschöpfung ist und von der Michel de Certeau sagt, »es gehe ihr um die Grundlegung eines Ortes, von dem aus sie sprechen, der von keiner Instanz legitimiert sei«, diese Stimme läßt sich auch in dieser Vita nachweisen. Jede Mystik ist gleichzeitig im innersten Herzen der Religion wie an ihrem äußersten Rande angesiedelt: Die ständige

---

30 Vgl. dazu *Elisabeth Gössmann*, Religiös-theologische Schriftstellerinnen. In: *Georges Duby / Michelle Perrot* , wie Anm. 1, hier 498f: »Mit einer Stimme, dem Cantus firmus sozusagen, beziehen sich die Frauen auf die Haupttradition, wiederholen etwa die männliche Rede von Gott oder die von der Stärke des Mannes und von der Schwäche des Weibes [...]. Mit einer zweiten Stimme jedoch, an verborgeneren Stellen ihres Werkes, stellen sie diese Wiederholungen [...] in Frage, ergänzen sie oder werten sie um [...]«.

Spannung zu amtlich festgelegten, dogmatisierten Wahrheiten machte Mystiker und Mystikerinnen jeder Couleur oft zu Verfolgten. Auch Mechthild war in diesem Sinne eine »Wandererin zwischen den Welten«, zwischen menschlicher und göttlicher Sphäre, schwankend zwischen autistischem Um-sich-selbst-Kreisen und politischer Provokation. Im Genre dieser Gnadenvita erscheint die Provokation gezähmt, gebändigt, gefügig gemacht, gleichermaßen die Klausur widerspiegelnd, eine Einrichtung, seit 1298 für Frauenklöster obligatorisch, welche die wirtschaftlichen und kreativen Kräfte der Frauen beschnitt und band.[31] Diese Infantilisierung ist dem »Liber« trotz allem anzumerken.[32] Deutlichere Worte zum Thema »Priestertum« gebraucht Gertrud von Helfta in ihrem »eigenen« Werk, dem »Legatus Divinae Pietatis«, wo sie souverän von ihrer persönlichen und spezifischen Berufung zum Priestertum spricht, von ihrer Binde- und Lösegewalt: Sie ist Mittlerin und Fürbitterin bei Gott, ja Stellvertreterin Christi.[33] Im Bewußtsein ihrer Erwähltheit hört sie Gott sagen: »Enthält nicht der Glaube der Kirche ganz allgemein das, was ich einst dem Petrus versprochen habe?«[34]

V. »Ich bin in der Hand der Schreibenden«
Gottes Wort im Dialog

Es bleibt zum Schluß zu fragen, welche kollektiven und individuellen Strukturen in der Darstellung des »Liber« sichtbar werden. Visionen und Auditionen sind als gnadenhaftes, aber

---

[31] Vgl. *Alois Maria Haas*, Schreibweisen der Frauenmystik. In: *Ders.*, Mystik als Aussage. Frankfurt a.M. 1996, 270–281.

[32] Selbst wenn das Genre bestimmt und erst danach gefragt wird, was der Text eigentlich auszusagen vermag, müssen wir doch untersuchen, vor welchem gesellschaftlichen Hintergrund das Programm der Gnadenvita und eine bestimmte Fiktion der Klosterfrau entstehen und sich für eine kleine Weile durchsetzen konnte.

[33] Vgl. *Gertrud Jaron Lewis*, Das Gottes- und Menschenbild im Werk der mittelalterlichen Mystikerin Gertrud von Helfta. In: GuL 63/1, 1990, 53–69, hier 62.

[34] Zit. nach Lewis, wie Anm. 33, hier 62.

doch alltägliches Erleben der Mechthild und auch anderer Schwestern geschildert, das sich scheinbar auf der gleichen Ebene wie die »vita exterior« der Darstellerinnen bewegt. Die Frauen pflegen einen vertrauten Umgang sowohl untereinander, als auch mit Christus und Maria, die ebenso wie die verstorbenen Frauen des Konvents, die Engelchöre und der ganze himmlische Hofstaat ihre klösterliche Klausur bevölkern. Wir blicken auf eine Welt, die durch geistig-seelische Beziehungen und nicht durch Räume im engeren Sinne strukturiert ist.[35] Diese Welt erschließt sich einzig im Leben der Begnadeten. Alle Erfahrung konzentriert sich auf diese einzige Wirklichkeit: Gott und seine Gnade, die er in die Seele ausgießt. Das Böse ist in dieser paradiesischen Welt (fast) nicht existent. Die einmalige grausige Schilderung der Hölle als Düsternis, in der wilde Tiere, im Mittelalter Sinnbild der Sünde, sich gegenseitig zerreißen, mutet an wie ein dunkles Gegenbild zur lichten Welt des Klosters (Müller V, 20,344f).

Die Arbeit am Buch ist unter der Mitwirkung mehrerer Frauen vor sich gegangen, die Äußerungen sind also nicht authentisch. Dieser komplizierte Prozeß enthüllt Schichten und Bedingungen des neuen weiblichen Sprechens und bildet eine wichtige Etappe auf dem Weg zur Selbstartikulation und Identitätsfindung von Frauen, eine Entwicklung, die nach Mason[36] durch »Alterität« definiert wird, eine Form der Beziehung, bei der auf eine fremde Identität zurückgegriffen wird, um die eigene zu konstruieren. Frauen stehen im Mittelpunkt ihrer Texte und sind dabei doch nicht allein. Auch Mechthild kommt zur Identifizierung ihres Ich über den Dialog mit Christus. Als Filter für die Echtheit des Ausgesagten bürgen die Mitschwestern und Christus, der von sich sagt: »Ich bin in der Hand der Schreibenden«. Die »mulier religiosa« erhält in einer Art »Rollenspiel« Unterstützung. Inwieweit es sich dabei um literarische Mystifikation oder wirkliche Befruchtung handelt, müssen wir dahingestellt sein lassen. Die

---

35 Vgl. dazu Ringler, wie Anm. 6, hier 349.
36 *Mary G. Mason*, The Other Voice: Autobiographies of Women Writers. In: *Brodzki / Schenk*, wie Anm. 9, hier 19–44.

Sprache steht in Beziehung zu anderen wie eine Haut.[37] Die narzißtische Hülle des Wesens enthält auch eine Klangschicht: die »Worthaut«. Deren Bedeutung ist fundamental, sie umhüllt mich, bringt mich nach draußen ins Spiel der Kommunikation. Sprache ist soziale Geste, Ritual, Schwelle der Ausübung des Selbst, der Projektion des Ich auf den anderen, und wird anthropologisch als totale Geste gedacht, als verbale Geste gelesen, gehört, gesehen wie die Syntax der Gebärden. Die kollektiven Strukturen des »Liber« sind zuallererst orale Gefüge: Die Frauen und Christus sprechen, erzählen, lesen einander vor und diktieren.[38] Sie korrigieren, fragen nach, schreiben um. Manches verschweigen sie auch. Mechthild erzählt nicht alles, was sie erlebt hat, und schafft damit eine Ordnung von Distanz und Nähe, von kollektivem und individuellem Erleben. Dennoch: Das Geheime wird öffentlich, das Gesprochene schriftlich fixiert und damit korrigier- und überprüfbar, dem allgemeinen Zugriff ausgesetzt, das Individuelle wird kollektiv und zurückgeholt in die Gemeinschaft und damit in die Institution. Die großen und kleinen Geheimnisse der Einzelnen werden, weil gefährlich subjektiv, von der Kirche nach »innen« gezogen, das Unsichtbare sichtbar gemacht.[39] Diese Ambivalenz von vorgeblicher Subjektivität und universalem Schema spiegelt das Genre der Gnadenvita mehr als die sogenannten erlebnismystischen Schriften.

Oral sind die Strukturen auch in einer zweiten Bedeutung des Wortes: Nahrungsmetaphern drücken die Vereinigung mit Christus oder die Beziehung zu anderen Frauen aus, schaffen eine Identifikation mit dem Körper Christi, dem Körper, dem

---

[37] Vgl. *Didier Anzieu*, Das Wort-Ich. Frankfurt a.M. 1996. Vgl. auch *Hubert Walter*, Vom Sinnesorgan der Haut zur imaginären Hülle des Ichs. Zu Didier Anzieus »Das Haut-Ich«. In: Psyche 46, 1992, 653ff.

[38] Vgl. dazu die mittelalterliche Bedeutung von »dictare«: Nach Leclercq meinte es nicht diktieren im modernen Kontext, sondern verfassen im Sinne von dichten, schreiben, aber indem die AutorInnen sich selbst die Worte laut vorsagten, die sie zu Pergament brachten. *Jean Leclercq*, L'Amour des Lettres et le Désir de Dieu. Initiation aux auteurs Monastiques du Moyen Age. Paris 1957, 166.

[39] Vgl. *Michel de Certeau*, La fable mystique. Paris 1982.

sinnstiftenden Lebens-Raum, den sie alle suchen[40] und den sie sich immer wieder neu erschaffen, in Visionen, im Empfang der Eucharistie, im Schreiben eines Buches, in der klösterlichen Gemeinschaft, die in ihrer Verflochtenheit anmutet wie ein idealer »Kloster-Körper«. Mystik ist – und da gebe ich S. Freud recht – keine plötzlich auftauchende »ozeanische Urfülle«, sondern eine wesentliche Unerfülltheit, ein Mangel, der sich in Trennung und Teilung offenbart. Was bedeutet das Schweigen, das man üblicherweise der Mystik zuordnet und das sich dann doch immer worthaft ausdrückt? Vielleicht nur, daß ein institutioneller Gesprächspartner fehlt. Der Dialog als Mittel und Ziel der Verständigung ist natürlich ein modernes Anliegen. Dennoch möchte ich die Strukturen des Helftaer Klosters, so wie sie uns der »Liber« als ideale Vorgabe vorführt, als dialogisch bezeichnen. Der enge Raum der Klausur, die Gemeinschaft der Lebenden und der Toten, wird aufgerissen durch den Einbruch der transzendenten Welt und erhält seinen Sinn daher. Das Werk lehrt keine spekulative oder sinnliche mystische Theologie, sondern entwickelt eine »Theologie der Gemeinschaft«.

---

[40] Vgl. de Certeau, wie Anm.. 39. Diese Suche nach der unio mit dem Passionschristus offenbart sich auch in den uns oft schwer verständlichen Symptomen von Krankheit und Askese.

Wechselseitig freigebende Freiheit

Zur Frage nach christlicher Mystik in nachchristlicher Zeit[1]

Gotthard Fuchs

»*Warum heute Atheismus? – ›Der Vater‹ in Gott ist gründlich widerlegt; ebenso ›der Richter‹, ›der Belohner‹. Insgleichen sein ›freier Wille‹: Er hört nicht – und wenn er hörte, wüßte er trotzdem nicht zu helfen. Das schlimmste ist: Er scheint unfähig, sich deutlich mitzuteilen: Ist er unklar? – Dies ist es, was ich, als Ursachen für den Niedergang des europäischen Theismus, aus vielerlei Gesprächen, fragend, hinhorchend, ausfindig gemacht habe; es scheint mir, daß zwar der religiöse Instinkt mächtig im Wachsen ist – daß er aber gerade die theistische Befriedigung mit tiefem Mißtrauen ablehnt.*«

So hatte Friedrich Nietzsche hellsichtig vor gut 100 Jahren notiert, im Jahre 1885.[2] Keiner hatte so entschieden wie er die

---

[1] Natürlich bedürfte es einer genauen Bestimmung dessen, was im folgenden Mystik heißen soll. Der Einfachheit und Kürze halber übernehme ich die Bestimmungen von *Bernhard McGinn, Die Mystik im Abendland.* Bd. I. Freiburg 1994, 14ff u. 381–415, der mit Recht darauf abhebt, daß die Rede von Mystik nur dann argumentativ vermittelbar bleibt und Sinn macht, wenn man sie auf eine jeweils historisch konkrete Religion bezieht und kontextuell buchstabiert: Mystik als Bewußtsein unmittelbarer Gottesgegenwart. Vorausgesetzt ist dabei, »daß Mystik keine spezielle oder elitäre Form der christlichen Vollendung ist, sondern Teil des Glaubenslebens selbst« (415). Die Herausforderung der Gegenwart besteht theologisch gerade darin, das Spezifikum christlicher Mystik unterscheidend zur Geltung zu bringen – dies also im Kontext der realen Christentumsgeschichte, im kirchlichen Überlieferungszusammenhang (in der ganzen Spannung von Idealität und Realität desselben), mit biblischem Bezug und entsprechend trinitätstheologischer Entfaltung wie Zentrierung.

Reduktion des christlichen Glaubens auf bürgerliche Moral kritisch analysiert und deren atheistische Folgen zusammengefaßt. Ineins mit solcher Moralisierung des Evangeliums war es dessen theistische Doktrinalisierung, die das christliche Gott-Denken derart in platonisch-plotinische Bahnen gelenkt hatte, daß dabei der erlösende Bezug zur Realgeschichte verloren ging, die Theodizee-Frage sich zuspitzte und schließlich Gott – jedenfalls so, wie man ihn dachte – überflüssig wurde bzw. abhanden kam. Es wäre ein eigenes Thema, die christlichen und kirchlichen Ursachen für die Heraufkunft des Atheismus im einzelnen zu bedenken, vor allem die Entdramatisierung und Enteschatologisierung des Evangeliums und die in der bürgerlichen Gefangenschaft der Kirche und des Christentums gegebene Zivilisierung und Privatisierung Gottes.

Aber in unserem Zusammenhang soll ausschließlich der von Nietzsche hellsichtig diagnostizierte Zusammenhang von Atheismus und »religiösem Instinkt« bedacht werden. Es ist, als würde in dem nachchristlich entstandenen religiösen Vakuum um so heftiger und vielfältiger Bedarf entstehen nach Transzendierung des Bestehenden, nach »Religion« und »Mystik«. In diesem Sinne hatte gleichfalls Nietzsche drei Jahre zuvor notiert: »Wenn Skepsis und Sehnsucht sich begatten, entsteht die Mystik. Wessen Gedanke nur einmal die Brücke zur Mystik überschritten hat, kommt nicht davon ohne eine Stigma auf allen seinen Gedanken.«[3] In der Tat läßt sich das derzeitige Interesse an Mystik, wie diffus auch immer, im Kontext eines religionsfreundlichen Atheismus und einer bunten neoreligiösen Esotera- und Therapieszene besser verstehen und unterscheiden, wenn man es unter den Stichworten »Skepsis« und »Sehnsucht« buchstabiert. Erfahrungen der Enttäuschung und Desillusionierung, der Frustration und des Überdrusses (in der Armut und im Überfluß nochmals sehr unterschieden) sind es, die gerade bei den Gebildeten unter

---

2
   Friedrich Nietzsche, Jenseits von Gut und Böse, Nr. 53. In: Werke Bd.
3   II. München 1990, 50.
   Zitiert und kommentiert bei *Uwe Spörl,* Gottlose Mystik in der deutschen Literatur um die Jahrhundertwende. Paderborn 1997, 180.

den Verächtern des (kirchlichen) Christentums neu die Frage nach Mystik und Religion entstehen lassen. Sinnkrisen im kleinen, anonymisierte Gewalt- und Verblendungszusammenhänge im großen – sie lassen neu fragen, ob das, was bloß der Fall ist, schon das Ganze gewesen sein soll. Aber, nochmals mit Nietzsche unterstrichen: dieses neoreligiöse Interesse an Transzendenz nach innen oder oben, nach unten oder nach vorn gibt keinerlei Anlaß zu theologischer Selbstzufriedenheit oder kirchlichem Triumphalismus.[4] Ganz im Gegenteil: Mit einer ehrlichen (Selbst-) Kritik an den innerkirchlichen Verbürgerlichungsprozessen, Verlusterfahrungen, ja hausgemachten Atheismen muß sich neu die Frage verbinden, was denn das besondere Profil christlichen Glaubens und einer ihm entsprechenden Mystik ausmacht. Ein solches Interesse an christlicher Profilierung des eigenen Glaubens darf keinen Augenblick elitär mißverstanden werden, so als könnte die alte Auffassung von der Absolutheit des Christentums ungebrochen wieder in die kulturelle Szenerie der Gegenwart eingespeist werden. Aber gerade um eines aufrichtigen, ehrlichen und offensiven interreligiösen Dialoges willen scheint es wichtig, den besonderen Charakter und das spezifische Gesicht christlicher Spiritualität herauszuarbeiten. Mit solchem Instrumentarium können dann auch ganz neu »Erkenntnis und Interesse« für die Rückfrage in die Geschichte des Glaubens und seiner Mystik entfaltet werden. Wenn z. B. nach der Bedeutung der Spiritualität des damaligen Klosters Helfta gefragt wird, dann ist es gut, sich angesichts der historischen und hermeneutischen Distanzen darüber zu verständigen, welches die Leit- und Leidfragen der Gegenwart sind, auf die auch im Gespräch mit der Vergangenheit Antwort gesucht wird. Die folgenden Überlegungen können dazu nur eine ganz knappe Skizze bieten, ohne Anspruch auf Originalität und Vollständigkeit – immerhin in der Hoffnung, mit einer genaueren Landvermessung gegenwärtiger Geisteslagen Hilfen

---

[4]   Vgl. den wichtigen Aufsatz von *Jürgen Habermas,* Transzendenz von innen, Transzendenz ins Diesseits. In: *Ders.,* Texte und Kontexte. Frankfurt 1991, 127–156.

für eine Ortsbestimmung vorzugeben, die dem Prozeß christlicher Selbstverständigung wie interreligiöser Akzeptanz diachron und synchron nützlich sein kann. Dabei konzentriere ich mich bewußt auf einige gewichtige Zitate von erfahrenen christlichen Zeitgenossinnen und Zeitgenossen und überlasse die Einarbeitung weiterer Sekundärliteratur späteren Arbeiten. In einem ersten Teil sei kurz die Situation der globalen Gottesfinsternis erinnert, um dann systematisch die Herausforderung christlichen Glaubens und einer ihm entsprechenden Mystik im Zeitalter eines religionsfreundlichen Atheismus zu akzentuieren. Drittens soll wenigstens an einer prophetischen Gestalt die Signatur christlicher Mystik konkretisiert werden, um daraus einige wenige Konsequenzen für die spirituellen Entdeckungsreisen in und um Helfta zu ziehen.

I. Die Situation

Unter dem bezeichnenden Titel »Gottes Abwesenheit« hatte Léon Bloy zu Beginn dieses Jahrhunderts notiert, was an seinem Ende allseits mit Händen zu greifen ist.

> »Es bleibt bemerkenswert, daß man in einer Zeit, da die genaueste Information zur Hexenmeisterin der Welt geworden ist, niemand mehr antrifft, der den Menschen Nachricht von ihrem Schöpfer bringt. Dieser ist abwesend: Von den Städten, den Feldern, den Bergen und Ebenen. Er ist abwesend von den Gesetzen, den Wissenschaften, den Künsten und der Politik, von der Erziehung und den Sitten. Er ist abwesend selbst vom religiösen Leben, in dem Sinn, daß jene, die noch seine innigsten Freunde sein wollen, seiner Gegenwart nicht mehr bedürfen. Gott ist abwesend, wie er es nie zuvor war. Der Gemeinplatz der Psalmen, der die alten Hebräer erzittern ließ, das ›ne dicant gentes: ubi est Deus eorum?‹ ist endlich in seiner Fülle verwirklicht. Dazu wurden nicht weniger als neunzehn Jahrhunderte Christentum benötigt. Gewiß werden die Christen einwenden, Gott sei über all,

*im Himmel, auf Erden und in der Unterwelt. Aber diese
für eine weder an Himmel noch an Hölle glaubende Menge beruhigende Allgegenwart, die deshalb nicht einmal
mehr einen genauen Begriff von der Erde hat, ist als Formel gleichwertig mit unendlicher Abwesenheit.*

    *Abwesenheit ist eines der Attribute Gottes geworden.
Damit vollendet sich die Abdankung eines Schöpfers, dessen die Menschen nicht mehr bedürfen, seitdem man Bes-
seres erfunden hat als das Paradies. Gott ist auf die gleiche Weise abwesend, wie er anbetungswürdig ist, so sehr,
daß man meinen sollte, man müßte das Gegenteil des Katechismus erlernen und die ewige Seligkeit bestünde vor
allem darin, ihn nicht zu sehen. Alles, bloß das nicht!
Hierin liegt die große Angst der Menschheit. ›Non poteris
videre faciem meam‹, ›wer immer mich sieht, wird des
Todes sein‹, wurde Mose erklärt. Das Menschenge-
schlecht hat sich von diesem Wort nie erholen können.
Wenn es zur Zeit der Heiligen kaum erträglich war, wie
wäre es das in der unsrigen? Ohne das übernatürliche
Leben, von dem die Völker sich immer weiter entfernen,
ist die Schau Gottes nicht einmal vorstellbar, der bloße
Gedanke, ein Gott könne gesehen werden, hörte nur auf,
unsinnig zu sein, um ein Anlaß des Entsetzens zu werden.*

    *Gesagt wird, die reinen Herzens seien selig, ›weil sie
Gott sehen werden‹. Deshalb hoch die unreinen Herzen,
die verwesten, von Unrat und Dämonen bewohnten! [...]
Sicher, die sich noch für Christen halten, reden nicht so;
aber ihre notwendige Wahl mußte gar sehr so ausfallen!
Der Tag wird kommen, er ist vermutlich sehr nahe, da alle
Heuchelei in ihrer verzweifelten Lage und die gesamte
Welt gezwungen sein wird, anzuerkennen: Wir sind ganz
und gar ohne Gott.*

    *Man kann mit Recht vermuten, dieses Fest werde zu
Beginn des nächsten Jahrtausends stattfinden. Aber da zu
diesem Zeitpunkt jedermann in Automobilen oder auf
Fahrrädern sitzen wird, kann die Gelegenheit, vor Freude
aufzuhüpfen, von fast niemandem wahrgenommen werden.
Man wird sich damit begnügen, mit größter Sorgfalt die*

wenigen bedauerlichen Fußgänger, die den vorausgegan-
genen Vernichtungen entrannen, zu überfahren und dem
doppelten Abstand entgegenzurasen, der von den scheuß-
lichen Maschinen herangerufen wird: Dem Schwachsinn
der Männer und der Sterilität der Frauen. Man wird sich
in Verwesung und Wahnsinn amüsieren.

Nun denn, in Erwartung dieser Dinge, zur gegenwär-
tigen Stunde, da das Sturmgeläut des Weltendes noch
nicht wirklich begonnen hat, in dieser beinah letzten Mi-
nute, wo noch etwas von dem überdauert, was die Passion
des Gottessohnes in all seinen Gliedern war, und wo ein
paar Seelen sich hinter dem gräßlichen Haufen verspätet
haben und noch leiden können, wie man einst litt am Ge-
danken, daß der Gott des Himmels und der Erde unauf-
findbar ist: In einem solchen Augenblick, der ungefähr der
des Todes ist, darf man wirklich fragen, ob das Bild nicht
ebenso abwesend ist wie das Urbild, ob es in einer Gesell-
schaft ohne Gott überhaupt noch Menschen geben
kann?«[5]

Genau dies ist die entscheidende Frage, die in diesem prophetischen Text von Léon Bloy zur Debatte steht: Wie das
Menschsein des Menschen, wie die Menschwerdung aller
Menschen gerecht und zufriedenstellend ermöglichen, wenn
der Glaube an Gott verlorengeht? Noch zecht die westliche
Welt sozusagen auf die Kreide des bisherigen Christentums.
Je mehr aber die Ressourcen an Sinn und Hoffnung, an Vermögen zu Freiheit und Solidarität gefährdet erscheinen oder
verlorengehen, desto mehr spitzt sich die zentrale Frage zu,
wie denn Menschwerden für alle sozial- und umweltverträg-
lich noch gelingen soll. Die Frage nach Gott und damit eben
auch das Problem der Mystik sind keineswegs elitäre Sonder-
fragen für religiöse Virtuosen, sondern Kernprobleme von
zentraler Bedeutung für das Leben und Überleben aller.

---

[5] *Léon Bloy,* Schrei aus der Tiefe. Textauswahl von Hans Urs von Balthasar. Einsiedeln 1987, 163ff.

II. Krise als Chance

»Es ist in der Tat die westliche Welt, hervorgegangen aus dem biblischen Wort, die das wissenschaftliche, moderne und säkularisierte All hervorgebracht hat. Und deshalb ist die Krise dieser Welt eine solche des Glaubens. [...] Die Krise unseres Jahrhunderts ist, soweit sie vom Triumph des Westens lebt, eine Kollektivkrise des Christentums selbst. Verstehen und Besitz der Welt, die Schlüssel des wissenschaftlich-technischen Unternehmens, entstammen der Gabe, die Gott dem Menschen mit der Welt gemacht hat. Und die Lösung der Frage nach Meistern der Wissenschaft setzt voraus, daß der Mensch sein eigenes Verhältnis zur Welt versteht. Ich bin ernstlich der Meinung, daß die westliche Krise, die wie eine Krankheit die ganze Welt ergriffen hat – keine übrigens einfachhin schlechte Krise – von uns Christen allein gelöst werden kann. Ich sage nicht: ›Wir die Abendländer‹, sondern einzig Glaubende können helfen, die Krise zu bewältigen, weil nur sie verstehen, wo der Ursprung und der Schlüssel liegen. Das heißt nicht, wir hätten die persönliche Fähigkeit dazu, wohl aber, daß wir die Frage korrekt stellen können, und das ist die Vorbedingung, um mit ihr fertig zu werden. Erfolgt das nicht, wird die Versuchung zur Selbstzerstörung sehr stark sein: Sei es aufgrund einer passivistischen Ablehnung oder gewaltsamer Zerstörung kraft der technischen Exzesse, der Rüstung u. s. f.«[6]

In der Tat trifft Kardinal Lustiger mit diesen Bemerkungen das zentrale Problem. Es ist das Christentum – selbstverständlich immer verstanden in unterschiedener Geschwisterlichkeit mit dem Judentum –, das die Menschheit einschneidend verändert hat. Wenn denn der Noch- und Nachmoderne westlicher Prägung die Diagnose »Atheismus« ge-

---

[6] *Jean-Marie Kardinal Lustiger,* Wagt den Glauben. Reden und Aufsätze. Einsiedeln 1986, 125f.

stellt werden muß und nach einer entsprechenden Therapie gesucht wird, dann ist die Anamnese um so wichtiger! Wenn denn das Leben und Überleben aller davon abhängt, ob es Glaubende gibt, wenn also der Fromme der Zukunft ein Mystiker sein wird – wie Karl Rahner prognostizierte, einer der etwas erfahren hat oder nicht mehr sein wird, dann muß an die Ursprünge des Christlichen erinnert werden, um hier und jetzt neu zu entdecken, worauf es christlich entscheidend ankommt.

Es sind mindestens drei zentrale Aspekte, durch die das Christentum die Welt verändert hat und ohne die der Prozeß der wissenschaftlich-technischen Entwicklung und damit verbunden des Atheismus nicht zu verstehen ist. Die gesamte wissenschaftlich-technische Dynamik der Weltveränderung und Selbstverwirklichung lebt nämlich – und dies zuerst – davon, daß durch den Glauben an den transzendenten Gott Welt und Mensch allererst freigegeben wurden in ihr eigenes. Daß Gott freigebende und freiende Freiheit ist, daß er das Andere seiner selbst will, daß er dieser Welt und jedem Menschen ganz immanent ist und doch unendlich transzendent gegenüber bleibt – genau dies öffnet den Lebens- und Weltraum, innerhalb dessen jene modernen Emanzipations- und Rationalitätsbewegungen ermöglicht wurden, die die gegenwärtige Krise bestimmen. Insofern ist Kardinal Lustiger recht zu geben, daß hier »der Ursprung und der Schlüssel liegen«:

»In Wirklichkeit ist diese Krise der Säkularität und des Rationalismus eine dem Christentum innerliche, ist eine kollektive und kulturelle Glaubenskrise. In der Tat ist der Atheismus, so paradox dies erscheinen mag, eine Frucht des Glaubens, nicht dessen dialektischer Widerpart, sondern eine Prüfung des Glaubens. Die wissenschaftliche Entwicklung ist eine Prüfung der Entwicklung des Schöpfungsglaubens [...] Die rationale Krise des Abendlands ist die Krise einer Vernunft, die durch die Offenbarung befreit worden ist. Deshalb bleibt das Schlüsselproblem der

modernen Kultur das Gottesproblem: Es ist sogar das einzige!«[7]

Die Deutung von Welt und Mensch als wechselseitig freigebende Begegnungsgeschichte, in der Gott offenbar wird als der alles tragende, schöpferische Grund und vollendende Bezugspunkt eröffnet einen höchst emanzipativen Prozeß: Gott in allen Dingen und Menschen finden, diesen innerlicher als sie selbst, und ihnen doch zugleich unendlich gegenüber und transzendent; alle Dinge (und Menschen) umgekehrt freigegeben in ihr Eigensein. Der Gott Israels und Jesu Christi braucht weder Welt noch Mensch zur Realisierung seiner Göttlichkeit, sozusagen als Resonanzboden seiner Selbstverwirklichung, aber er will ihrer bedürfen. Er ist absolut frei und freigebend, er will die Welt als das andere seiner selbst, er will die Menschen als Mitliebende und Mitarbeitende. Zweitens ist damit verbunden die Entdeckung des Menschen als Person, und zwar unabhängig und vorgängig zu den eigenen Taten oder Untaten, Leistungen oder Fehlleistungen. Daß jeder Mensch eine unvertretbare eigene Würde und Berufung hat, daß er als Individualität und Sozialität sich frei bestimmen kann und soll und also aus der Freiheit Gottes verbindlich leben lernt, ist eine Perspektive, die die Menschheit faktisch dem Christentum verdankt. »Selbst die allerschlechteste christliche Welt würde ich der besten heidnischen vorziehen, weil es in einer christlichen Welt Raum gibt für die, denen keine heidnische Welt je Raum gab: Für Krüppel und Kranke, Alte und Schwache; und mehr noch als Raum gab es für sie: Liebe, für die, die der heidnischen wie der gottlosen Welt nutzlos erschienen und erscheinen.«[8] Drittens gehört zum besonderen Profil biblischen Gottesglaubens der Mut, nicht nur die Endlichkeit von Vernunft und Welt illusionslos in den Blick zu nehmen, sondern auch das universale Ausmaß von Gewalt, Lüge, Verblendung und Sün-

---

7
8   Ebd. 124f.
    So notierte bekanntlich Heinrich Böll, hier zitiert nach *Gisbert Greshake,*
    Der dreieine Gott. Eine trinitarische Theologie. Freiburg 1997, 515.

de. Das Christentum ist durch Gott ermöglichte Gewaltanschauung: »Sie werden auf den schauen, den sie durchbohrt haben« (Joh 19,37). Nicht zufällig steht im Zentrum des Christentums die Achtsamkeit auf die Leidensgeschichte Gottes in den Leidensgeschichten der Menschen, das Geheimnis versöhnender Feindesliebe inmitten der Teufelskreise von Gewalt und Gegengewalt, von Sünde und Bosheit.

Entsprechend ist christliche Mystik immer, wie noch zu zeigen sein wird, Mystik der Erde und der Welt, Schöpfungsmystik. Sie wird zweitens immer konkret als Gnade einer unverwechselbar eigenen Biographie und Lebensgeschichte. Schließlich steht christliche Mystik immer im Zeichen des Kreuzes und ist Leidensmystik! Mit Kardinal Lustiger gesagt: Wenn nur Glaubende die Krise meistern können, dann sind damit mystische Menschen gemeint, die den humanisierenden Mehrwert christlichen (Wieder-) Gottesglaubens in der genannten dreifachen Tiefendimension (wieder-)entdeckt haben und praktizieren.

III. Mystik der offenen Augen: Ein Zeugnis

Zu der Schar von Christinnen und Christen, die in diesem Jahrhundert die Herausforderung durch die allseits vorherrschende Gottesfinsternis angenommen haben, gehört an zentraler Stelle die französische Sozialarbeiterin Madeleine Delbrêl (1904–1964). Nicht zufällig sind es Traditionen karmelitischer Spiritualität, die zusammen mit Impulsen der kleinen Schwestern und Brüder Charles de Foucaulds das mehr als 30jährige Engagement dieser Frau in der militant atheistischen und marxistischen Bannmeile von Paris prägen. Madeleine Delbrêl ist zunächst darin beispielhaft, daß sie in ihrer eigenen Lebensgeschichte eine förmliche Bekehrung weg von nihilistischer Gleichgültigkeit und hin zum entschiedenen Christentum, dem Evangelium, durchmacht. Hinzu kommt, ebenfalls exemplarisch, ihre Überzeugung, daß die agnostische und atheistische Umwelt der Christwerdung gar förderlicher sei als ein bloß christentümliches »katholisches« Milieu:

*»In Schichten, wo Christen seit Generationen unter sich
leben, hat schließlich eine Verwechslung zwischen dem
Glauben und einer ›christlichen Mentalität‹ Platz gegrif-
fen. In dieser Mentalität wurde das freie Geschenk Gottes,
das Erkennen-Dürfen, wer er ist, das Handeln-Dürfen,
wie er will, das Geschenk des Geschaffenen und des ewigen Lebens, der Schöpfung und der erlösenden Menschwerdung, wurde all das zu einer Art angeborenen Besitz
des im Christentum Aufgewachsenen, ein Erbgut christlicher Familien. [...] Allgemach sind die evangelischen Tugenden zu solchen anständigen Menschen geworden, bis
man keinen Unterschied zwischen beidem mehr sah [...]
Wenn so das Christenleben in einigen seiner Wesensei-
gentümlichkeiten geschwächt ist, wird es von Meinungen
und Pflichten, die ihm fremd sind, überwachsen und be-
schwert: Man hängt sich an besondere Moralismen, an
politische Optionen, nimmt einen bestimmten Lebensstil,
an sich indifferente Gewohnheiten an, betrachtet das alles
aber als Verpflichtungen des christlichen Lebens, setzt es
mit dem Glaubensleben gleich.«*[9]

Es entsteht also eine unheilige Allianz zwischen dem kirch-
lich-bürgerlichen Milieu mit einer inneren Gottlosigkeit auf
der einen und dem militant atheistisch-marxistischen Umfeld
auf der anderen Seite: Von beiden Seiten her entsteht die
dringliche Herausforderung, allererst neu wieder zu lernen,

---

[9]

Madeleine Delbrêl, Wir Nachbarn der Kommunisten. Diagnosen. Einsiedeln 1975, 234. Es versteht sich von selbst, daß auch andere Zeugin-
nen und Zeugen christlicher Mystik aus unserem Jahrhundert genannt
werden könnten und müßten: im Blick auf Atheismus und Gottesfinsternis allen voran Therese von Lisieux und Simone Weil. Zu Madeleine
Delbrêl vgl. Annette Schleinzer, Die Liebe ist unsere einzige Aufgabe.
Stuttgart 1994; Marianne Heimbach-Steins, Unterscheidung der Geister
– Strukturmoment christlicher Sozialethik. Münster 1994; Gotthard
Fuchs (Hrsg.), »...in ihren Armen das Gewicht der Welt«. Mystik und
Verantwortung: Madeleine Delbrêl. Frankfurt 1996; Katja Boehme, Gott
aussäen. Zur Theologie der weltoffenen Spiritualität bei Madeleine Del-
brêl. Würzburg 1997.

was denn christlicher Glaube sei und wie eine ihm entsprechende Mystik auszusehen habe:

>*Wir verkünden keine gute Nachricht, weil das Evangelium keine Neuigkeit mehr für uns ist, wir sind daran gewöhnt, es ist für uns eine alte Neuigkeit geworden. Der lebendige Gott ist kein ungeheures, umwerfendes Glück mehr; er ist ein Gesolltes, die Grundierung unseres Daseins. Glück ist veränderliche Zutat am Rande Gottes, der bleibt. Wir geben uns keine Rechenschaft darüber, was Gottes Abwesenheit für uns wäre; so können wir uns auch nicht vorstellen, was sie für die anderen ist. Wenn wir von Gott reden, bereden wir eine Idee, statt eine erhaltene, weiterverschenkte Liebe zu bezeugen. Wir können den Ungläubigen unseren Glauben nicht als eine Befreiung von der Sinnlosigkeit einer Welt ohne Gott verkünden, weil wir diese Sinnlosigkeit gar nicht wahrnehmen. Wir verteidigen Gott wie unser Eigentum, wir verkünden ihn nicht wie das Leben alles Lebens, wie den unmittelbaren Nächsten all dessen, was lebt. Wir sind keine Erklärer der ewigen Neuigkeit Gottes, sondern Polemiker, die eine Lebensanschauung verteidigen, welche überdauern soll. Somit wäre es unnütz, andern nahe genug zu sein, um verstanden zu werden, ihre Sprache zu sprechen, gegenwärtig und wirklich für sie zu sein, falls wir – auch wenn alle diese Bedingungen erfüllt wären – nicht selber zuerst die totale Botschaft wiedergefunden hätten, die wir empfangen haben und weitergeben müssen.«*[10]

Für Madeleine Delbrêl ist also das Versickern des Gottesbewußtseins, das Verschwinden des Glaubens ein Exerzitium der besonderen Art, um sich selbst allererst neu evangelisieren zu lassen und zu entdecken, was das Besondere am Christentum ist.

---

[10] Madeleine Delbrêl, wie Anm. 9, hier 238.

»Man muß sich der beiden dunkelen Räume bewußt ge-
worden sein, zwischen denen unser Leben sich abspielt:
Unergründliches Dunkel Gottes und Finsternis des Men-
schen; dann kann man sich mit Leib und Seele dem Evan-
gelium verschreiben, kann durch unser doppeltes Nichts
hindurch unsere Kreatürlichkeit und unser Sündersein
wahrnehmen. Man muß in das Todesmilieu dessen einge-
taucht sein, dem unser menschliches Lieben gilt: In die
Verwüstungen durch die Zeit, die allgemeine Gebrech-
lichkeit, die Todesfälle, den allmählichen Zerfall der Zeit,
aller Werte, der sozialen Gemeinschaften, unserer selbst.
Und am anderen Pol muß man die undurchdringbare Welt
des Insichseins Gottes angerührt haben, um in sich ein
solches Grauen vor der Finsternis zu entdecken, daß das
Licht des Evangeliums uns nötiger wird als Brot. [...] Wer
das schmale Evangelienbuch nicht mit der Entschlossen-
heit eines Menschen ergreift, dem eine einzige Hoffnung
verbleibt, wird es weder entziffern, noch dessen Botschaft
empfangen.«[11]

Hellsichtig sieht Madeleine Delbrêl die evangelisatorische
Chance gerade in der atheistischen Krisensituation – für den
Fall jedenfalls, daß der Mensch sich nicht der Erfahrung der
Sinnlosigkeit entzieht und der ganzen Realität illusionslos
standzuhalten bereit ist. Weit davon entfernt, die Wirklichkeit
jenseits von Eden anzuschwärzen oder zu verteufeln, besteht
Madeleine Delbrêl doch – christlichem Realismus entsprechend – auf dem Faktum universaler Vergänglichkeit und
eben auch Verblendung, Verdummung und Gewalttätigkeit.
»Kreatürlichkeit« und »Sündersein« sind jenes doppelte
Nichts, in dem und angesichts dessen sich die erlösende Kraft
des Evangeliums zeigen muß. Dieses Evangelium umgekehrt
zeigt seine Wahrheit in einer eigentümlichen Doppelperspek-
tive: Einerseits konfrontiert es den faktischen Menschen mit
seiner totalen Nichtigkeit, andererseits verspricht es ihm eine

---

[11] Ebd. 58.

einmalige Wichtigkeit – und beides dank jenes Gottes, der unendlich transzendent, der Menschen in Liebe doch näher ist als dieser sich selbst.

Für Madeleine Delbrêls Spiritualität – für christliche Mystik überhaupt – ist jene Spannung kennzeichnend, die aus dem Doppelgebot der Gottes- und Nächstenliebe resultiert. »Solitaire« und »Solidaire« sind Brennpunkte dieser einen mystischen Bewegung: Einsam und unvertretbar mit dem Mut einer unverwechselbar eigenen Geschichte mit Gott, mit sich selbst und der Welt – und aus solchem Selbst- und Erwählungsbewußtsein heraus gerade die wachsende Bereitschaft zu umfassender, bedingungsloser Solidarität. Selbstbewußtsein und Selbstlosigkeit sind die spezifischen Brennpunkte dieser Glaubens- und Lebensbewegung. Gottesliebe, der nichts vorzuziehen ist und die am konkretesten wird im Akt der Anbetung, entspricht in untrennbarer Unterschiedenheit die Nächstenliebe, auch und gerade in Gestalt der Feindesliebe.

»In der Nähe eines Ungläubigen wird die Liebe zur Verkündigung, aber diese darf nur brüderlich sein. Wir kommen nicht, um großmütig etwas mitzuteilen, was uns gehört, nämlich Gott. Wir treten nicht wie Gerechte unter die Sünder, wie Leute, die ein Diplom erlangt haben, unter Ungebildete, wir kommen, um von einem gemeinsamen Vater zu reden, den die einen kennen, die anderen nicht, wie Verziehene, nicht wie Unschuldige, wie solche, die das Glück hatten, zum Glauben gerufen zu werden, ihn zu empfangen, aber nicht als Eigenbesitz, sondern als etwas, das in uns für die Welt hinterlegt wird: Daraus ergibt es eine ganze Lebenshaltung.«[12]

Verbunden mit der Spannung von Selbstbewußtsein und Selbstlosigkeit, von Erwählung und Sendung, von kontemplativer Anbetung und missionarischer Verkündigung ist der

---

[12] Ebd. 253.

entschiedene, sozusagen inkarnative Wille zur Welt, zum Nächsten, zum gesellschaftlichen und sozialen Kontext.

> *»Für den Christen besteht keine Möglichkeit, Gott zu lie-*
> *ben, ohne die Menschheit zu lieben, und keine Möglich-*
> *keit, die Menschheit zu lieben, ohne alle Menschen zu lie-*
> *ben, und keine Möglichkeit, alle Menschen zu lieben, ohne*
> *jene Menschen zu lieben, die er kennt und zwar mit einer*
> *konkreten, tätigen Liebe.«*[13]

> *»Missionar ist einer nur, wenn er dem Gotteswort, dem*
> *Evangelium in sich selbst diesen ehrlichen, weiten, herz-*
> *lichen Empfang bereitet hat. Der Drang des lebendigen*
> *Wortes geht dahin, Fleisch zu werden in uns. Und sind wir*
> *so von ihm bewohnt, wären wir zu Missionaren geeignet.*
> *Doch täuschen wir uns nicht: Es ist sehr verpflichtend, die*
> *Botschaft unverfälscht in sich zu empfangen, deshalb gibt*
> *es so viele von uns, die sie schminken, verstümmeln, ver-*
> *mindern. Man hat das Bedürfnis, sich der Mode des Tages*
> *anzupassen, als wäre Gott nicht täglich in Mode, als*
> *müßte man ihn überholen. Wenn der missionierende Prie-*
> *ster der Träger des Wortes Gottes ist, so sind wir Missio-*
> *nare ohne Priestertum wie eine Art Sakrament. Haben wir*
> *das Wort Gottes einmal erkannt, so ist uns das Recht ent-*
> *zogen, es nicht weiter zu empfangen; haben wir es einmal*
> *empfangen, so muß es auch Fleisch werden in uns; ist es*
> *einmal in uns Fleisch geworden, so dürfen wir es nicht bei*
> *uns behalten: Wir gehören fortan denen, die darauf war-*
> *ten.«*[14]

Ersichtlich ist Delbrêls Spiritualität von der Alternative ge-prägt »Missionieren oder Demissionieren«. Ihre Gotteslei-denschaft zielt keinen Augenblick auf eine religiöse Selbst-genügsamkeit, sondern zeigt sich in sozialer Sensibilität und

---

[13] Ebd. 183.
[14] Ebd. 56f.

in wachsender Achtsamkeit auf die Bedürfnisse der Mitmenschen und die Not der Zeit. Madeleine Delbrêl ist eine große Zeugin christlicher Mystik gerade darin, daß sie die untrennbare Einheit von Gottesliebe und Weltverantwortung, von Anbetung und Engagement, von Kontemplation und Kampf praktiziert und handelnd wie lehrend entfaltet. Daß der Mystik der geschlossenen Augen christlich die Mystik der offenen Augen entspricht, daß Gott uns in allen Dingen und Menschen entgegenkommt, besonders aber in den geringsten Brüdern und Schwestern Jesu – das ist für Madeleine Delbrêl fundamental: Christlicher Glaube als Praxis wechselseitig freigebender Liebe! Aus dieser inneren Klarheit heraus, in der sie sich vom biblischen Doppelgebot der Gottes- und Nächstenliebe geprägt und geführt sieht, kann sie in aktuellen gesellschaftlichen und kirchlichen Spannungen und Konflikten die Geister unterscheiden: Selbstverständlich z.B. Seite an Seite mit Marxisten und Atheisten, wo es um die Bewältigung von sozialer Not und gesellschaftlichen Unrecht geht, und doch in klarer Ablehnung der atheistischen Motivation bei den marxistischen Brüdern und Schwestern. Im kirchlichen Arbeiterpriesterstreit erweist sich Delbrêls geistliche Diagnostik wiederum unbestechlich: Ganz auf der Seite derer, die sich von der Not des Proletariats beunruhigen lassen und evangelisatorisch dort tätig werden wollen, bleibt sie doch entschieden beim besonderen Priestertum und dessen unvertretbarem Auftrag, auch im Gegenüber zum Gottesvolk. Gerade weil ihre Spiritualität durch und durch theozentrisch ist und nichts anderes sein will als Nachfolge Jesu, ist ihr die konkrete Bindung an die faktische Kirche selbstverständlich. »Je kirchenloser die Welt ist, in die man hineingeht, umso mehr muß man Kirche sein.«[15] Solche Kirchenbindung aber schließt Kirchenkritik durchaus ein, denn der innere Orientierungspunkt und Wurzelgrund solcher Kirchenliebe ist einzig und allein die Nachfolge des »Deus semper major et minor« in der Gestalt Jesu Christi und in der Gestalt seiner

---

[15] Ebd. 123.

geringsten Brüder und Schwestern. Die Mystik also, die dieser Glaubens- und Lebenspraxis entspricht und in ihr konkret wird, ist weder weltflüchtig noch weltverfallen, weder monologisch-selbstgenügsam noch politisierend veräußerlicht, weder gnostisch-esoterisch ins Eigene und Innerliche verliebt noch einer allgemeinen Weltreligiosität verfallen. Delbrêls Spiritualität ist von einer ganz tiefen Weltzugewandtheit und Menschenliebe geprägt, aber keinen Moment illusionär gegenüber dem Ausmaß von Verblendung, Halbherzigkeit und Bosheit: »Der Christ liebt niemals christlich, wenn er das Böse außer acht läßt; gerade wegen des Bösen liebt er noch mehr, um das Werk der Erlösung fortzusetzen.«[16]

Zusammenfassend und an die vorhergehenden Überlegungen anknüpfend, läßt sich sagen: Madeleine Delbrêls Spiritualität ist durch und durch von der Gewißheit geprägt, daß Gott als zuvorkommende Liebe da ist und wirkt. Es ist eine Mystik wechselseitig freigebender Freiheit, durch die der Mensch allererst wahres Selbstbewußtsein gewinnt. Gütezeichen dieses Selbstbewußtseins aber ist äußerste Selbstlosigkeit und Solidarität. Madeleine Delbrêl bezeugt, wie sehr der Glaube an Gott die Gnade einer unverwechselbar eigenen Biographie beinhaltet. Gerade im Kontext von Atheismus und Agnostizismus und angesichts der Erfahrung von Sinnlosigkeit und Nihilismus entdeckt Madeleine Delbrêl die Einmaligkeit und Besonderheit des Evangeliums, und dies führt zu einem dauernden Gewaltzustand »der Unterscheidung der Geister«, des entschiedenen, durchaus kontrastreichen Apostolats.

»Und so kommt der Christ, wenn er ins Innere der Mentalität seiner Brüder eindringt, in Kontakt mit einer Finsternis von außerordentlicher Dichte. Diese steigert sich für den Christen noch durch den Kontrast zum Licht, das er in sich trägt. Sie steigert sich noch mehr durch den

---

[16] *Madeleine Delbrêl*, Christ in einer marxistischen Stadt, Frankfurt 1974, 191.

Kontrast zu dem aus großen Teilen der Menschheit ver-
jagten Licht. Je mehr ein Christ Gottes Licht in sich auf-
nimmt, umso tragischer wird demnach auch der Kon-
trast.«[17]

Christliche Mystik ist, wie gesagt, wesentlich (nicht masochi-
stische) Leidensmystik: Leiden am Ausmaß der Gottlosigkeit,
Mit-Leiden mit der Not der Menschen, Mit-Leiden im schöpferischen Werben und Wirken Gottes, ja auch Leiden an Gott
und seiner Entzogenheit. Gerade im Glauben, den Madeleine
Delbrêl als »dunkles Licht« bezeichnen kann, öffnet sich ab-
gründig tief der Beziehungsreichtum, die Begegnungsdrama-
tik und auch der Freiheitsabgrund der Geschichte Gottes mit
den Menschen, der Menschen mit Gott und untereinander:

»Und unser Herz wird immer weiter
und immer schwerer
von der Last vielfacher Begegnung,
immer schwerer von der Last deiner Liebe,
unser Herz,
gebildet von dir,
bevölkert von unseren Schwestern und Brüdern,
den Menschen.
Denn die Welt ist kein Hindernis,
um für sie zu beten.
Wenn einige die Welt verlassen müssen,
um sie zu finden,
so müssen andere in die Welt hineintauchen,
um sich emporzuschwingen
mit ihr
zum gleichen Himmel.
Im Abgrund der Sünden der Welt
hast du sie zum Stelldichein gerufen,
gekettet an die Sünde
leben sie mit dir einen Himmel,

---

[17] Madeleine Delbrêl, wie Anm. 9, hier 191.

der sie emporzieht und in Stücke reißt.
Während du fortfährst,
in ihnen die düstere Erde zu besuchen,
erklimmen sie mit dir den Himmel;
zu einer schwerfälligen Himmelfahrt sind sie bereit:
Festgehalten im Schmutz,
verzehrt durch deinen Geist,
verbunden mit allen,
gebunden an dich,
beauftragt, im Ewigen zu atmen,
wie Bäume für ihre Wurzeln im Boden«[18].

IV. Resistance der Innerlichkeit

Nicht zufällig steht seit dem »renouveau catholique« eines Léon Bloy, Charles Péguy und George Bernanos die Formel von »Mystik und Politik« programmatisch auf der Tagesordnung christlicher Selbstverständigung. Gerade angesichts narzißtischer und konsumistischer Engführungen des religiösen Bedürfnisses kommt es christlich entscheidend und unterscheidend darauf an, die innere Einheit von Gottesliebe und Weltverantwortung darzustellen. Keine Mystik der Innerlichkeit ohne eine Mystik der Äußerlichkeit, keine Mystik der geschlossenen Augen ohne eine Mystik der offenen Augen! Keine noch so fromme persönliche Ergriffenheit ohne Bezug zu den mitmenschlichen, den sozialen, den gesellschaftlichen Verhältnissen und ihren Notlagen! Gerade die Radikalität christlicher Gottesleidenschaft und Jesusnachfolge ist es, die – wie wenigstens kurz am Beispiel Madeleine Delbrêl erläutert – mitten hineinführt in die Lebensverhältnisse, wie sie jenseits von Eden sind. Der »solitaire« Bezug zum lebendigen Gott allein, wie er sich in Kontemplation und Anbetung artikuliert, schafft jene freigebende Distanz, durch die der glaubende Mensch allererst fähig und willens wird, sich umso

---

[18] Zitiert nach Annette Schleinzer , wie Anm. 9, hier 274f.

mehr in die Weltverhältnisse zu inkarnieren. Der weltdistan-
zierenden Kraft christlichen Glaubens entspricht eine beson-
dere Dynamik der Weltzustimmung; die ausschließliche Hin-
gabe an Gott allein macht den Menschen allererst frei, im
Sinne der Zustimmungskraft zu sich selbst, zur Welt und zur
eigenen Zeit. Solche »Resistance der Innerlichkeit« (Friedrich
Heer) ist also das genaue Gegenteil von Weltflucht oder
Weltsucht, vielmehr das Geheimnis des archimedischen
Punktes, von dem aus Freiheit von der Welt und Freiheit zur
Welt zwei Seiten der einen Wahrheit sind. Solch christliche
Entschiedenheit, die sich als Zustimmungs- und Widerstands-
kraft auch in kirchlichen Kontexten artikuliert, ist von höchster reformatorischer Valenz: Wird hier doch konkret, was an
den gegenwärtigen Verhältnissen noch fehlt und wie sehr alles, was ist, gleichermaßen noch Verfallsdatum, aber auch
Verheißungsvermerk schon trägt. Je mehr der Mensch also
glaubend sich auf Gottes Liebeswerben und seinen universalen Vollendungswillen einläßt, desto stärker wird er mitten
hineingeführt in jenes »Schon« und »Noch nicht«, das die Signatur christlicher Existenz und ihr entsprechender Mystik
trägt.

Wendet man sich mit solchen Überlegungen zur geistlichen Lage der Gegenwart dem Schrifttum und Glaubens-
zeugnis von Helfta damals zu, so bieten sich unterschiedlich-
ste Lesarten für eine relecture, – den historischen Zeitenab-
stand und die hermeneutische Differenz immer vorausgesetzt
und entsprechend den damaligen geschichtlichen Kontext genau rekonstruierend:

Erstens: Zweifellos gehört die Spiritualität und Mystik
von Helfta in jenen größeren Emanzipationsvorgang, in dem
der Mensch vor Gott und dank der Begegnung mit ihm allererst den Abgrund seiner Freiheit und das Ausmaß seiner Würde entdeckt. Seit der Achsenzeit des 12. Jahrhunderts wird
bekanntlich die Menschheit und Menschlichkeit Jesu Christi,
vor allem in seinem Leiden, ganz neu wahrgenommen – und
entsprechend ist gerade auch die zisterziensische Spiritualität
von einer eigentümlichen Spannung zwischen Selbstbewußtsein und Selbstlosigkeit, von Freiheit und Bindung geprägt.

Bernhard von Clairvaux ist selbst eine beispielhafte Figur für den aus solcher Christusmystik erwachsenden Mut, ich zu sagen und ein Selbst zu werden. Die Frauen von Helfta, zumal Gertrud die Große, bezeugen das Geheimnis einer eigenen Biographie, vor Gott und dank der Begegnung mit ihm.

Zweitens: Untrennbar von solcher »Entdeckung der Person« mitten im Glaubensgeschehen ist die wesentliche Realisierung des Gemeinschaftlichen und Kommunialen. Genese und Redaktion der wesentlichen Helftaer Schriften dokumentieren schon in sich, welch vielfältig vernetztes Wurzelwerk und Kommunikationsgeschehen die Helftaer Gemeinschaft war. Selbstwerdung und Gemeinschaftsbindung geraten in einen wechselseitig befreienden Erschließungszusammenhang. Die Intimität der Gottesmystik findet ihre Bewahrheitung im gemeinschaftlichen Leben und Lehren, nicht zuletzt im liturgischen Tun.

Drittens: Christliche Mystik ist, wie gerade die Helftaer Schriften zeigen, nicht an »Erlebnissen« und »Erfahrungen« als solchen interessiert, sondern an der Tat der Gottes- und Nächstenliebe, an der Praxis des Glaubensdienstes. In der Spannung von Individualität und Sozialität der Glaubenspraxis stellt sich neu die Frage nach dem möglichen Spezifikum von Frauenmystik, im Unterschied zur Männermystik. Reiz und Fremdheit der Helftaer Schriften liegen nicht zuletzt in ihrer besonderen Metaphorik, in ihrem Bilderreichtum und in einer bestimmten Art von Emotionalität und Affektivität, die sowohl auf der literarischen wie existentiellen Ebene zu beachten sind. Die Psychologie und Psychodynamik der Gottbegegnung, Selbsterfahrung und Gemeinschaftsgestaltung hat ein besonderes Profil.

Viertens: Die Helftaer Zeugnisse belegen, wie sehr christliche Mystik Leidensmystik ist. Die geistliche Kultur schöpferischer Selbstverleugnung, asketischer Jesusnachfolge und entsprechender Bußpraxis bedarf besonderer Würdigung – nicht zuletzt mit dem Interesse, das Verhältnis von Gesundheit und Krankheit, von Krankheit und Heiligkeit genauer zu bestimmen und pathogene Leidvorstellungen zu unterscheiden von jenem Leiden, das aus dem Kampf gegen das Leiden erwächst und konkret wird im Mit-Leiden mit dem leidenden Jesus und dem bedürftigen Gott.

Bei Madeleine Delbrêl ist zu lernen, wie sehr die Reformation der Christenheit an Haupt und Gliedern abhängt von geistlichen Basisbewegungen und Gemeinschaften, die aus der Intimität persönlicher Glaubensentscheidung und entsprechender Gotteseinwurzelung leben und wirken. Gerade in Wüstenzeiten, und -zonen sind solche Oasen christlicher Gottes-Wahrnehmung Zeichen der Hoffnung, an denen die Geister sich scheiden können. Helfta war zweifellos in seiner Zeit und im damaligen Kontext solch ein Brennpunkt der Erneuerung und Sammlung. Die Begegnung mit dem Ort und den Schriften von damals kann im Sinne Madeleine Delbrêls heute helfen, das eine Notwendige zu tun und die Einheit von Gottes- und Nächstenliebe radikal zu bezeugen. Solche Mystik ist in sich evangelisatorisch und heilsam verändernd. »Mit dem Evangelium in der Hand und der Anfechtung auf dem Rücken müssen wir von Grund auf neu lernen, was brüderliche (geschwisterliche) Liebe ist und wie sie gelebt wird.«[19]

---

[19] Madeleine Delbrêl, wie Anm. 9, hier 241.

Gerhard Tersteegen und die Frauen von Helfta

Zur Rezeption der Helftaer Mystik im Protestantismus

Ulrich Köpf

I.

Die Frömmigkeit des deutschen Protestantismus hat sich vor allem im Kirchenlied entfaltet und vielfältig wieder aus ihm gespeist. Dabei spielte der private Liedgebrauch in der häuslichen Andacht und im persönlichen Gebet keine geringere Rolle als der gottesdienstliche Gesang von Gemeindeliedern.[1] Das Gesangbuch – in vielen Familien jahrhundertelang das einzige Buch neben der Bibel – hat als Gebetbuch und Erbauungslektüre weithin die evangelische Frömmigkeit geprägt.[2]

Neben dem Liedgut ist die literarische Gattung der Hagiographie so stark in den Hintergrund getreten, daß sie häufig übersehen wird, obwohl auch sie im Protestantismus einen beträchtlichen Umfang einnimmt. Die reformatorische Polemik gegen die traditionelle Heiligenverehrung hat jedoch bewirkt, daß die ausgedehnte hagiographische Literatur, deren Entstehung auf Martin Luther zurückgeht, im Bewußtsein des Protestantismus immer nur eine Rolle am Rande gespielt hat und von Außenstehenden kaum wahrgenommen wurde.[3]

---

[1] Überblick über seine Geschichte: *Markus Jenny*, Art. Kirchenlied I. Historisch (bis 1900). In: Theologische Realenzyklopädie 18, 602–629; zur funktionalen Betrachtung bes. 603f.

[2] Überblick über die Gesangbuchgeschichte, jedoch ohne Berücksichtigung des Gebrauchs: *Alexander Völker*, Art. Gesangbuch. In: Theologische Realenzyklopädie 12, 547–565.

[3] Überblick bei *Frieder Schulz*, Art. Hagiographie IV. Protestantische Kirchen. In: Theologische Realenzyklopädie 14, 377–380. *Ders.*, Art. Heilige / Heiligenverehrung VII. Die protestantischen Kirchen. In: Theologische Realenzyklopädie 14, 664–672. Vgl. *Ulrich Köpf*, Protestantismus und Heiligenverehrung. In: *Peter Dinzelbacher / Dieter R. Bauer*

Für das Verhältnis des Protestantismus zu den Heiligen
wurde Artikel 21 der »Confessio Augustana« von 1530 wegweisend – übrigens die erste Lehraussage über das Thema in
der Geschichte der abendländischen Christenheit. In dieser
grundlegenden Bekenntnisschrift des Luthertums wird das
Heiligengedenken zur Stärkung des Glaubens und als Vorbild
für das Handeln empfohlen, die verehrende und bittende Anrufung der Heiligen aber verworfen.[4] Die reformierten Be-
kenntnisse lehnen die Mittlerfunktion der Heiligen noch ent-
schiedener ab,[5] empfehlen aber ebenfalls das Heiligengedenken.[6] Wenn sich unter diesen Voraussetzungen eine protestantische Hagiographie entwickeln konnte, so fehlte doch das

---

4   (Hrsg.), Heiligenverehrung in Geschichte und Gegenwart. Ostfildern
1990, 320–344.
Die Bekenntnisschriften der evangelisch-lutherischen Kirche. Herausgegeben im Gedenkjahr der Augsburgischen Konfession 1930. Göttingen
[11]1992, 83b: »Vom Heiligendienst wird von den Unseren also gelehrt,
daß man der Heiligen gedenken soll, auf daß wir unsern Glauben stär-
ken, so wir sehen, wie ihnen Gnad widerfahren, auch wie ihnen durch
Glauben geholfen ist; darzu, daß man Exempel nehme von ihren guten
Werken, ein jeder nach seinem Beruf [...]. Durch Schrift mag man aber
nicht beweisen, daß man die Heiligen anrufen oder Hilf bei ihnen suchen
soll.« In der lateinischen Fassung: »De cultu sanctorum docent, quod
memoria sanctorum proponi potest, ut imitemur fidem eorum et bona
opera iuxta vocationem [...]. Sed scriptura non docet invocare sanctos
seu petere auxilium a sanctis.«

5   Z.B. die Confession de la Foy von Genf 1536, Art. 12 (*E.F. Karl Müller*
[Hrsg.], Die Bekenntnisschriften der reformierten Kirche. Leipzig 1903,
Nachdruck: Zürich 1987, 114,5f): »Nous rejectons l'intercession des
sainctz, comme une superstition inventée des hommes contre l'Escriptu-
re«; Confessio helvetica posterior 1562, Art. 5 (ebd. 175,28–30): »Proin-
de sanctos coelites sive divos, nec adoramus, neque colimus, nec invo-
camus, neque illos coram patre in coelis pro intercessoribus aut mediato-
ribus nostris agnoscimus«; Heidelberger Katechismus 1563, 94. Frage
(ebd. 709,19–24): »Was erfordert der Herr im ersten Gebott? Antwort.
Daß ich bey verlierung meiner seelen heil und seligkeyt alle abgötterey,
zauberey, abergläubische segen, anruffung der Heiligen oder anderer
Creaturen, meiden und fliehen soll, Unnd den einigen waren Gott recht
erkennen, jm allein vertrauen [...]«.

6   Confessio helvetica posterior 1562, Art. 24 (ebd. 215,21–23): »Interim
fatemur non inutiliter sanctorum memoriam, suo loco et tempore, in
sacris concionibus populo commendari, et omnibus sancta exempla
sanctorum imitanda proponi«.

Klima für das Gedeihen einer persönlichen Andacht zu Heiligen, wie sie für den neuzeitlichen Katholizismus so charakteristisch ist. Die Rezeption und Wirkung hagiographischer Literatur steht im Protestantismus unter ganz anderen Bedingungen als im Katholizismus und verläuft in einer Weise, deren Ermittlung der frömmigkeitsgeschichtlichen Forschung noch ein weites Betätigungsfeld bietet.

II.

Zu den protestantischen Hagiographen, die das Gedenken an die Frauen von Helfta besonders intensiv gepflegt haben, gehört Gerhard Tersteegen,[7] »die wichtigste Gestalt des reformierten Pietismus auf deutschem Boden«[8]. Der am 26. November 1697 im niederrheinischen Moers Geborene hat die Gelehrtenschule seiner Vaterstadt besucht und neben Latein und Griechisch auch Hebräisch und Französisch gelernt. Nach einer kaufmännischen Ausbildung sicherte er seinen Lebensunterhalt durch ein Handwerk: zunächst als Leineweber, dann als Bandwirker. Am Gründonnerstag 1724 übereignete er sich in einer mit seinem eigenen Blut aufgezeichneten »Verschreibung« seinem »einigen Heylande und bräutigam Christo Jesu«[9] und lebte zunächst als Einsiedler, seit 1725 mit einem Haus- und Arbeitsgenossen zusammen. Bis zu seinem Tod hielt er an der zölibatären Lebensweise fest. Er übersetzte fremde und verfaßte eigene Werke, wirkte in religiösen Ver-

---

[7] Neueste Gesamtdarstellungen: *Johannes Wallmann*, Der Pietismus. Göttingen 1990, 32–36; *Bernd Jaspert*, Gerhard Tersteegen als ökumenischer Theologe. In: Monatshefte für Evangelische Kirchengeschichte des Rheinlandes 39, 1990, 207–234; *Johann Friedrich Gerhard Goeters,* Der reformierte Pietismus in Bremen und am Niederrhein im 18. Jahrhundert. In: *Martin Brecht* u.a. (Hrsg.), Geschichte des Pietismus. Bd.2: Der Pietismus im achtzehnten Jahrhundert. Hrsg. v. *Martin Brecht / Klaus Deppermann*, Göttingen 1995, 372–427; über Tersteegen: 390–410 u. 422–426.

[8] Goeters, ebd. 390.

[9] Nach der Abbildung der Handschrift ebd. 394.

sammlungen als Prediger und als Seelsorger vor allem in Mülheim/Ruhr und entfaltete durch einen ausgedehnten Briefwechsel und auf zahlreichen Reisen Wirkungen bis nach Holland. Gesundheitliche Probleme zwangen ihn, seit 1756 auf öffentliche Reden und Reisen zu verzichten und sich ganz auf das Schreiben zu beschränken. Nach schwerer Krankheit ist er am 3. April 1769 in Mülheim gestorben.

In Tersteegens umfangreichem, derzeit schwer überschaubarem Werk finden sich beide eingangs genannten literarischen Gattungen in gewichtiger Ausformung. Am bekanntesten sind allerdings zweifellos seine Lieder.[10] In dem von 1953 bis 1996 gebräuchlichen »Evangelischen Kirchengesangbuch (Ausgabe für die Evangelische Landeskirche in Württemberg)« waren insgesamt siebzehn, in dem neuen, 1996 eingeführten »Evangelischen Gesangbuch« sind noch neun von ihnen enthalten. Eines davon – »Jauchzet, ihr Himmel« (EG 41) mit sieben Strophen – findet sich als »ökumenisches Lied« in einer auf fünf Strophen verkürzten Fassung auch im katholischen »Gotteslob« (Nr. 144).[11] Kaum bekannt ist dagegen Tersteegens hagiographisches Werk: »Auserlesene Lebensbeschreibungen heiliger Seelen« in drei Bänden, deren erste Auflage in Frankfurt und Leipzig 1733, 1735 und 1743 erschienen ist. Eine zweite Auflage folgte 1754, eine dritte postum 1784. Als ein Werk der religiösen Gebrauchsliteratur sind die »Lebensbeschreibungen« in wissenschaftlichen Bibliotheken äußerst selten geworden.[12] Tersteegen be-

---

[10] Vgl. aus der neueren Literatur: *Winfried Zeller*, Gesangbuch und geistliches Lied bei Gerhard Tersteegen. Zuerst 1969, wieder abgedruckt in: *Ders.*, Frömmigkeit und Theologie, Bd. 1, Marburg 1971, 186–194; *Hans-Georg Kemper*, Vielsinnige »Blumen«-Lese. Zum literarhistorischen Standort Gerhard Tersteegens. In: Pietismus und Neuzeit 19, 1993, 117–142.

[11] *Gerhard Tersteegen*, Geistliches Blumengärtlein inniger Seelen mit der Frommen Lotterie und einem kurzen Lebenslauf des Verfassers, 3. Büchlein, Nr. 29, Sterotyp-Ausgabe Stuttgart 1921, 261f (8 Strophen).

[12] Mir war auch über die Fernleihe nur die 3. Auflage zugänglich: »Auserlesene / Lebensbeschreibungen / Heiliger Seelen / In welchen / nebst derselben merkwürdigen / äussern Lebens=Historie / hauptsächlich angemerket werden / die innere Führungen GOttes über Sie / und die mannig-

handelt in insgesamt sechsundzwanzig ohne erkennbares Ordnungsprinzip aneinandergereihten »Stücken« folgende Personen[13]: Aus dem benediktinischen Mönchtum Hildegard von Bingen (III, 24), die Zisterzienserinnen Elisabeth von Schönau (III, 25), Gertrud von Helfta (I, 6) und Mechthild von Hackeborn (III, 26), aus dem Dominikanerorden Heinrich Seuse (III, 16), Katharina von Siena (III, 17) und Elisabeth (de Baillou) vom Kinde Jesu (I, 4), aus der franziskanischen Gemeinschaft Franz von Assisi (III, 18) sowie seine Jünger Bernhard von Quintavalle, Aegidius, Massaeus, Juniperus, Rogerius, Jacopone von Todi und Johannes von Alverna (III, 19), Angela von Foligno (II, 12) und Katharina von Genua (II, 11), aus dem Augustinereremitenorden Johanna von Cambry (II, 13), die Karmeliten Teresa von Jesus (II, 8), Johannes vom Kreuz (III, 21), Anna (Garçias) von St. Bartholomaeus (II, 9), Bruder Lorenz von der Auferstehung (de la Résurrection) (II, 10), Margaretha von Beaune (III, 15) und Maria Magdalena von Pazzi (III, 22), den Jesuiten Balthasar Alvares (III, 23) und die Ursuline Maria Guyard von der Menschwerdung (de l'Incarnation) (I, 5), die Einsiedler Juliana von Norwich (III, 20), Niklaus von der Flüe (II, 14) und Gregorius Lopes (I, 1) sowie die frommen Weltmenschen Armelle Nicolas (I, 2), Marina von Escobar (I, 7) und den Markgrafen Gaston Jean-Baptiste von Renty (I, 3). Es handelt sich also durchweg um Religiosen und ihnen nahestehende Persönlichkeiten aus dem Mittelalter (zwölf Stücke) und dem frühneuzeitlichen Katholizismus (vierzehn Stücke). Dieser Sachverhalt wird freilich nur den überraschen, der sich noch nicht näher mit der Frömmigkeitsgeschichte des Protestantis-

---

faltige Austheilungen seiner Gnaden in Ihnen / wobei / viele wichtige Nachrichten / in allen Ständen des christlichen Lebens vorkommen / Zur Bekräftigung der Wahrheit / und der Möglichkeit / des inwendigen Lebens / aus verschiedenen glaubwürdigen Urkunden / in möglichster Kürze zusammen getragen.« 3. Aufl., Essen 1784. – Der 1984 im Verlag »Inneres Leben«, Uitikon-Waldegg (Schweiz), erschienene Neudruck ist für wissenschaftliches Arbeiten leider unbrauchbar.

13 Im folgenden bezeichnet die römische Zahl den Band, die arabische Zahl die Reihenfolge des »Stücks« im Gesamtwerk.

mus befaßt hat und dem nur die theologischen Kontroversen der Reformation und der nachreformatorischen Zeit vor Augen stehen. Der Pietismus ist nicht nur ein Erbe der Reformation, als der er sich selbst gerne sieht, sondern zugleich Teil einer gesamteuropäischen und gesamtchristlichen Frömmigkeitsbewegung, in der die Grenzziehungen des konfessionellen Zeitalters weitgehend beseitigt sind. Er hat die religiöse Literatur des zeitgenössischen Katholizismus ebenso wie die des Mittelalters in vielfältiger Weise rezipiert. Die Öffnung der konfessionellen Enge ging freilich nicht ohne Verdächtigungen und Widerstände von Seiten eines auf seine Rechtgläubigkeit pochenden Protestantismus vor sich. Deshalb sah sich auch Tersteegen zu einer Rechtfertigung seines Vorgehens in den »Lebensbeschreibungen« veranlaßt. Dem Einwand: »Warum hält man sich dann eben auf mit Römisch=Catholischen Personen? Sind dann keine Exempel der Heiligen unter den Protestanten zu finden [...]?« hält er – abgesehen von dem Verdacht, »ob nicht die Sectirische Selbst=Liebe diesen Einwurf mache« – den Gedanken entgegen, daß Gott »sich durch keinen Namen, noch Hirn=Begriffe, noch äussere Ceremonien und Gebräuche hindern läßt, seine Gnade mitzutheilen, und sein Werk fortzusetzen in den Herzen dererjenigen, die Ihn fürchten, und recht thun unter allerley Volk«[14]. Im übrigen betont er, daß die von ihm berücksichtigten Heiligen »mit höchstem Recht Evangelische Christen zu nennen sind«,[15] deren Biographie »insonderheit von den innern Wegen GOttes« zeugt.[16] Er hält es für nötig, nicht nur den Anstoß zu beseitigen, den das »Kloster=Leben unterschiedlicher dieser Seelen« vielen Protestanten bietet,[17] sondern auch den Verdacht zu entkräften, die Empfehlung solcher Heiliger könnte Leser bewegen, »zum Pabsttum über-

---

[14] Lebensbeschreibungen I, Vorrede § 20 (S. XIII).
[15] Ebd. § 21 (S. XIII).
[16] Ebd. § 22 (S. XIV).
[17] Ebd. § 26 (S. XVI). Vgl. dazu *Winfried Zeller*, Die kirchengeschichtliche Sicht des Mönchtums im Protestantismus, insbesondere bei Gerhard Tersteegen. In: *Ders.*, Theologie und Frömmigkeit. Bd. 2. Marburg 1978, 185–200.

zugehen«.[18] Tersteegen distanziert sich ausdrücklich von Konvertiten: »Ich überlasse sie dem HErrn, approbire aber ihr Thun keineswegs.«[19] Er weist überdies darauf hin, daß die von ihm behandelten Personen keineswegs die berufenen Repräsentanten der Papstkirche seien, daß vielmehr »zwischen solchen, ohnstreitig frommen und heiligen Seelen, und zwischen dem Pabstthum, als Pabstthum, ein grosser Unterschied, ja, eine Widerwärtigkeit sey. [...] Die herrschende Römische Kirche [...] hat diese von GOtt geliebte innige Seelen und Schriften, die unter ihr gewesen, zu aller Zeit, aber unter mancherley Vorwand, übel angesehen, unterdrücket und verfolget.«[20] Dafür kann er auf Teresa von Avila und Johannes vom Kreuz, auf den Kampf gegen den Quietismus und anderes verweisen.[21] Indessen möchte er die von ihm ausgewählten »Heiligen« durch die Bezeichnung »Evangelische Christen« keineswegs als Gegner der Katholischen Kirche oder auch nur als Dissidenten charakterisieren: »Man stellet keine verführerische Irr=Lichter dar; [...] sondern Göttliche Lichter, heylsame Wahrheiten, lebendige Vorbilder und Anspor[n]ungen zur wahren Heiligung und Vereinigung mit GOtt in Ch[r]isto Jesu«.[22] In diesen »Lebensbeschreibungen frommer Menschen«[23] sieht Tersteegen »die eigentliche Kirchen=Historie«, nicht dagegen in einer Entfaltung der theologischen Kontroversen: »Denn solche Geschichte, von dergleichen wahrhaften Gliedmassen Christi, mögten mit viel besserem Recht eine Kirchen=Historie heissen, als die Erzählung von den unendlichen Wort=Kriegen der verderbten Lehrer«[24].

Tersteegens hagiographisches Werk ist nun freilich keine selbständige Darstellung, sondern eine Sammlung von Texten, die er ausgewählt und zusammengestellt, eingeleitet und

---

[18] Ebd. § 27 (S. XVII).
[19] Ebd.
[20] Ebd. § 28 (S. XVII).
[21] Ebd.
[22] Ebd. § 30 (S. XVIII).
[23] Ebd. § 5 (S. VII).
[24] Ebd. § 9 (S. IX).

durch verbindende Mitteilungen erläutert hat. Bereits 1731 hatte er nach dem Vorbild von Johann Heinrich Reitz' (1655–1720) »Historie der Wiedergebohrenen« den Plan zu diesem Werk gefaßt.[25] Für die Ausführung des Plans griff er in erster Linie auf die Arbeiten des reformierten französischen Theologen Pierre Poiret (1646–1719) zurück, der von 1688 bis zu seinem Tode im niederländischen Rijnsburg gelebt und zahlreiche Schriften zur Mystik verfaßt sowie einschlägige fremde Werke herausgegeben und bearbeitet hatte.[26] Über seine Voraussetzungen legt Tersteegen sorgfältig Rechenschaft ab. Jedem »Stück« stellt er einen »Vorbericht« voran, in dem er über die von ihm benutzten Quellen und die Sekundärliteratur berichtet. Eine Würdigung seiner hagiographischen Leistung setzte zunächst die lückenlose Ermittlung der von ihm herangezogenen Werke, sodann einen sorgfältigen Vergleich seiner Ausführungen mit ihren Vorlagen voraus. Diese bisher von der Tersteegen-Forschung noch nicht umfassend in Angriff genommenen Aufgaben kann ich im Rahmen meines kurzen Beitrags natürlich nicht einmal für die Frauen von Helfta leisten. Nur exemplarisch können einzelne Sachverhalte betrachtet werden.

III.

In den beiden Stücken über »Das Leben der heil. Gertrud, aus Sachsen« (I Nr. 6) und »Das Leben der Heil. Mechtildis« (III Nr. 26) geht Tersteegen, wie es scheint, wohl von Hinweisen Pierre Poirets aus, ist jedoch nicht im einzelnen von ihm ab-

---

25 Goeters, wie Anm. 7, hier 399.
26 Bibliographische Übersicht bei *Max Wieser*, Peter Poiret. Der Vater der romanischen Mystik in Deutschland. München 1932, 330–342. Exemplarische Untersuchung einer auch von Tersteegen in seine »Lebensbeschreibungen« aufgenommenen Vita: *Martin Schmidt*, Die Biographie des französischen Grafen Gaston Jean-Baptiste de Renty (1611–1649) und ihre Aufnahme im 18. Jahrhundert. Ein Kapitel aus dem ökumenischen Austausch zwischen romanischer Mystik, reformiertem Pietismus, Anglikanismus und Methodismus im 18. Jahrhundert. In: *Ders.*, Wiedergeburt und neuer Mensch, Witten 1969, 390–438.

hängig.[27] Nach seinen eigenen Angaben hat er für beide Abschnitte lateinische Ausgaben der Quellen benutzt. Für Gertrud[28] beruft er sich auf den Druck des »Legatus Divinae Pietatis« unter dem Titel von »Insinuationes Divinae Pietatis« in der Pariser Ausgabe von 1662[29], für Mechthild auf die Pariser Ausgabe des »Liber Gratiae Spiritualis« von 1513 in einem Folioband mit Offenbarungsliteratur[30] sowie für ihre Biographie ebenfalls auf die »Insinuationes« Gertruds, die er mit der Äbtissin Gertrud von Hackeborn verwechselt und für' Mechthilds Schwester hält.

Doch kennt Tersteegen noch andere lateinische Ausgaben und auch volkssprachige Fassungen. Von besonderem Interesse ist der erste Druck der deutschen Übersetzung von Gertruds »Legatus Divinae Pietatis«, der 1505 durch Melchior Lotter in Leipzig hergestellt wurde und den Tersteegen mit dem Titel: »Das Buch der Bothschaft oder Legation Göttlicher Gütigkeit, durch ein sonderlich andächtige, selige Klosterjungfrau des Klosters Helffde, ohnweit Eißleben im Lande zu Sachsen« anführt.[31] Daneben nennt er deutsche Überset-

---

[27] In den Vorberichten werden zitiert: *Pierre Poiret*, Bibliotheca mysticorum selecta. Amsterdam 1708; *ders.*, Posthuma. Amsterdam 1721, daraus »Vindiciae veritatis & innocentiae [...]« gegen seinen Tübinger Gegner Johann Wolfgang Jaeger (l. IV c. 30, p. 610, mit einem größeren Mechthild-Zitat).

[28] »Vorbericht« in: Lebensbeschreibungen I, 366f.

[29] Herausgegeben von dem Benediktiner Dom Nicolas Canteleu, kurz beschrieben durch *Pierre Doyère* in seiner Ausgabe: Gertrude d'Helfta. Œuvres spirituelles. Tome II: Le héraut (Livres I et II). Paris 1968 (Sources Chrétiennes N° 139), 68f.

[30] »Vorbericht« in: Lebensbeschreibungen III, 528. Gemeint ist: Liber trium virorum et trium spiritualium Virginum; Hermas. Uguetinus. Frater Robertus. Hildegardis. Elizabeth. Mechtildis, herausgegeben angeblich von Jacobus Faber Stapulensis (Jacques Lefèvre d'Étaples), gedruckt 1513 in Paris bei Robert Stephanus (Étienne). Nach: Revelationes Gertrudianae ac Mechtildianae. Vol. II Sanctae Mechtildis [...] Liber specialis gratiae [...] ed. Solesmensium O. S. B. Monachorum [Dom Louis Paquelin]. Poitiers / Paris 1877, XIf. Vgl. auch Poiret, Bibliotheca, wie Anm. 27, hier 159.

[31] So Lebensbeschreibungen I, 366 Anm. (b). Genauer Titel und Inhaltsverzeichnis bei *Otmar Wieland*, Gertrud von Helfta. Ein botte der götlichen miltekeit. Ottobeuren 1973, 9–11.

zungen Köln 1657 und 1674, lateinische Ausgaben Köln 1579 und 1588[32], Salzburg 1662, erwähnt auch Übertragungen ins Holländische und Französische, aber nicht die Erstausgabe der »Insinuationes« durch die Kölner Kartäuser (Johannes Lanspergius, Theodericus Loher), Köln 1536.[33] Die lateinische Edition von 1662 hält er für »accurater als die vorige[n]«.[34] Auch von Mechthilds Werk, das seit der Ausgabe der Benediktiner von Solesmes (d.h. Dom Louis Paquelins) mit der Wolfenbütteler Handschrift als »Liber Specialis« [statt bisher: »Spiritualis«] Gratiae« zitiert wird, kennt Tersteegen eine weitere lateinische Ausgabe, gedruckt zu Paris 1536[35], und eine deutsche Fassung »unterm Namen der Offenbarungen, in fünf Büchern«, Köln 1550.[36]

Es ist mir hier nicht möglich, der Überlieferung der Werke Gertruds und Mechthilds und ihrer Benutzung durch Tersteegen genauer nachzugehen, zumal mir in Tübingen keine der genannten alten Ausgaben zugänglich ist. Doch bereits der Vergleich zwischen Tersteegens bibliographischen Angaben und den editorischen Einleitungen neuerer wissenschaftlicher Ausgaben läßt die Breite und Vielfalt der Überlieferung von Gertruds und Mechthilds Werken und zugleich die Fülle der mit ihr verbundenen Probleme ahnen.

Tersteegen beruft sich für seine Darstellung jeweils auf vollständige lateinische Ausgaben. Seine Sprachkenntnisse haben ihn zweifellos zur Lektüre und Übersetzung der Ori-

---

32
   Diese Ausgabe ist in der Liste der Ausgaben von *Jacques Hourlier / Albert Schmitt,* Gertrude d'Helfta. Œuvres spirituelles. Tome. I: Les exercices. Paris 1967 (Sources Chrétiennes N° 127), 52f., nicht erfaßt.

33
   Doyère, wie Anm. 29, hier 64f. Im Verzeichnis der im deutschen Sprachbereich erschienenen Drucke des XVI. Jahrhunderts – VD 16 –, I. Abt. Bd. 7 (1986), sind unter G 1636 und 1637 zwei Ausgaben der Kölner Kartäuser von 1536 mit unterschiedlichem Umfang (408 Bl. bzw. 492 Bl.) erfaßt.

34
   Lebensbeschreibungen I, 366.

35
   Die Ausgabe ist Paquelin unbekannt; er weist darauf hin, daß die Existenz einer Ausgabe Köln 1536 behauptet werde, die er aber nicht zu Gesicht bekommen habe (wie Anm. 30, hier XIIf.).

36
   Auch diese Ausgabe ist Paquelin unbekannt; er erwähnt nur deutsche Ausgaben aus Kloster Thierhaupten 1597 und Köln 1657.

ginaltexte befähigt, was aber nicht ausschließt, daß er noch andere Quellen heranzog. Neben den vollständigen Ausgaben in Latein und den Übersetzungen in Volkssprachen waren Gertruds und Mechthilds Werke in zahlreichen Bearbeitungen als Gebets- und Andachtshilfen verbreitet, die für die Frömmigkeitspraxis bestimmt waren und hier wohl eine größere Wirkung als die originalen Schriften ausgeübt haben.

Daß Tersteegen diese Literatur tatsächlich benutzt hat, mag ein Beispiel zeigen. Im ersten Kapitel von Gertruds Lebensbeschreibung fügt er der Schilderung ihrer Herkunft und Entwicklung eine kleine Zusammenstellung kürzerer und längerer Gebete (»Seufzerlein«: suspiria) für verschiedene Situationen an: zur »Aufopferung des Herzens«, »Um die Gnade der Absterbung«, »Beym Essen«, »Beym Trinken«, »Bey Ausübung eines Werks«, »Demütiges Bekänntniß und Bitte«, »Brünstige Lob= und Liebesausflüsse«.[37] Das kürzeste unter ihnen lautet: »Beym Essen. Die Kraft deiner Göttlichen Liebe, wolle mich ganz Dir einverleiben, liebwürdigster JEsu.«[38] Zweifellos hat Tersteegen dafür auf eine der gängigen Gebetsammlungen zurückgegriffen, die unter dem Namen Gertruds umliefen. Am bekanntesten waren die »Preces Gertrudianae«, in denen Texte Gertruds und Mechthilds vereint sind.[39] Das Buch enthält in zehn Teilen Gebete aus unterschiedlichen Anlässen und an verschiedene Adressaten.[40] Im

---

[37] Lebensbeschreibungen I, 370f.

[38] Ebd.

[39] PRECES GERTRUDIANAE SIVE Vera & sincera Medulla devotissimarum Precum, potissimum ab ipso Christo dictatarum , & per Spiritum S. revelatarum: Ex mellifluis divinisque Relationibus [ed. 1673: Revelationibus] beatissimarum Virginum & Sororum Gertrudis & Mechtildis, Comitissarum de Hackuborn, Ordinis S. Benedicti excerptarum. Libellus vere rarus, omnique devotione plenissimus, in quo cum stupore videbis, quam gratae sint Deo & Sanctis preces nostrae, quam nobis utiles, quam in se efficaces: In gratiam non solum Saecularium, sed etiam Ecclesiasticorum & Religiosorum, (pro quibus specialia continet exercitia, [ed. 1673:)] a quodam B. Gertrudi addictissimo Sacerdote compilatus. Primo impressum Coloniae 1670. Weitere verglichene Ausgabe: Köln 1673.

[40] Ausgabe Köln 1670, 16: [Inhaltsverzeichnis:] »Libellus hic in decem Partes divisus, continet Orationes 1. Matutinas, Diurnas, & Vespertinas.

ersten Teil mit Gebeten zu den Abschnitten des Tageslaufs findet sich auch das lateinische Original des soeben zitierten kurzen Tischgebets. [41] Freilich ist dies nicht der einzige Fundort; das Gebet liegt mir noch in einer weiteren Textsammlung vor, die Auszüge aus Gertruds Offenbarungen mit verschiedenen Gebeten vereint.[42] Im Unterschied zu manchen anderen Texten, denen in den Gebetbüchern Angaben über den Herkunftsort beigefügt sind, fehlt bei unserem Tischgebet jeder derartige Hinweis. Daß Tersteegen bei der Zusammenstellung seiner Texte durchaus ein kritisches Urteil walten läßt, obwohl er natürlich noch weit von einem konsequent kritischen Umgang mit den Quellen entfernt ist, zeigt seine Bemerkung: »Man läßt es an seinen Ort gestellet seyn, ob alle diejenigen Gebäte, welche unter dem Namen der Gertrud herausgegeben worden, von dieser Heiligen wirklich aufgesetzet seyen«.[43] Doch auf die in dieser Äußerung angedeutete Problematik kann ich hier nicht näher eingehen. Bereits ein flüchtiger Blick auf Tersteegens Quellen ließ erkennen, wie wichtig eine sorgfältige Aufarbeitung der Überlieferungsgeschichte Gertruds und Mechthilds wäre – auch als Grundlage aller weiteren Untersuchungen über die Rezeptions- und Wirkungsgeschichte der Helftaer Frauen in der Frömmigkeitsgeschichte der Neuzeit.

---

2. Sub Sacrificio Missae. 3. Ad SS. Trinitatem. 4. Ad Christum. 5. De Passione Domini. 6. Ad B. Virginem. 7. Ad certos Sanctos. 8. Pro Ecclesia, Amicis, Tribulatis, Infirmis, Morientibus, & Defunctis. 9. Ante & post Confessionem. 10. Ante & post Sacrificium & Communionem. Et demum pro clausula additum est Testamentum animae.« Vgl. dazu 330: »Testamentum hoc ex Revel. nostris desumptum, est quasi quinta essentia omnium orationum, quae in hoc libro continentur [...].«

[41] Ebd. 17f: »Sub commestione. Cum B. Gert. comedendo ad singulas buccellas diceret: Virtus tui divini amoris me totam tibi incorporet, amantissime Jesu.«

[42] SELECTA VITAE SANCTE [!] INSTITUENDAE, ET COLLECTA CERTARUM ORATIONUM PRIVILEGIATARUM: Ex Libris S. GERTRUDIS VIRGINIS Ordinis S. Benedicti, Iussa DEI conscriptis in lucem porrecta. Oliva 1684, 173.

[43] Lebensbeschreibungen I, 370.

Wenn ich nun schließlich noch kurz auf Tersteegens Bild der beiden Helftaer Frauen eingehe, so kann ich daraus nur einzelne Züge hervorheben und kann zum Vergleich nicht die Quellen heranziehen, die der Verfasser benutzt hat, sondern nur moderne Ausgaben.

Zunächst muß noch einmal festgehalten werden, daß Tersteegen die heilige Gertrud (die Große, die Jüngere) mit der Äbtissin Gertrud von Hackeborn verwechselt und deshalb auch für die leibliche Schwester Mechthilds hält.[44] Diese Verwechslung darf man ihm allerdings nicht zum Vorwurf machen; sie geht auf seine Quellen zurück. Bereits in dem frühen, von dem Leipziger Dominikaner Marcus von Weida herausgegebenen Druck: »Das buch. geistlicher gnaden. offenbarunge. wunderliches vnde beschawliches lebens. der heiligenn iungfrawen. Mechtildis vnd Gertrudis. Closteriungfrawen. des closters Helffede [...], Leipzig, Melchior Lotter 1503«[45] findet sich die Behauptung: »Disse zwu Seligen jungfrawen [...] seindt [...] vom yrem vater, der ein reicher banner her, der herschafft von Hackenborn gewest, got und Marie [...] zu eynen lebenden opffer [...] gelegen [...]«[46]. Im Titel der »Preces Gertrudianae« werden Gertrud und Mechthild ebenfalls als Schwestern aus dem Grafengeschlecht von Hackeborn bezeichnet[47], und auch Poiret trägt seinen Teil zur Verwechslung der Personen bei[48]. Der Irrtum wurde zwar durch die kritische Mystikforschung in der zweiten Hälfte des 19. Jahrhunderts berichtigt; er treibt aber noch in neuerer Zeit seltsa-

---

[44] Lebensbeschreibungen I, 368; III, 528f.

[45] Titel nach VD 16, I. Abt., Bd. 13, 1988, M 1784.

[46] Nach Hourlier / Schmitt, wie Anm. 32, hier 8 Anm. 4.

[47] Vgl. oben Anm. 39.

[48] Poiret, Bibliotheca, wie Anm. 27, hier 131: »Inter eos, qui Characteri S. Theresiae quam maxime appropinquant, imprimis memoranda Sta. GERTRUDIS [...], Comitissa a Nativitate; et quae quingentis circiter abhinc annis Abbatissa fuit [...]; 158: Sancta MECHTILDIS, origine Comitissa aeque ac Sancta Gertrudis, cui erat intima [...]«.

me Blüten.[49] Aus seinen Quellen hat Tersteegen auch falsche Lebensdaten übernommen; den Tod Gertruds setzt er statt auf 1301/02 auf 1330 an[50], den Mechthilds statt auf 1298/99 auf die zwanziger Jahre des 14. Jahrhunderts[51].

Bei aller Aufmerksamkeit auf geschichtliche Daten und Sachverhalte, in denen sich die volle Menschlichkeit der Heiligen zeigt, ist Tersteegens Interesse freilich weniger historisch ausgerichtet als gegenwarts- und zukunftsbezogen: Er möchte ja exemplarische Erscheinungsformen christlicher Heiligkeit darstellen. Nachdem er über Gertruds Herkunft, Jugend und Bildung berichtet (c. 1) und sie als ein demütiges und enthaltsames Werkzeug Gottes charakterisiert hat (c. 2), handelt er von ihrem liebenden, vertrauten Umgang mit Gott (c. 3). Ein Kapitel über ihre Bemühungen um das Seelenheil ihrer Mitmenschen (c. 4) beschließt den Abschnitt, für den Tersteegen das erste Buch des »Legatus« benutzt hat. Die Kapitel 5 bis 15 enthalten Auszüge aus dem zweiten Buch des »Legatus«, dem einzigen, das auf Gertrud selbst zurückgeht. Im 16. Kapitel berichtet der Verfasser schließlich von Gertruds Erfahrungen einer zeitweiligen Gottferne, von ihrer letzten Krankheit (Schlagfluß) und ihrem Tod.

Besondere Aufmerksamkeit verdient sein Umgang mit Gertruds eigenen Aufzeichnungen im zweiten Buch des *Legatus*. Dieser Hauptteil seiner Darstellung (c. 5–15) berichtet zunächst von Gertruds Schlüsselerlebnis am Abend des 27. Januar 1281 nach der Komplet. C. 5 handelt vom Anfang ihrer »Bekehrung«, verbunden mit der »Stillung einer Beunruhigung«, die Gott einen Monat zuvor in Gertruds Herz erregt hatte, um »Eitelkeit« und »Vorwitz« zu zerstören, die der

---

[49] So verwechselt z.B. H. Ludewig in seiner auch sonst an Fehlern reichen theologischen Dissertation nicht nur die beiden berühmten Helftaer Gertruden, sondern ebenso die beiden Mechthilden, wenn er von »der heiligen Gertrud von Sachsen und ihrer Schwester Mechthild von Magdeburg« redet (*Hansgünter Ludewig*, Gebet und Gotteserfahrung bei Gerhard Tersteegen. Göttingen 1986, 76 Anm. 68.

[50] Lebensbeschreibungen I, 368; 412; III, 546.

[51] Lebensbeschreibungen III, 545; 546: »1325. ohngefehr«.

Hochmut in ihr aufgebaut hatte.[52] Tersteegens weitere Auszüge aus Gertruds Mitteilungen betreffen – grob zusammengefaßt – die gnadenhafte Erleuchtung ihres Innern (c. 6), die Einwohnung Gottes in ihr (c. 7), die Verwundung ihres Herzens und die Schenkung des Jesusknaben an sie (c. 8), das Erlebnis der Vereinigung mit Gott (c. 9f.), das Gertrud zum Schreiben veranlaßt (c. 10,3), Gottes Nachsicht gegen ihre Gebrechen und den Empfang des Jesuskindes an Weihnachten (c. 11), Gottes Führung und Herablassung (c. 12), verschiedene Gnadenerweise an Gertrud (c. 13), die Erscheinung Gottes von Angesicht zu Angesicht, die Erfahrungen seines Kusses und seiner Umarmungen (c. 14), schließlich nochmals Gottes Gnadengaben, die Gertrud in all ihrer Gebrechlichkeit zuteil werden (c. 15).

Wesentlich knapper als die Auszüge aus dem »Legatus Divinae Pietatis« (fünfundvierzig Seiten der Lebensbeschreibungen) sind die Mitteilungen aus Mechthilds Werk (siebzehn Seiten). Im Gegensatz zu dem Bild, das die Überlieferungsgeschichte bietet[53], behauptet Tersteegen: »Insgemein aber sind der Mechtildis Sachen wenig bekannt, weshalb wir ihr hier zum Beschluß einen kleinen Raum zu gestatten dienlich und erbaulich geachtet haben«[54]. Er faßt seine Ausführungen über Mechthild in vier Kapitel zusammen. Nach einer knappen Skizze ihrer Jugend, ihrer Krankheiten und ihres Charakters (c. 1,1–6) schildert er ihre Auffassung vom Mittleramt Christi (1,7–18), ihre Offenbarungen über verschiedene Themen bis hin zur Einswerdung ihres Herzens mit dem des Herrn (c. 2), ihre Erfahrungen im liebenden Umgang und in der Vereinigung mit Christus (c. 3), schließlich ihre letzte Krankheit und ihren Tod (c. 4). Tersteegen bietet offenbar nur Auszüge aus den viel umfangreicheren Textcorpora der Helftaer Frauen. Es stellt sich nun die für alle weiteren Untersuchungen grundlegende Frage, ob nicht nur in den

---

52 C. 5,1 (Lebensbeschreibungen I, 386); vgl. Legatus II,1,1 (Doyère 228).
53 Vgl. dazu auch den reichhaltigen Artikel von *Margot Schmidt*, Mechthild von Hackeborn. In: Verfasserlexikon. Bd. 6, 1987, 251-259.
54 Lebensbeschreibungen III, 528.

von Tersteegen formulierten einleitenden, verbindenden und zusammenfassenden Partien, sondern auch in seiner Textauswahl gewisse Tendenzen erkennbar sind. Sichere Erkenntnisse lassen sich allerdings nicht aus einem Vergleich der »Lebensbeschreibungen« mit modernen Ausgaben, sondern nur mit den von Tersteegen tatsächlich benutzten Quellen gewinnen.

Um mit meinen Ausführungen aber nicht ganz bei den Vorfragen stehenzubleiben, äußere ich zum Schluß noch zwei inhaltliche Eindrücke. Zum einen scheint Tersteegen aus den Vorlagen das fortzulassen, was seinem protestantischen Empfinden zu sehr widerspricht. So vermindert er die häufigen Erwähnungen von Messe und Kommunion, spricht stattdessen gerne vom »Abendmahl« und verzichtet auf Stellen, an denen vom sakramentalen Charakter und seinen Wirkungen die Rede ist.[55] Zurückhaltung übt er auch gegenüber der Rolle, die Maria im Erleben der Helftaer Frauen spielt. So kann er in der Aufzählung verschiedener Gnaden Gottes gezielt einen Satz auslassen, in dem die Fürbitten Mariae erwähnt werden.[56] Zum andern verzichtet er auf die Wiedergabe allzu spektakulärer Erlebnisse. So übergeht er gänzlich ein Kapitel, in dem Gertrud ausführlich über die geradezu körperliche Einprägung der fünf Kreuzeswunden Jesu in ihr Herz berichtet.[57] Im ganzen gewinnt man beim Vergleich mit dem lateinischen Text den von Tersteegen beabsichtigten Eindruck, daß es sich bei den behandelten Heiligen um Personen handelt, die man »mit höchstem Recht Evangelische Christen« nennen darf.[58]

---

[55] Vgl. z.B. Legatus II,5,2 (Anfang) mit Lebensbeschreibungen I, 391 §2, wo die »vivifica sacramenta« ebenso unerwähnt bleiben wie die Vision eines Strahls, der wie ein spitzer Pfeil aus der Seitenwunde des Gekreuzigten hervorgeht.

[56] Vgl. z.B. Legatus II,23,20 (Anfang) mit Lebensbeschreibungen I, 408 § 9.

[57] Vgl. Legatus II,4 mit Lebensbeschreibungen I, 390/391, wo Tersteegen von Legatus II,3,4 unter Auslassung des 4. Kapitels sogleich zu II,5,1 übergeht.

[58] Lebensbeschreibungen I, Vorrede § 21 (S. XIII).

Diese wenigen Bemerkungen fassen zwar nur einzelne, aber doch wohl charakteristische Beobachtungen zusammen. Ein sorgfältiger, ins Detail gehender Vergleich müßte die Übertragung der mittelalterlichen Texte, der darin berichteten Erlebnisse und der von ihnen vorausgesetzten Haltung in die Sprache des niederrheinischen Protestanten in ganzer Breite und mit allen Aspekten herausarbeiten. Er böte gleichermaßen einen historischen Beitrag zur protestantischen Mittelalter-Rezeption[59] und zum Fortleben der Spiritualität von Helfta im 18. Jahrhundert wie ein für die Gegenwart bedeutsames Modell fruchtbarer Auseinandersetzung mit der Frömmigkeitsgeschichte des Abendlandes.

---

[59] Vgl. *Ulrich Köpf*, Protestantismus und Mittelalter. In: Pietismus und Neuzeit 21, 1995. Festschrift für Johannes Wallmann zum 65. Geburtstag, 319–341.

Helfta und die Mystikerinnen des Klosters

I. Das Kloster Helfta

Das Kloster St. Maria wird 1229 von Elisabeth von Schwarzburg und ihrem Mann, Graf Burchard von Mansfeld, in der Nähe ihres Stammsitzes gegründet. Es ist ein Frauenkloster, das der Zisterzienserregel folgt. 1234 zieht es zunächst nach Rodarsdorf und von dort wird es 1258 wegen Wassermangels in die Siedlung Helfta verlegt. Unter der geistlichen Leitung der Äbtissin Gertrud von Helfta (1251–1291) entwickelt sich das Kloster in der zweiten Hälfte des 13. Jahrhunderts zu einem Zentrum der Mystik und der mittelalterlichen Kultur. 1343 wird es durch Albrecht von Braunschweig aus Rache dafür, daß ihm die päpstliche Anerkennung als Bischof von Halberstadt verweigert wurde, zerstört.

Heute ist das Dorf Helfta ein Ortsteil der Lutherstadt Eisleben und liegt etwa 80 km südlich von Magdeburg. Das Klostergelände mit der Kirchenruine, das dem Bistum Magdeburg gehört, wird zur Zeit wieder aufgebaut. Es soll ein neuer Lernort der Mystik werden, wo Menschen nach der Bedeutung des Evangeliums in einer säkularen Welt fragen und sich von weiblicher Spiritualität herausfordern lassen.

Literatur:

- *Caroline Walker Bynum*, Jesus as Mother. Berkeley u.a. 1982, 170–262.
- *Hildegund Keul*, Helfta – ein Ort weiblicher Freiheit und geistlicher Autorität. Die Bedeutung der Mystikerinnen für eine Kirche der Zukunft. In: *Keul, Hildegund / Kraning, Willi* (Hrsg.), Um der Menschen Willen. Evangelisierung – eine Herausforderung der säkularen Welt. Leipzig 1999, 159-175.
- *Max Krühne*, Cistercienserinnen: Kloster Helfta. In: Urkundenbuch der Klöster der Grafschaft Mansfeld. Halle 1888 (Geschichts-Quellen der Provinz Sachsen 20).

- *Gertrud Jaron Lewis*, Bibliographie zur deutschen Frauenmystik des Mittelalters. Berlin 1989, 159–223.
- *Kurt Ruh*, Geschichte der abendländischen Mystik. Bd. II. München 1993, 245–337.
- *Sabine B. Spitzlei*, Erfahrungsraum Herz. Zur Mystik des Zisterzienserinnenklosters Helfta im 13. Jahrhundert. Stuttgart 1991 (MyGG I/9).
- *Bibliographischer Hinweis*: In dem neuen Bildungshaus der Diözese Magdeburg auf dem Gelände des Klosters Helfta befindet sich eine Bibliothek mit spezifischer Literatur im Aufbau.

II. Mechthild von Magdeburg (1207/10 – 1282/94)

Mechthild wird um 1207/10 auf einer Burg im Umland von Magdeburg geboren. Mit zwölf Jahren vom Hl. Geist berufen, verläßt sie im Alter von etwa zwanzig Jahren die Sicherheit der Burg, um in Magdeburg Begine zu werden. Ab 1250 schreibt sie in niederdeutscher Sprache ihr Buch »Das fließende Licht der Gottheit«. Wegen dieses Werks, in dem sie auch deutliche Kirchenkritik äußert, wird sie heftig angefeindet. Deswegen verläßt sie um 1270 die Stadt und geht ins Kloster Helfta. Aufgrund der großen Unterstützung der Mitschwestern kann sie hier ihr Werk vollenden. Zugleich wird sie Lehrerin und Mentorin ihrer Mitschwestern und legt somit den Grundstein der Mystik von Helfta. Sie stirbt in den Jahren zwischen 1282 und 1294. Ihr Gedenktag ist der 15. August.

Literatur:

- *Mechthild von Magdeburg*, Das fließende Licht der Gottheit. Zweite, neubearbeitete Übersetzung mit Einführung und Kommentar v. *Margot Schmidt*. Stuttgart 1995 (MyGG I/11).
- *Mechthild von Magdeburg*, Das fließende Licht der Gottheit. Nach der Einsiedler Handschrift in kritischem Vergleich mit der gesamten Überlieferung. Hrsg. v. *Hans Neumann*. Bd. I. München 1990.

- *Marianne Heimbach*, »Der ungelehrte Mund« als Autorität. Stuttgart 1989 (MyGG I/6).
- *Nigel Palmer*, Das Buch als Bedeutungsträger bei Mechthild von Magdeburg. In: *Wolfgang Harms* u. *Klaus Speckenbach* (Hrsg.), Bildhafte Rede in Mittelalter und früher Neuzeit. Tübingen 1992.

III. Mechthild von Hackeborn (1241 – 1299)

Mechthild wird 1241 als Tochter des Grafen und der Gräfin von Hackeborn bei Halberstadt geboren. Sie ist eine leibliche Schwester der Äbtissin Gertrud und kommt auf eigenen Wunsch – so berichtet die Biographie – schon im Alter von sieben Jahren in deren Kloster. Dort wird sie später Lehrerin und Leiterin der Klosterschule sowie »cantrix« im Chor. Wegen ihrer hervorragenden Stimme wird sie »Nachtigall Christi« genannt. Ihre Visionen werden von zwei ihrer Mitschwestern, darunter ihrer Freundin Gertrud von Helfta, aufgeschrieben: »Das Buch der besonderen Gnade«. Nach langer Krankheit stirbt Mechthild am 19. November 1299.

Literatur:

- *Sanctae Mechtildis* virginis ordinis sancti Benedicti Liber Specialis Gratiae. Hrsg. v. *Louis Paquelin* OSB. Poitiers / Paris 1877 (Revelationes Gertrudianae ac Mechtildianae. Bd. II).
- *Mechthild von Hackeborn*, Buch der besonderen Gnade. Deutsche Übersetzung aus dem Lateinischen v. *Joseph Müller* nach der Ausgabe der Benediktiner von Solesmes. Bd. I. Regensburg 1880.
- *Mechthild von Hackeborn*, Das Buch vom strömenden Lob.
- Auswahl, Übersetzung u. Einführung v. *Hans Urs von Balthasar*. Freiburg i.Br. 1955.
- *Alois M. Haas*, Mechthild von Hackeborn. Eine Form zisterziensischer Frauenfrömmigkeit. In: *Ders.*, Geistliches Mittelalter. Fribourg 1984, 373–391.

- *Margarete Hubrath*, Schreiben und Erinnern. Zur ‚memoria' im Liber Specialis Gratiae Mechthilds von Hackeborn. Paderborn 1996.

IV. Gertrud von Helfta (1256 – 1302)

Gertrud von Helfta wird 1256 geboren, vermutlich in Thüringen. Im Alter von fünf Jahren kommt sie ins Kloster Helfta und wird der Lehrerin Mechthild von Hackeborn anvertraut. Als sie vierzehn Jahre alt ist, kommt die Begine Mechthild nach Helfta. 1281 erfährt Gertrud ihre erste Christusvision, die sie zur Kontemplation und zum mystischen Gebet bekehrt. Sie übersetzt Teile der Hl. Schrift für ihre Mitschwestern, schreibt zahlreiche Briefe, verfaßt eigene Gebete und Lieder sowie die beiden Werke »Gesandter der Göttlichen Gnade« und »Geistliche Übungen«. Wichtig ist auch ihre Arbeit als Seelsorgerin und Beichtmutter. Gemeinsam mit einer Mitschwester schreibt sie die Visionen Mechthilds von Hackeborn nieder. Gertrud, die von der Tradition den Beinamen »die Große« erhalten hat, stirbt am 17. November 1302.

Literatur:

- *Sanctae Gertrudis Magnae* virginis ordinis sancti Benedicti Legatus Divinae Pietatis, accedunt ejusdem Exercitia spiritualia. Hrsg. v. *Louis Paquelin* OSB. Poitiers / Paris 1875 (Revelationes Gertrudianae ac Mechtildianae. Bd. I).
- *Gertrud von Helfta*, Gesandter der Göttlichen Liebe. Übersetzt v. *Johannes Weißbrodt*. Freiburg 1876.
- *Gertrud von Helfta*, Gesandter der Göttlichen Liebe. Übersetzt v. *Johanna Lanczkowski*. Heidelberg 1989.
- *Michael Bangert*, Demut in Freiheit. Studien zur Geistlichen Lehre im Werk Gertruds von Helfta. Würzburg 1997.
- *Bibliographischer Hinweis*: Die Benediktinerinnen-Abtei St. Gertrud (in 15806 Alexanderdorf) verfügt über eine umfassende Sammlung von – auch sonst schwer zugänglichen – Artikeln, die sich mit Gertrud von Helfta befassen.

V. Abkürzungen

Die für Zeitschriften, Serien, Quellenwerke, Handbücher oder Lexika verwandten Kürzel richten sich nach dem Abkürzungsverzeichnis der dritten Auflage des Lexikons für Theologie und Kirche, Freiburg u.a. 1993.

Verzeichnis der Autorinnen und Autoren

MICHAEL BANGERT, Dr. theol., geb. 1959. Studium der kath. Theologie und der Geschichte in Münster und München. 1986 Priesterweihe. Arbeit in Gemeindepastoral, Psychiatrie und Priesterausbildung. 1995 Promotion in Münster mit einer Arbeit über den Begriff »humilitas« bei Gertrud von Helfta. Seit 1997 Mitarbeit in der Frauenseelsorge. Veröffentlichungen zu Gertrud von Helfta, zu Spiritualität und zu Personalführung.

GOTTHARD FUCHS, Dr. phil., geb. 1938. Langjähriger Direktor der Katholischen Akademie Rabanus Maurus, Wiesbaden-Naurod. Z.Zt. Referent im Bistum Limburg für Grenzfragen von Kultur, Naturwissenschaft und Theologie. Zahlreiche Veröffentlichungen zu Fragen der systematischen Theologie, der Religionspädagogik und der Spiritualität.

LAURA M. GRIMES, MA, geb. 1965. Theologie- und Geschichtsstudium an der University of Notre Dame, South Bend / IN (USA). Dozentur für Kirchengeschichte an der University of Notre Dame. Vorträge und Publikationen zu Spiritualität und Frauenmystik. Z.Zt. Fertigstellung einer Dissertation über Gertrud die Große und die Theologie in Helfta.

HILDEGUND KEUL, Dr. theol., geb. 1961. Studium der Theologie, Germanistik und Philosophie in Trier, Jerusalem und Würzburg; 1988 Magistra Artium in Germanistik. 1992 Promotion in Katholischer Theologie. Dissertation zum Thema »Menschwerden durch Berührung. Bettina Brentano-Arnim als Wegbereiterin für eine Feministische Theologie«. Seit 1993 Leiterin des Frauenreferats im Bistum Magdeburg sowie Dozentin am Seminar für Gemeindepastoral.

ULRICH KÖPF, Dr. theol., geb. 1941. Studium der evang. Theologie und Klassischen Philologie in Tübingen. 1974 Promotion in Zürich. 1978 Habilitation in München. 1986 Ordinarius für Kirchengeschichte und Direktor des Institutes für Spätmittelalter und Reformation in Tübingen. Zahlreiche Publikationen zur Frömmigkeits- und Theologiegeschichte, zu Grundfragen der Kirchengeschichte und zur historischen Geographie des Christentums.

CLAUDIA KOLLETZKI, Dr. theol., geb. 1959. Verheiratet. Studium der kath. Theologie an der Hochschule St. Georgen, Frankfurt a. M. Z. Zt. freiberufliche Dozentin in der Erwachsenenbildung. Verschiedene Lehraufträge und Veröffentlichungen auf dem Gebiet der theologie- und kulturhistorischen Frauenforschung, u.a. zu Juliana von Norwich und Hildegard von Bingen.

GERTRUD JARON LEWIS, Dr. phil. Lebt in Toronto, Kanada. Em. Professorin für Germanistik an der Laurentian University in Ottawa. Ihre Forschungsarbeit auf dem Gebiet der mittelalterlichen Frauenmystik, hauptsächlich über Gertrud von Helfta, zeitigte zahlreiche Zeitschriftenaufsätze in englischer und in deutscher Sprache. Ihre »Bibliographie zur deutschen Frauenmystik des Mittelalters« (Berlin 1989) gilt als grundlegendes wissenschaftliches Hilfsmittel. Neueste Veröffentlichung ist eine Studie über die dominikanischen Schwesternbücher des 14. Jahrhunderts (Toronto 1996).

CORNELIA OEFELEIN, geb. 1954 in Newton/USA. Studium der Romanistik und Anglistik in Kalamazoo, Michigan. Längerer Studienaufenthalt in Berlin. 1975 Bachelor of Arts. 1976 Übersiedlung nach Berlin. Seit 1991 Studium der Geschichte und der Kunstgeschichte an der Freien Universität, Berlin. Forschungsschwerpunkte: Geschichte des Zisterzienserklosters Pforta bei Naumburg und Geschichte des Zisterzienserinnenklosters St. Jacobi - St. Burchardi in Halberstadt.

ELSE MARIE WIBERG PEDERSEN, Dr. theol, geb. 1956. Dissertation zu dem Thema: »Image of God – Image of Mary – Image of Woman. On the Theology and Spirituality of Beatrice of Nazareth«. 1986–1995 Wissenschaftliche Assistentin an der Universität in Aarhus, Dänemark. Seit 1996 dort Dozentin für Systematische Theologie. Verschiedene Studien zu Zistenziensertheologie und -mariologie. Z.Zt. Habilitationsprojekt über die Helftaer Nonnen.

SIEGFRIED RINGLER, Dr. phil., geb. 1943. Studium von Germanistik, Volkskunde, Latein und Geschichte in Würzburg, Freiburg und München. 1976 Promotion in Würzburg. Grundlegende Studien zur Viten- und Offenbarungsliteratur in Frauenklöstern des Mittelalters. Forschungsarbeiten zur Legendenliteratur und zur Mystik. Seit 1973 Gymnasiallehrer in Essen.

MARGOT SCHMIDT, Dr. phil., geb. 1924. Studium von Germanistik, Philosophie, Englisch und Französich in Freiburg. 1952 Promotion mit einer Arbeit über Mechthild von Magdeburg. Seit 1979 Leiterin des Forschungsprojektes »Geistliche Literatur des Mittelalters« an der Theol. Fakultät der Universität Eichstätt. Grundlegende Übersetzung der Werke Mechthilds von Magdeburg. Vielfältige Herausgebertätigkeit. Zahlreiche Studien zu mittelalterlicher Mystik und zur Vätertheologie.